丛书主编／乔 力 丁少伦

WENHUAZHONGGUO YONGHENGDEHUATI

文 济南出版社 化 永恒的话题 中 （第四辑） 国

屈原

乡土元音奏典范

张昊苏 / 著

总 序

乔力　丁少伦

　　如果仅只一般意义上的泛泛之言，那么，文化，特别是较偏注于精神层面的历史—文化类，便容易生出些与现实中社会经济发展进程相疏离的印象，以致它们那份作为生命价值衡定和终极追求的根基，或者伴随原生点所特具的恒久坚持品格，就往往被世俗间浮躁浅陋的表层感觉相遮蔽误读。其实，庄子早就在尊崇着"无用之大用"的绝佳境界，而海德格尔（Heidegger）从另外的角度着眼，也曾经说过"语言是存在的家园"的话头；如此看来，这种类型的人文—文化，很有可能会筑构起人类世界的精神家园，是极力追逐着速效与实用的现代人那匆促焦灼的人生之旅中的一片绿荫，是抚慰芸芸众生的缕缕清凉气息……

也许，简单推引东西方先贤高哲的理论来作譬喻依归，或许强赋它们以过度严肃严重的功能，将使之疲于担当；而新文学家朱自清《经典常谈》里的观点则是颇有意思的参照："在中等以上的教育里，经典训练应该是一个必要的项目。经典训练的价值不在实用，而在文化。有一位外国教授说过，阅读经典的用处，就在教人见识经典一番。这是很明达的议论。"此言诚不虚也！佐之以别样异类的眼光，则使我们更多元、更宽阔地领略体会到这"一番"：那种智慧的激荡、视野的开张，所带给人心灵的愉悦舒畅。

所以，长时间以来，读书界似乎总在期望着能够以广阔的大文化视野去引领统摄，凭借知识门类的交叉综融而打通人为壁垒的割裂，借助畅达明朗消解枯涩僻奥，既有机随缘地化合学术于趣味之中，又仍然坚守高品味格调的那一种境界——也正是基于上述考量，从我们擘画构想大型丛书系列《文化中国》初始，便明晰了相关选题取向定位和通体思路走向，即"兼纳文史，综融古今"的开放性观照角度与充溢着现代发现目光的"话题"式结构形态；而二端皆出之以寓深以浅、将熟作新的"文化解读型"的活泼清新的叙述风格，是谓异质同构。若申言之，则兼纳综融者成就其框架，设定了特具的内容实体，解读者则属它那有机的贯通连接的具象方式、形态。故此，于遵循一般性历史史实文献叙述规则的同时，还须得特别注重大众可读性，凸显文字的充分文学性趋势。

顺便说明的是，总体上应该变换已经凝滞固型的惯常思维模式，而移果就因、将反换正，另由逆向方面重新审查中国社会历史中既然的现象、人物、事件，有可能寻找、开启别一扇不被熟知的门扉。那里面或许藏蕴了无限风光不尽胜境，等待被发现、辨识尚

未迸发出的生命热情与现代活力，给予现在意义上的形态描述和价值评断。新月派诗人闻一多说："一般人爱说唐诗，我却要说'诗唐'——懂得诗的唐朝，才能欣赏唐朝的诗。"借鉴这种自我作古的论辩意味，我们引申出关于"文化"的终极关怀，充分确认了自己的独立研究发端和把握范畴，明晓这并非单纯的中国文学史、哲学史、政治史，或者相关历史、宗教、审美、教化等等所拼接装合的读本。

至于《文化中国》丛书之第一系列《永恒的话题》，我们则不曾有过任何张皇幽眇、搜剔梳罗早已被岁月尘埃埋没的碎琐资料、荒僻遗存以自诩自足的计划：我们之所多为注目留心者，只是那类于漫长的社会历史——文化演进行程中，曾经产生过推动、催变或滞碍、损毁等诸般巨大作用，拥有广泛、深刻的影响力，又为普世民众感兴趣，每每引作谈资以伴晨夕诵读、茶余饭后的"话题"。无论对其揄扬臧否，这里面都应当含蕴包纳了可供人们纵横反复地探讨评骘、上下考量的丰繁内容，能够重新激荡起心灵波纹的感应——这些即是我们选择的参照系，对于"永恒"的理解和定义。

依前所述，虽然本系列关注的重点在于社会历史运动进程中，那些起到支配主导作用的部分，阐释多种文化现象里的主流内容，力求明晰描绘出那些关键环节与最璀璨绚丽的亮色；但不应忽略的是，造成这些"话题"演变的原因、结果往往是多义性的，其运程经过更可能呈现出多元化的展露、一种异常纷杂繁复的构成形态，而极少见到的是那严格意义上的唯一性。故而，与其强调它们的关系属于决定论，倒不如主张为概率式的，才更切合实际，也更需要一种远距离、长时间的"大历史"理念和宽视界、全方位的"大文

化"框架去作重新检讨。两者其实是互补而相辅相成的。如果将这个方法提升成范式，则很可能显示出同以往传统惯常的观点、结论并不总是趋同的独到之处。这也是我们所希望得到的东西。

以上已明了《文化中国：永恒的话题》丛书系列的缘起和总体立意命思，随后就它们的具体撰写旨趣与大致结构特点略予说明。

首先是关于丛书的。本系列要求必以全面、凿实的史料文献作为立言根基，却主张采取清畅流丽而富于文采意趣的散文体笔调去表述，以实现对诸"话题"的多元考量与文化透视。也就是说，意味着从文化的特定视角来重新解读，并非简单、直接地面对某些重大社会历史文化的主题；而给出的现代反思和阐释，也折射、反映着一定的时代文化精神。从这里出发，我们尽管极力求取更多的知识信息含量，但却不是一般化的知识读物；虽然以深厚谨严的学术品格做前提，但非同那种纯粹的学院派学术论著。我们力推有趣味的可读性，却绝对排斥、摒弃那种纯为娱乐而违背史实随意杜撰编排的"戏说"故事；强调现代发现和个人创见，又拒绝只求新异别调的无根游言及华而不实的浮夸笔墨。总归一句话，丛书所要的只是浓郁的文化观照、历史反思和新见卓识，即新的观点、视角和表述方式方法。

后者是关于本系列的。本次的5种为其第4辑。如果依然采用以类相从取所近者而归纳于同一范畴的方式的话，则这5种可是本系列已经出版过的数十种里未曾有过的类型，这反倒与另一个系列《边缘话题》的第3辑相似，皆属于"纯文学性"的题材。只不过那些都是作品，以对中国古典戏曲巅峰制作的5种文本（元人《西厢记》，明人《琵琶记》、《牡丹亭》，清人《长生殿》、《桃花扇》）

来展开叙说述评，敷衍成书；而本系列的5种则通为作家了——他们无不是高高矗立在中国文学史极顶上的人物，贯穿着开端到结尾，永远标志了那几千年漫长岁月里所可能臻达的辉煌。

顺便提一下，运作本辑的动念竟有点偶然：因着当代小说家莫言获诺贝尔文学奖事，国人生发出浓郁的"诺奖情结"，热议：设若也为中国古代文学家立项的话，那么谁能够得此殊荣？迭经作家学者们讨论、网友几番票选，百余名有幸获提名者中最居前端的便是本辑的5位：真可谓众望昭昭，实至名归。下面就依照其所处时代的顺序先后，列出虚拟颁奖辞，并略缀数语为之说明补充。

《屈原：乡土元音奏典范》："处身于黑暗无序的政治环境里，他却孤独地坚守光明有序。他将极具个性化的楚风楚调之蛮荒神秘转化成为纯美绚丽的艺术世界，虽与中原先民的群体歌唱情韵殊异，然皆为华夏文学文化的源头和经典。"

屈原是战国末期的楚贵族，曾参与过政治最高层，然终遭贬黜斥逐，国家也走向了彻底衰败。作为中国历史上的第一位纯文学作家，他是浪漫的诗人。不过，这种浪漫不重在意志与渴念，也不讲排弃原则的反讽，而是以人为本，张扬人的灵性，将人格与自然的两美蕴含在一起，主客融化，物我成一体，构建起独特的审美形式。屈原之浪漫，每以飞翔的想象、不竭的动力作为外在表现，而内在则支撑充盈以他那独特的理想人格，才铸就了他的精神境界：卓伟高洁，痛快淋漓。

《李白：梦里游客竟未归》："一个终生'在路上'而无所归属的追梦者。由于他气骨高举、豪迈不羁的诗歌所创造出的非凡艺术力量，在不适合幻想的人世里，诠释证明了人格自由和人的价值。"

　　他名播四海，但生命中却从未得有真正深度介入现实政治的机会，终究以一介平民身份弃世。可他心头总是装着许许多多的梦想，如求道寻仙之梦，任侠仗义之梦，出将入相之梦，拥抱自由之梦……而实际上，李白的这些梦想，并未圆满筑构成，也断难筑圆。不过，他仍然不断地为践行理想奔走，努力探寻他那个世界，给盛唐天空镶嵌上熠熠闪光的星星。就像古代神话中的夸父逐日——夸父尽管"道渴而死"，未能达到目的，但他所留下的手杖，业已化作绚烂如火般热情的桃花林：这便是永远青春盛开的李白，真乃太白金星之精魄也！

　　《杜甫：儒风侠骨铸真情》："等到身后才被历史发现、认同，尊奉为'诗圣'，享千秋盛誉。他将家国民生之深思大忧融进诗歌，又将诗歌注入生命深处，变移了古典诗风走向，尝试并构建起人工胜天然的新美学范式，遂挈领后世诗坛潮流。"

　　他总是揣着满满的儒者情怀，忧国忧民，也曾几度任职于朝廷和地方政府，危难时刻仍坚守理想；同时又受到洋溢了青春精神、生命活力的盛唐气象与任侠之风的熏染影响，思想作风时常迸射出侠义光芒。而这些，都根基于他的一片真情、"民胞物与"的大爱情怀。故无论"伤时挠弱，情不忘君"，或者对人间亲友、自然万物，"杜甫是当得起'情圣'这一封号的"。所有种种诸般，都活现在他为之付出毕生心血、直相伴到人生途程之最后的诗歌里，乃至成就为历史的永恒："善陈时事，律切精深，至千言不少衰，世号'诗史'。"或许，杜甫是幸运的，生当这个数千年难得一遇的、国家盛衰转换的关键；他也是无愧的，圆满完成了自己的诗人使命。

　　《苏轼：率性本真总不移》："尽管多历跌宕忧患，他仍笑对人

生，将儒、释、道综总融作高远旷达。作为不世出的天才全才，他标志着被视为中国历史上最高度发达成熟的那个文化时代的辉煌。"

苏轼本着以儒济世报国、以道处世为人、以佛治心养气的理念，综融贯通了儒、释、道三教，进而给自己的人生和事业打下"外儒内释"的深深印痕。他才华横溢，学识渊博，极富创造力而成就卓绝不凡。他虽广泛涉猎于文学艺术乃及文化的诸领域，然多能自成一家，"别开生面，成一代之大观"。这也与那个在开明宽松的国家政策和稳定和平的社会环境下，思想文化呈现出历代罕见的大繁荣，造就了发展鼎盛期的时代背景所应合，遂得成巍巍高峰。苏轼的文艺创作崇尚自然，主张创新，别立标格，注重自由写"意"与真实情感的抒发。无论在朝为帝王师抑或出任地方牧守，甚至是屡遭斥逐的艰窘岁月，他都每每以率性本真之面目待人处世，不改其超迈清旷、高绝俗浊之气。

《曹雪芹：从忆念到永恒》："繁华旧梦已化灰，他据之创造出经典的艺术大厦。这是由于他对真理的热情和探索，对思想的贯通能力，对社会的广阔观察，以及他在一部作品中辩解并阐述那种理想主义的人生哲学时，所表现出来的坚执与热忱。"

他一生只写了这一部小说，自称是"自怜幽独，伤心人别有怀抱"之作，藉以表达对宇宙、人生和社会、历史的探讨，散发出悲天悯人的巨大思想精神力量——曹雪芹和《红楼梦》已经紧密地融化为一体。准确说来，《红楼梦》是曹雪芹以自己的亲身经历、见闻为基础，通过典型塑造、虚构提高等诸多艺术加工所成的，带有浓厚自传色彩的稀世杰作。在其间，关于失败贵族青年痛恨前非的忏悔，对忆念想象中曾闻见的优秀女性那瑰丽形象与超群智慧，以

及精湛广博的中国文化的表现，都在曹雪芹笔下被赋予了永远的生命活力。

总括言之，《文化中国：永恒的话题》强调"可操作性和持续发展的张力"，即足够的灵活性和巨大的包容性。作为一个长期的品牌选题，视具体情况，分为若干辑陆续推出，以期完成对"文化中国"的重大历史—社会文化主题的另样解读，自然希望能得到更多读者朋友的关注。倘蒙你们慨然指出不足谬误之处，相互切磋商酌，那便是传递出一份浓浓的友情，而我们的欢迎和感念之情，当是不言自明的。

2014 年季冬之月于济南

目　录

引　言

梁启超先生论断说，"吾以为凡为中国人者，须有欣赏《楚辞》之能力，乃为不虚生此国。"① 这句话并非过分夸张。在中国人的文化精神中，除了以孔子为代表的儒家政治哲学外，就以华美雅致的抒情文学为胜。与西方注重叙事文学的传统不同，中国传统的历史叙事非常发达，较早地与文学划出了界限，向严谨的史著靠近。而作为通俗叙事文学的小说、戏曲，不但成就相对较低，而且在中国古代文学中并不占据主流地位，普遍不为士大夫阶层所重视。

士大夫们写作章奏、策文、政论，乃至书信、颂赞、行状，往往具有浓厚的用世色彩，这些实用性极强的文体，在国学传统分类法中的"集部"中占据了大量的篇幅。萧统编《文选》反复强调

---

① 梁启超《屈原研究》，1922 年 11 月 3 日南京东南大学文哲学会讲演，刊 1922 年 11 月 18 日《晨报副镌》。

"文归乎翰藻"，仍以此类作品占据主要地盘。而能够抛却功利性，较多地反映士人内心的文学作品，除了一部分优美的散文小品以外，当属诗词作品最为大宗。孔子提出"诗言志"，将诗教纳入到儒家的政治思想中，通过诗、乐的美感，来陶冶人们的情操，从而达到人格的完成。这是古代士大夫对诗功用的一种普遍看法。

但是，单纯阐述哲学观念，希图借以影响人的并非文学，像邵雍、朱熹式的理学家诗，虽然亦有佳处，但多数作品对诗的美感较少把握，并不具有动人的力量，自然难以被人接受。中国的诗，虽然不拒绝实用，但更多的是"诗缘情以绮靡"的，要具有抒情的美感，才能够打动人，这即是文学语言的魅力。它因情感的反应而发，源于而又高于日常语言。这种抒情的美感，并不同于民歌的粗犷与原始，而是传统知识阶层通过文化的修饰，使得作品更为厚重雅致，内涵丰富，既能给人以精神上的感动，又能给人以阅读的愉悦。这，也就是中国传统的文人文学，即古代文学的主流写作方式。而这种写作的起源，当推源头到屈原。

屈原是战国末期的楚国贵族，他生逢秦楚争雄的时期。早年他的政治工作，是拟定实行新的律令，以帮助楚国更加富强。同时，他在任左徒一职的时候，主持负责联齐抗秦的外交工作，颇有成效。由于他的恪尽职守和深刻的政治远见，早期的成就是明显的。但由于楚王的昏聩，以及身旁奸臣的诬陷，他终于被排挤出楚国的政治核心，乃至在老年遭到了流放，而楚国也在对秦的斗争中处处失败，国家走向了彻底的衰败。不过，在屈原政治生命失利的时候，他的文学生命却放出了灿烂的光辉。在不得意的时候，他先后写下了《离骚》《九歌》《九章》《天问》《招魂》等诗篇，感慨着自己

的高洁品行与不幸遭遇，叹息着楚王的昏庸无能与国家的衰败危亡。从诗歌中，我们可以看出诗人的深邃与激情，他的爱与恨。受到整个中华文化尤其是楚文化的熏陶，他学养深厚，想象力丰富，善于运用多样的文学手法，作品也显得格外动人。作为中国历史上第一位纯文学的作家，他的成就无与伦比。

屈原是一位浪漫的诗人。不过，这种浪漫精神不重意志与渴念，更不讲消灭原则的反讽，而是以人为本，注意人的灵性。这种浪漫是一种温柔而美丽的东西"温而厉，威而不猛，恭而安"，将人格美与自然美融会在一起，主客融化，物我一体，形成了独特的审美形式。屈原的浪漫，以飞翔的想象，不竭的动力作为外在表现，而以诗人独特的理想人格作为内在支撑，二者合一，才形成了屈原的精神。这也正是中国诗人的精神，在痛快淋漓之外，又不失温柔敦厚，感情能放能收，既态度鲜明，而又不给人以粗俗放肆之感。

可惜，文学给人创造了一个乌托邦式的完美世界，却只能让人有片刻的安宁。现实总是残酷的，而诗人却最惧怕这样的残酷，他们追求美善的浪漫心灵，必然难以接受现实的黑暗。醒时的黑暗与梦中的美好形成了强烈的反差，令"哀乐过人"的诗人格外痛苦。屈原亦莫能外。他终于不堪忍受国家与个人的双重悲剧，选择了用投江自尽来结束这一切，找到了属于他自己的解脱。但是，屈原的肉体生命终结了（自古而今，没有人能避免这一点），他的精神生命永不终结，他对中国士人人格的影响、对中国文学的影响，已有两千多年之久，深深地打入了中国人的文化基因之中，也因此值得我们格外地纪念和崇敬。

多少年来，对屈原及其作品进行注解和阐释的著作不计其数，

那是因为他的诗篇在人们的心灵中产生了巨大的回荡与共鸣。而屈原诗中高妙的艺术手法和深邃的人文关怀，仍是一座开掘不尽的宝山，虽然已被人一写再写，却还有无数可以挖掘的广阔空间。

时间是平庸作家的试金石，它将会把一切不那么伟大的成果冲刷殆尽，而留下的则是文化的精华。屈原从不曾湮没，纵然是在阅读文化衰败的今天，他仍将是读书人心目中的经典，为我们及子孙后代所悉心珍视。不论是想了解人类的永恒精神，中华传统的文化精华，或是仅仅了解个人性格的养成，屈原都是一个无法跳过的话题。

第一章

绚丽的楚风

　　文学、作家与时代的关系是异常复杂的。伟大的作家、优美的作品必然超越时代的局限，有着更深远的价值。有抱负的作家为了艺术而艺术，把写作当做纯粹的个人行为，从而在历史上留下自己的痕迹。但他们仍无法在真空中写作。时代文化带给他们的，并不只是所谓的"历史局限性"，更是那"一代有一代之文学"的时代精神。这种精神同时也带给他们经典的思维方式、美妙的文学因子。有了这些基石，作家才能发挥出最大的能量，不辜负自己的天才。春秋战国时期的所谓"轴心时代"，是中国历史上文化最繁荣，思想最自由的时代之一，而这一时期南方的楚地文化，更以绚丽的美感令人心动。这种文化特质正是屈原及其作品得以产生的土壤。没有这样坚实的土壤，楚辞便无处落脚，只会成为空虚的漂浮物了。中国传统文学评论就提倡"知人论世"，文学并非社会文献，

但却不可避免地传达出作家所处的时代及环境来，了解这些内容，正是与作家同处一个时代，与古人进行对话的第一步。

一、轴心时代的异彩纷呈

公元1883年，著名的德国哲学家卡尔·马克思去世。也就在这同一年里，另一位哲人在德国诞生，他就是卡尔·雅斯贝尔斯。雅斯贝尔斯最著名的论断是说，公元前800年至公元前200年之间，尤其是公元前500年左右的时间，是人类文明的"轴心时代"。在这个时代，人类的精神基础同时或独立地在中国、印度、波斯、巴勒斯坦和古希腊开始奠定，而且直到今天，人类仍然附着在这种基础之上，"这个时代的特点是，世界上所有三个地区的人类全都开始意识到整体的存在、自身和自身的限度。人类体验到社会的恐怖与自身的软弱。他探寻根本性的问题。"[1] 在这个时期，各个文明都出现了伟大的精神导师——古希腊有苏格拉底、柏拉图、亚里士多德，奠定了西方文化的根本；古印度有释迦牟尼，创造了影响深远，义理精深的佛教；而中国有孔子、老子、百家争鸣……在那个时代，所有的古代文化都发生了"终极关怀的觉醒"，也就是说，哲人们开始用理智的方法、道德的方式来面对这个世界。而这些文化系统，虽然信奉的观念不同，但却可能是"存在一种深刻的互相理解"[2] 的。

这时候，中国正处在春秋战国的时期。这个时代，标志着中国

---

[1] 雅斯贝尔斯《历史的起源与目的》，第8页。
[2] 雅斯贝尔斯《历史的起源与目的》，第15页。

文化的第一次兴盛，也达到了前代所未曾有、后世也很难企及的高度。那是中国思想最活跃、最自由，也最伟大的时代，虽然那还是少年中国的时代，但却起手不凡，成熟度极高。今天我们讲的"国学"，从表述的全面来说，虽然不应该忘记后世的理学、佛学等内容，但主体上仍然应该认为是一套以先秦诸子学为核心价值的具有鲜明中国特色的思想体系，国学的基础，都在这一时期大致确定。

在更早一些的西周朝，教育资源都被贵族阶层垄断，只有贵族和专门的官员才能够掌握到当时的资料档案，从而建设和演习出一套井井有条的礼仪文明（包括后来的"五经"等内容都是对此的记载）。但到了春秋战国时期，随着周王朝的"礼崩乐坏"，政治败落，失去了周天子号令诸

孔子像

侯的权威，贵族阶层一方面自立为王，另一方面也贪图享乐，荒废学问，于是原本被贵族阶级垄断的知识，逐渐普及到民间来。春秋晚期的思想家孔子兴办私学，他"门生三千，达者七十二人"，标志着学术正式普及到平民阶层，使得平民也有了接受教育的机会，也开启了思想界新的风暴。战国时期，就是这些平民学者纷纷著书立说、授徒办学的兴盛时期。

各家各派的思想中，都闪烁着智慧的光芒，著书立说者无虑上百人，他们也被后人称为"诸子百家"。也就是说，除了儒家、墨家已经自成流派以外，每一位列入"诸子"中的学者，都自成体

系，建立了一家之言，在先秦学者的眼中，每一位"子"，都是一个学派。不过，这样的"百家"实在太多了，也太复杂了，为了更好地理解这些学者的学术观点，也为了便于分类整理、保存他们的学术著作，后来汉代著名史学家班固借鉴刘向、刘歆父子的学术观点，在《汉书·艺文志》中给他们进一步划分学派，加以概括分类，在《诸子略》中，将流传到西汉末年的一百八十九家，四千三百二十四卷的著作，归纳简称为"九流十家"。这虽然是后人的安排与分析，但是这种对先秦诸子思想观念的归纳整合，也同样具有相当的合理因素。在"十家"中，除掉小说家多为"街谈巷语"，可能更加偏重文学虚构，被认为不具有重要学术价值，著作也大多数没有流传下来以外，剩下的"九流"即这九个主要的学术流派的名称和代表人物分别是：

儒家：孔子、子思、孟子、荀子……

道家：老子、庄子、慎到……

墨家：墨子、随巢子、胡非子……

法家：商鞅、申不害、韩非子、李斯……

名家：邓析、惠施、公孙龙……

阴阳家：邹衍、公孙发……

纵横家：苏秦、张仪……

杂家：伍子胥、尉缭子、尸子、吕不韦……

农家：许行……

近代历史学家吕思勉在此基础上，又增添补充两家：

兵家：孙膑、吴起

医家：扁鹊

不同思想的争鸣是激烈的，更是深刻的。由民间兴起的自由的学术，不受到政治势力的外在约束，因此能够具有"独立之精神，自由之思想"，是独立思考、十年磨一剑的产物，才会拥有不为外界所移的永恒价值，书于竹帛，传承千古。也正是这样，这些思想才能够影响中国达三千年之久，直到今日还流传不息，成为中国文化的奠基石，成为中国人（不管是古代人还是现代人）价值观的基本来源。诸子的肉体生命虽然成为尘埃，但是他们的文化生命已经成为我们的血液，研究先秦诸子，在某种意义上就是研究我们的原本，研究我们自己的文化 DNA，研究一种"内在的自我"。这一"轴心"时期的异彩纷呈，是我们至今还要仰望和欣赏的，诸子们造就了中国辉煌的古典文化，也同样在不知不觉中造就着中国人的人格，我们一到人世，就不可避免地打上了这些伟大祖先的深深烙印，这是值得深深骄傲的。

这个时期的思想特色是百家争鸣，异彩纷呈。政治上也与之类似，中国也是群雄并起，争霸不断。战国时期，中国还没有像后世一样，成为大一统郡县制的国家，而是主要由七大诸侯国构成：齐、楚、燕、秦、赵、魏、韩，也就是人们熟知的"战国七雄"。春秋时代数百个大大小小、时存时亡的诸侯国，经过几百年的发展，只留下了这七个强国（也有一些相对较弱的小国，如鲁、越、宋等）。从"战国"其名就可以看出来，这二百多年的历史，是诸侯国征战不休，"一将功成万骨枯"的历史，而以公元前221年，秦始皇的征灭山东六国，统一中华作为终结。

对战国时期历史的记载，由于秦始皇的焚书政策，烧掉了当时各国的历史记录，今天已经看不到太多第一手的原始史料了，流传

下来的《史记》《战国策》等著作，也存在不少错误之处。但，近几十年来，学者们通过现存史料与出土文献的综合研究，仍然可以确定，这不仅是一个思想繁荣的时代，更是一个各个领域都突飞猛进的大时代，虽然战争与攻伐让人们流离失所，往往一次大战就死者遍野，但这仍然是一个值得怀念和赞美的时代。随便举几个文化以外的领域来说吧：

冶炼业上，旧有的青铜铸造技术和工艺不断改良和完善，更值得注意的是铸铁冶炼、柔化、制钢技术都得到发明和推广，铁制农器广泛运用于各国。

水利上，各国普遍建筑堤坝航线，开凿运河，有魏国的引漳溉邺工程与鸿沟、秦国的郑国渠，更产生了"灌溉方法之完善，世界各地无与伦比"的四川都江堰，使得巴蜀之地，成为了天下驰名的"天府之国"。

战国中期楚漆耳杯

手工业上，漆器工艺开始脱离木器业而成为一个独立的手工业部门。饮食器具、日用容器、乐器、武器，以至棺材，全都要上漆。上漆，不仅可以增强器物的防腐性能，而且可以用各色的漆画成各种图像和图案，使器物成为工艺美术品，兼有艺术价值和实用价值。此外，在长沙战国楚墓中发现了大量用琉璃制成的璧、珠及兵器上的剑首、剑珥、印玺等，打破了前人认为琉璃是从欧洲传来的误解，这

正是"何用故人富贵为？脱粟布被，我自有之"（葛洪《西京杂记》卷二）的新注脚了。

商业上，铜币、黄金成为流通的货币，商业城市开始兴起，高利贷、工商税等经济活动，在这一时期通用于各国。战国商人善于谋利，活跃在历史

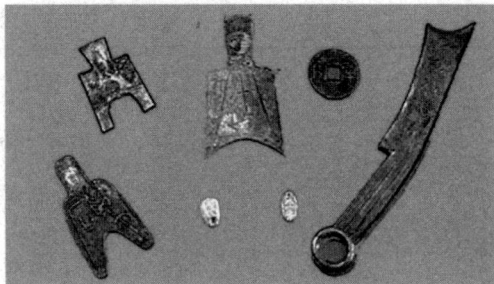

战国时期各国钱币图

舞台上，大商人吕不韦最后进而从政，成为秦国一手遮天的丞相。在这种气氛的影响下，各国的都城和郡县治所，都发展成为了规模大小不等的城市。最繁华的要数齐国的临淄城了，城里"车毂击，人肩摩，连衽成帷，举袂成幕，挥汗成雨"（《战国策·齐策一》），繁盛程度令人惊叹。

政治上，战国的诸侯纷纷称王，下有丞相和令尹，一文一武，分工明确。政府机构克服了世袭制，实行论功行赏的任免制，职能部门更加完善。地方上建立了郡县制，开创了我国地方行政系统的先河，为中国的统一提供了制度上的支持。

……

以上所说，不过是战国时期诸多成就的一小部分，但也可以看出，在这个思想解放，个性自由的时代，虽然人民饱受战乱之苦，却仍然有那么大的创造力，在各个领域都大放异彩，谱写出上古中国的灿烂篇章。

二、上古中国文化的"三足鼎立"

"五四"新文化运动以来，中国史学界为了打破传统经学的一元神圣地位，发起了"疑古辨伪"的研究，后来以"古史辨派"成就最高，产生了巨大的影响。"古史辨派"以顾颉刚、罗根泽、童书业等著名学者为代表，提倡重新书写上古历史，用科学的方法，多元的史学观念客观考察，颠覆经儒家神圣化的夏商周三代历史。虽然鲁迅批评顾颉刚说，"他（指顾颉刚）是有破坏而无建设的，只要看他的《古史辨》，已将古史'辨'成没有"，甚至专门写小说来讽刺他，认为这种研究方法的局限性太大。但这些学者筚路蓝缕的研究，不仅已有了相当可观的成绩，更值得钦佩的是在方法上破旧立新，在当时有着重要的思想解放意义。这些学者为后世更加客观、更加接近历史真实的研究奠定了思想基础，做出了许多可以传世的不朽成绩。

1929 年，作为传统今文经学家的四川学者蒙文通，走向上古史学的研究，并在他的名著《古史甄微》中，一举提出折衷各家的"古史三系说"，对于一般分古史为南北两系的说法又有了新拓展。蒙文通认为，传统的"三皇五帝"只是后人所附会造成的传说，其真实情况是：三皇五帝并不是先后传承的，他们的关系类似后代的诸侯并立，而活动地域和文化成就都有很大不同。所谓的中华民族，只是后来文化发展融合而产生的民族概念，并不能涵盖上古原始蒙昧时期的状况。他认为中国文化有三个上古的源头：

"海岱泰族"：又称古史的"东系"，燧人、伏羲、女娲、舜、皋陶都是这一地区的代表人物，他们活跃于海岱地区，最

终形成邹鲁文化，对中国影响最大，也起源最早，特点是重视思考和理性。

"河洛黄族"：又称古史的"北系"，这一系产生了传说中的黄帝、颛顼、帝喾、帝尧，主要活动在河洛一带，形成了后来的三晋文化，文化特色是看重刚强朴劲，崇尚实用。

"江淮炎族"：又称古史的"南系"，炎帝、神农、三苗、共工、祝融、蚩尤是这一系的著名传说人物，以江汉作为生活的主要地区，形成了荆楚文化，其特点是信奉鬼神、巫术，擅长艺术创作。

根据蒙文通的观点，后世诸子百家的学术风格，也可以依照这种方式进行大致的划分。具体来说，东方之学对经学（也就是当时的官方文献档案）最有研究，儒家、墨家是东方学术的优秀代表，孔子、墨子、孟子、荀子等都精通"六经"，将其作为授课的教材，并在著作中屡次引用《诗》《书》，用来解说自己的政治哲学。北方之学看重史学，以史为鉴，讲求现实实用，因此纵横家、法家多出其中，他们运用历史来作为现实的鉴戒，影响君主的决策，从事政治活动，苏秦、张仪、韩非子等人都在战国政界名噪一时。南方之学偏向文学与玄学，文哲合一的道家学说与辞赋都是其主要特色，这种学说更少功利，更加贴近后世的"纯文学"或者"纯哲学"，其代表当然是老子、庄子、屈原等人。

如果从这样的角度来看待中国上古的历史，很多纷然淆乱的内容就可以得到理解，不同文献记载的差异也可以看作是不同地域、不同源流而导致的，都是研究历史的重要资料，在进行深入整理与研究之前，不应该带上有色眼镜，武断地加上"真""假"之分。

比如说，同样是讲述尧、舜的事迹，孔子、孟子、墨子都盛赞尧舜禅让的虚心之德；韩非子、《汲冢纪年》（魏国的历史书）就认为舜是通过权谋手段而夺取了尧的地位；南方的庄子则说：尧舜把天下让给贤人，贤人并不屑于治天下，拒绝接受。过去的学者一般认为庄子是在编造寓言故事，与历史完全没有关系；受到传统经学教育、儒家思想影响的学者往往认为韩非子是在刻意抹黑尧舜，为法家思想张目；而新文化运动以来，"打倒孔家店"的学者则觉得孔孟是在虚构、美化尧舜的事迹，来借此推行儒家的思想观念。

这些看法都有道理，诸子确实借古讽今，往往随心所欲，捏造事实，并不按照历史的客观事实来解说。但这种看法也并不全面。实际上，上古文字不健全，文献不易流传，历史荒渺无征，往往只能通过口耳相传和见闻来传承历史记忆，而这种记忆是有很大局限性的，它让人只能片面地了解事实，甚至在传承中还会有无意的讹误和遗忘。诸子百家的历史知识有所不同，是由于那个时代并没有科学考古的观念和材料，只能通过有限的口头传授资料自圆其说，并且在传播中加入想象和误解，导致有了这样那样的变形。他们的消息来源不同，就造成了对同一事件的不同了解。这些区别有如管中窥豹，或许每个人都有道理，但每个人也都不能代表历史的真实，也就造成了诸子百家在很多问题上的争论不休。生于当代的我们，有着更加科学客观的研究方法，掌握了更多的资料，或许能够更加贴近历史的真实。但是，这或许代表了我们在某些程度上超越了古人，并不代表我们可以随便非议古人，非议他们在探求历史真实中所作出的努力，更不代表可以非议他们创造的瑰丽思想。他们用来立论的一些历史事实，今天或许已经站不住脚了；但这丝毫不

妨碍他们思想的价值与意义。

不过，这种地域的隔阂，虽然在当时造成了很多不必要的争论，但从另一方面来看，也保留了不同地区的文化特色，使得对历史知识不同的古人们，根据他们不同的知识结构，提出了不同的思想体系和哲学观点。这也使得中华文化更加绚丽多姿，某种程度上，比起后代的大一统也更加真实亲切。"一方水土养一方人"，不同的环境创造了不同的人才，也就产生了不同的文化特色。

三、"天上九头鸟，地上湖北佬"

春秋时期，周天子的权力减弱，不再具有权威，进入了诸侯纷争的时代。当时，中国大地上有140多个或大或小的诸侯国，各国间互相征战，图谋称霸。先后成就霸业、领导诸侯的五位君主是齐桓公、宋襄公、晋文公、秦穆公和楚庄王（另有一说是没有宋襄公，而以吴王阖闾代替），他们也被后人称作"春秋五霸"。其中有争议的宋襄公与吴王阖闾，国力相对较弱，霸业较短，实际春秋时期的主要强国就是齐国、晋国、楚国与秦国。

楚国地处今天的湖北省，兼能管辖湖南、河南、安徽、江苏、江西等省的一些地方。根据研究，楚人是传说中祝融集团的后代。祝融氏，据说是钻木取火的发明者，所以又被称作"赤帝"，是中国的火神。祝融的本名又叫重黎，司马迁在《太史公自序》中将重黎当做自己家族的祖先，他写道："昔在颛顼，命南正重以司天，北正黎以司地。唐虞之际，绍重黎之后，使复典之，至于夏商，故重黎氏世序天地"，盛赞重黎也就是祝融氏，早在颛顼（黄帝的曾孙，也是五帝之一）的时候重黎就是掌管天地的官，并延续到了商

代，有着十分重要的地位。这是传说中楚国的祖先，在楚人后裔的想象中，想来具有半神半人的性质。

楚国事迹较为可信的人界祖先，应该可以追溯到商末周初的鬻熊。鬻熊是传说中黄帝的子孙，很有学问，当过周文王的老师。据说，当他见周文王的时候，已经九十多岁了，周文王说："你的年纪真是太老了！"鬻熊回答说："如果是打猎追逐，我的年纪确实是太老了，但是如果分析国事，我还一点都不老呢！"周文王认为很有道理，看到他也真的很有学问，便重用了他。后来周文王的儿子周武王，周武王的儿子周成王也都把他当作老师。鬻熊去世以后，周成王分封他的子孙，就在丹阳（今天的河南省淅川县）建立了楚国。后来楚国不断南迁，征服了江汉地区的随国、麇国等诸侯国和一些少数民族部落，成为了南方地区的霸主。春秋战国时期，楚人追念鬻熊的事业与学问，就托他的名字，编成《鬻子》一书，把他当做是道家思想的鼻祖，认为老子、庄子的思想都受到了鬻熊的影响。

不管是文化上还是经济上，南方在当时都属于比较落后的地区，有时甚至被发达的中原称作蛮夷。哪怕是到了战国时期，孟子还讽刺楚人许行不讲先王之道，是"南蛮鴃舌"，说他嘴里讲的是无法与中原相提并论的"鸟语"。所以楚人虽然在南方称霸，但对此并不满足，而是希望向北进据富庶的中原，成为真正的强国。春秋早期的楚成王就是这样一个有野心的君主。当齐桓公称霸的时候，他就企图与齐国争雄，齐国为此先后三次组织了中原同盟，并集合了八国军队与楚军对峙，也并没有在楚国面前取得太大的便宜，最后双方签订了和平盟约。后来齐桓公病逝，宋襄公称霸，公

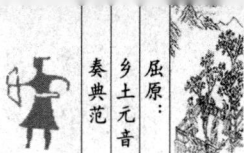

元前 638 年，楚成王又在泓水打败了"蠢猪式仁义"的宋襄公，让宋襄公重伤而死，而战胜的楚成王则一度在中原称雄。六年以后，楚成王又与晋文公争霸，不过在城濮之战中败给了晋国，使晋文公成为了新的霸主。楚成王虽然最后没有能够称霸中原，列入"五霸"之中，但他先后能与三位春秋霸主争锋，也足以证明楚国在当时的实力之强，是足以令各国敬畏的。而仅仅过了两代，楚成王的孙子楚庄王，他因为跻身"春秋五霸"之一，而名垂史册了。

楚庄王刚继位的时候，花天酒地，不理朝政。司马迁在《史记·滑稽列传》里面记载，"楚庄王之时，有所爱马，衣以文绣，置之华屋之下，席以露床，啖以枣脯。马病肥死，使群臣丧之，欲以棺椁大夫礼葬之。左右争之，以为不可。王下令曰：'有敢以马谏者，罪致死。'"居然把他的爱马与朝廷上的重臣按照同样的礼仪安葬，实在是够不像话了。毕竟，同在春秋时期的孔子，当他听说自己家的马厩失火之后，"子曰：'伤人乎？'不问马。"[①]，他只关心人有没有受伤，对于马连问都不问，具有鲜明的以人为本的色彩。

不过，楚庄王却是一个善于纳谏，乐于接受别人建议的人。优孟是一位滑稽而有智慧的乐人，他用反话讽刺楚庄王说："臣请以雕玉为棺，文梓为椁，梗、枫、豫章为题凑，发甲卒为穿圹，老弱负土，齐、赵陪位于前，韩、魏翼卫其后，庙食大牢，奉以万户之邑。诸侯闻之，皆知大王贱人而贵马也。"既然楚王您这么爱马，那么就把这匹马当做国君，发动全国之力安葬它，让六国全都知道吧！楚庄王听了以后，知道优孟在讽刺他的荒唐奢侈之

---

① 《论语·乡党》。

举，想了想确实不应该这样做，于是改变了爱马的方式，变得较为理性了。

另一个有关楚庄王的故事是：楚庄王不理朝政，只顾享乐，一位大臣劝谏楚庄王说："南方有一只大鸟，三年来不飞不叫，这是怎么回事呢？"楚庄王知道这是在打比方暗示他，是把他比作那只不飞不叫的大鸟，来劝他振作起来，管理朝政，便回答说："它是在长出羽翼来啊！不飞翔也就罢了，一飞翔就要冲入云霄；不鸣叫也就罢了，一鸣叫就要让所有的人都为之震惊。"这句话当然是暂时的敷衍之语。不过，从此以后，楚庄王确实改变了。他励精图治，招揽贤才，终于成为了春秋的霸主。他饮马黄河，一度打到洛水边，在周天子的都城——洛阳耀武扬威。在洛阳城下，楚庄王问周大夫王孙满："九鼎有多大、多重啊？"鼎象征着中央政府的权威，楚庄王问鼎的大小，想把鼎移到楚国去，其实就是向周天子示威，想要改朝换代（文言文叫做"鼎革"，也就是把鼎的主人、同时也是国家的主人换了）。这简直是在说"彼可取而代之"了，比起"尊王攘夷"，尊崇周天子，甘心只当一个盟主的齐桓公实在是大大不同。这也可看出这位霸主的野心了。

楚国历代君主几乎都有着这样称霸的野心。即使到了后来，楚国衰落，被秦国吞没，也仍然流传着"楚虽三户，亡秦必楚"的话，表达了复国的决心、不屈的意志。秦国统一天下后不久，实行暴政，不得人心。没有几年，各地农民起义爆发，其中以项梁、项羽叔侄率领的一支军队最有力量。他们是楚国名将项燕的后代，是楚国的旧贵族。他们联合各路起义军，推翻了秦朝，项羽也成为天下霸主，做了有名的"西楚霸王"，重新展示了楚人的英勇。即使

后来西楚霸王陷入了四面楚歌的困境，被同属楚人的刘邦所打败，仍然不屈服失败，而是自刎在乌江之畔。这种尚武好斗的风气，坚强不屈的意志，就是楚人风貌的最好体现。

此外，在楚国的将领中，有百步穿杨的神箭手养由基；有辅佐楚庄王成就霸业的名臣兼名将孙叔敖；有变法改革，帮助楚国横扫诸侯的名将吴起；还有曾经大破二十万秦军，最后与楚国共存亡的项羽的祖父项燕等等，都是一时俊彦，也做出了足以流传后世，载入史册的成绩。

如果说武艺的强弱，弓箭的技巧半由天生的才能，成就霸业半因时势的造就，那么刚健中正的品格，则完全属于个人后天努力而得来的荣誉。楚国有一位著名的政治家斗子文。他多次做到楚国的令尹（相当于宰相），也被后人称作令尹子文。他身处一人之下万人之上的高位，但却毫不迷恋名利。孔子这样评价他："令尹子文三仕为令尹，无喜色；三已之，无愠色。旧令尹之政，必以告新令尹。"[1] 令尹子文多次当上令尹这样的高官，并不喜形于色，被排挤、罢免之后，也并没有生气不满，而是尽心做好工作的交接。这样的行为，被孔子评价为"忠"。在任令尹期间，子文体恤民情，家里连一点积蓄都没有，楚成王为此在上朝的时候，都要特意预备一束腊肉、一筐干粮送给他。后来成王实在看不下去，决定给他加薪，他却离开朝廷，躲起来不接受增加的俸禄，直到成王停止加禄，他才返回朝廷继续任职。别人问他："人活着就是要追求富贵，你为什么反而要躲避呢？"令尹子文回答说："官员应该庇护百姓，百

---

① 《论语·公冶长》。

姓的生活还很贫穷，我却富贵了，这就相当于剥削百姓来求富，这样的人会不得好死，我害怕成为这样的人。"这种"人民公仆"式的清廉品格令人赞叹，因此楚庄王的时候，子文所在的若敖家族叛乱，被集体诛杀，只有子文的后代没有受到牵连。

不仅是身居高位的贵族，即使是普通人，也有着同样的不屈气概、强健品格。楚人钟仪是一位古琴演奏家，在战争中做了晋国的俘虏，但仍然戴着楚国的帽子（南冠）。晋景公看见了他，对他的装束非常好奇，让他演奏一曲，他弹起了楚国独有的音乐（南音），表示对故国的思念。晋国大夫范文子对景公说："钟仪真是了不起的君子，具有仁、信、忠、敬四种优良品德。"晋景公也受到他人格的感动，便用对待外交官的礼仪招待他，把他释放回国，与楚国重修于好。钟仪不但被当时的人称作君子，也被后来的人当做忠贞义士的代称。唐代诗人骆宾王被人诬陷下狱，就在狱中写《在狱咏蝉》诗明志说："西陆蝉声唱，南冠客思侵。不堪玄鬓影，来对白头吟。露重飞难进，风多响易沉。无人信高洁，谁为表予心。"明末之际，少年抗清义士夏完淳被清军俘虏，无限感慨，也写了"三年羁旅客，今日又南冠。无限山河泪，谁言天地宽？已知泉路近，欲别故乡难。毅魄归来日，灵旗空际看"的《别云间》诗，他们都是借钟仪的故事来表达自己高洁坚贞的品德。

即使是到了清代乃至近代，楚人（也就是湖北人）的坚韧不屈也依然让人印象深刻。俗语说"天上九头鸟，地上湖北佬"，这句耳熟能详的话，是人们对湖北人的第一印象。九头鸟的传说最早出自《山海经》，书中说，有一种神叫"九凤"，有九个头，人头鸟身，住在"大荒之中"。"大荒之中"地方很广，其中也包括楚地，

所以"九凤"很可能是楚国先民尊
崇的一种神。而关于这句俗语的来
源，有两个不同的说法。

第一个说法是，明代著名大臣
张居正是湖北江陵人，他位居内阁
首辅，是百官之首，主持变法，任
用了九个湖北籍的御史，带领他们
打击权贵。权贵们的利益受到了破
坏，非常愤恨不满，就用这句话来
讽刺改革派。

另外一种说法是明清易代之
际，湖北地区抗清势力强大，故国遗民顽强不屈，拒绝同清朝合作，
清朝官员恼怒之下，就编出了这句谚语。后来辛亥革命时，革命军
在武昌起义，就有人写诗称引前事说："武昌一夕鸟飞鸣，满族政
权难自保。九头徽号称鄂鸟，鄂人听了不烦恼。"

这两种说法都没有确切的证据，或许多出于传闻。但可以看
出，这句俗语本来是褒义的，至少也是中性的，是形容湖北人有着
强韧不屈的精神品格。至于后来这句俗语产生了一些贬义，或许是
某种因缘所致，如今已经不得而知，但却是不符合它的原意的。

四、荆楚的"凤文化"

"遥远的东方有一条龙，它的名字叫中国"，中华民族往往自称
为"龙的传人"，以龙作为民族文化的代表，上至皇族贵胄，下到
平民百姓，都对龙津津乐道。但在上古时代，各个地区的文化还很

版画：九凤

不一致，并不是所有的民族都把龙看作图腾。楚文化的图腾，就是现在人们往往与龙并称的凤。凤，可能是以山鸡作为原型，而加以理想化的一种鸟类，《尹文子》中就写到这样一个故事：楚国有个猎人去打猎，打到了一只山鸡，就有人当作是凤凰，以二十金的高价买下来，希望送给楚王。他到处宣扬要将凤凰献给楚王，但还没有来得及见到楚王，山鸡就死去了，但是，人们都以为这个人有一只真凤凰，楚王为此十分高兴，还重重地奖励了他。这个故事虽然是寓言，但是也可以看出来，凤的原型，很有可能就是山鸡或者一种外貌近似山鸡的鸟类，不然是很难被人误会的。

当然也有别的说法。楚人是商民族的后代，继承了商民族的文化和图腾。商的图腾叫做"玄鸟"。《诗经·商颂·玄鸟》说："天命玄鸟，降而生商"，是讲传说中商民族的祖先就是玄鸟。当代学者郭沫若认为，玄鸟就是凤凰；也有的学者认为玄鸟可能是"鹤立鸡群"的鹤。但更多的学者一般认为，玄鸟可能更接近燕子。汉代王逸注释《离骚》的时候，就说："玄鸟，燕也。"其实，两种说法并不矛盾。最初的玄鸟，确实就是接近燕子的，但到了后来，随着氏族社会的不断发展和融合，加入了很多别的因素，使得玄鸟变成了一种鸡冠、鹤足、孔雀尾巴的鸟类，从后来融合的玄鸟相貌来看，具有兼容的特点，就很难一眼判定到底是燕子、山鸡还是其他的鸟类了。

在楚国富有幻想力的文化中，凤远不仅仅是山鸡或者燕子或者鹤那么简单，也远远超出了玄鸟的形态。凤的相貌华美，是鸡头、蛇颈、燕颔、龟背、鱼尾、五彩色的神鸟，但更重要的是，凤也是百鸟朝拜的对象，是群鸟的首领。《左传》就记载郯子对鲁公说：

"我高祖少皞挚之立也，凤鸟适至，故纪于鸟，为鸟师而鸟名"。① 郯国地处今天的山东郯城一带，属临沂市管辖，也就是在山东的最南端，与江苏接壤。郯子有仁孝之德，名垂后

鹿乳奉亲图

世，至今还有"孔子师郯子""鹿乳奉亲"的佳话流传。他称述他的远祖少皞挚刚刚即位的时候，凤鸟飞来，是大吉大利的兆头，因此以鸟记事，以鸟名官。他说，凤凰是掌管天时的神鸟，一出现就标志着天下太平，可以对应人间主管历法的历正之官；玄鸟就是燕子，春天飞来，秋天飞去，因此掌管春分与秋分；伯赵氏是伯劳鸟，夏至鸣叫，冬至停止，所以掌管这两个季节；青鸟就是鸧鹒，立春鸣叫，立夏停止；丹鸟即雉鸟，它立秋飞来，立冬离去，因此对应掌管相应的官职。这四个官职都是凤鸟历正的下属。祝鸠鸟以孝顺著称，符合古人以孝为本的期许，所以以祝鸠为掌管教育的官员。这番话说出来，满座无不敬佩郯子对上古历史的了解。传说，当时还年轻的孔子，就是在这个宴会之后，知道了郯子的深厚学问，决心向郯子问学的。

河南商丘一带的汉代画像石刻上凤鸟的图像最多，而且常常刻于墓门外侧的显要位置，起到了祥瑞安宁的作用。这说明不要说先秦了，就是晚到汉代，凤鸟仍然是人们崇拜的重要对象。随着历史

① 《左传·昭公十七年》。

的发展，人们越来越重视龙，使之凌驾于凤鸟之上，但凤鸟也毕竟是仅次于龙的图腾，后世的地位虽然衰减，仍然不可轻易忽视。上面所说的将湖北人比作"九头鸟"或者"九头凤"，可能最初也是凤的一种表现形式，又加上了人们更多的想象。

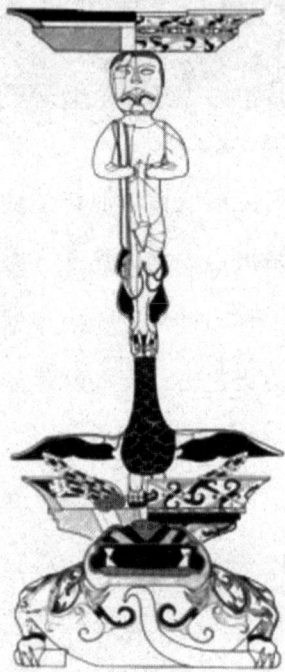

漆羽人

圣人是世界上最有德行的人，也就是人间的凤。据记载，孔子见到了隐士楚狂接舆，接舆唱道："凤兮凤兮，何德之衰！往者不可谏，来者犹可追。已而已而，今之从政者殆而！"[1] 接舆的意思是感叹孔子能够坚守理想，知其不可而为之，不过却不如像凤凰一样，在天下无道的时候归隐山林。虽然代表了对孔子的规劝，但总体来说，还是肯定了孔子的德行。凤鸟是楚人眼里的神鸟，楚人眼里的神人是羽人。《山海经》里面说，羽人是鸟首人身的。屈原在《远游》里也说："仍羽人于丹丘兮，留不死之旧乡。"羽人是楚国神话中变化莫测的神人，是凤鸟人格化的产物，与凤的"血缘关系"是很明显的。

凤，在有的典籍里又写作鹏，庄子在《逍遥游》中对这一形象进行了更加夸张的幻想，认为鹏是海里的大鲲（一种大鲸鱼）变化成的，仅仅翅膀就有几千里，可以遮蔽云彩。一旦飞起来，首先要

---

① 《论语·微子》。

像飞机一样助跑三千里，然后就能扶摇而上九万里。大鹏奋飞，就像伟大的哲人达到了"逍遥游"的境界，自由自在，无所依傍，远超于普通人之上，成为"至人""神人"。南宋民族英雄岳飞，字鹏举，就代表了他的父母期望他能够像大鹏一样，举翼振翅，一飞冲天，而岳飞也以自己创造的不朽事业千古留名，做到了"名实相副"。

另一座代表凤文化的是"虎座飞鸟"（图）雕塑，它是楚国鼎盛时期的艺术杰作，凤鸟立在虎身上，器宇轩昂，昂首展翅，飘逸而雄伟。而虎则被凤踩在脚下，似乎标志着失败和被压制。类似的艺术品还有虎座鸟架鼓。老虎是周人和巴人的图腾，象征着勇武有力的民族精神，却被凤鸟所压制，或许标志着楚人对自己民族的信心吧。

虎座鸟架鼓图　　　虎座飞鸟图　　　凤斗龙虎绣纹图

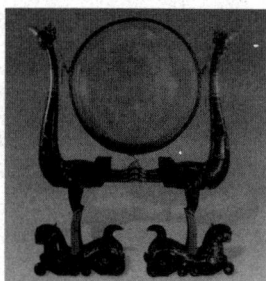

在早期的楚人眼中，龙凤并不呈祥。根据出土的凤斗龙虎绣纹（图），龙凤是要争斗的，龙代表着邪恶，凤则代表了良善。这或许就代表了早期楚国与中原各国的隔膜与竞争。春秋时期，楚庄王陈兵洛水，向当时的中央政府——周王室示威，并向周朝使者问及鼎的大小轻重。相传大禹平定九州，制造了九鼎，规定只有天子祭祀的时候才能够使用，以此象征中央政府的权威。楚王看似是在问器

物，实际上在暗示自己要夺取中原，成为新的中国之主，"问鼎中原"一词，也就从这里而来。那么也就不难理解，为什么楚国的凤要与龙争斗了。而后来出现的"人物御龙"帛画，龙已经变成了画里的"主旋律"，正与楚国与中原文化交融的进展相吻合。那时候，楚国也已经得到了中原各国的广泛承认，融入进了中原文化，而且成为了地位举足轻重的强国。

楚人新接受了龙的形象，但却一直没有忘记自己民族本来就有的凤。楚人在玉上雕刻上凤的纹络，作为灵与美的化身，既有辟邪的功用，又能够代表佩戴者具有高尚的德行。凤来自东夷民族，是火神祝融的化身，也就是楚人的祖先。楚人不忘凤，也就不会忘了自己的祖先。鬻熊是楚国先祖中比较有成就的一个，他是周初的名臣，住在丹阳，为楚国奠定了基业。楚人为了纪念他，后来多次迁徙，都以丹阳作为都名，在湖北、安徽两省，有五个丹阳。此后楚人以郢为首都，多次迁徙，先后有了六个郢，其中湖北有三个，安徽有两个，连河南都有一个地名叫做郢。这种情况在中原比较少见，只有后来国家分裂的时候才会出现。比如，东晋南渡的时候出现过大规模的类似情况，叫做"侨置州郡"。西晋灭亡后，大量士人和百姓纷纷南渡，为了安置这些难民、遗民，东晋政府就为他们重建州县，并且沿用旧名。这种做法除了便于管理以外，还可以让遗民们记住自己旧土被侵占的事实，从而生出怀念故土的感情，坚定恢复中原的决心。怀念先祖，留恋故土，就无疑会导致爱国忠君之情，因为故土、国家都是祖先打下的基业，应该被后代子孙所继承，忠于国家，某种程度上就是忠于祖先。因此，在这种重土怀祖观念的影响下，楚国人的爱国情怀是异乎寻常的，不论是国君大

臣，还是平民百姓，都勇于以身殉国，留下了许多令人赞叹的故事。屈原投江自尽，项羽乌江自刎，或许也都是在这种文化影响下产生的行为吧。

楚国还有一种独特的审美偏好，就是国中不分男女，都崇尚细腰。传说，楚灵王特别喜好细腰，他的臣子为了使腰变细，每天只吃一顿饭，并用腰带紧紧地束起腰来，饿得头晕眼花，几乎连站都站不稳，甚至有人描述说"宫中多饿死"。当然，饿死之说，很可能出于文学家的想象，不必深究，但细腰确实是楚人所爱的身体特征之一。后世，诗人多用细腰来代指美女。比如温庭筠有诗说："黄莺不语东风起，深闭朱门伴细腰。"①，这里就是在写有曼妙身材的女子。不过并非只有女子细腰才美，楚人更加欣赏男子的细腰。《水浒传》里面，豹子头林冲在三打祝家庄的时候，"款扭狼腰"，生擒扈三娘，大出一番风头。"款扭狼腰"这四个字，也同时用来形容史进、卢俊义、张清等好汉的英武灵活，《三国演义》里面形容马超，也同样用了这个形容词。狼的腰是很细的，狼腰，也就是细腰的一种美称。这种体态与魁梧健壮的熊腰不同，但同样具有美感，成为被后世的古人接受的审美特征，或许应该溯源到楚文化了吧。

既然爱美，就自然需要"照花前后镜，花面交相映"的镜子来菱花照面，端正衣冠，进行自我欣赏。长沙的战国楚墓，出土了大量的铜镜，被学者们称为"楚式镜"。埋藏了两千多年的楚式镜，出土以后还黑光如漆，可以照人，足见工艺的完善。镜面是由水银

---

① 温庭筠《杂曲歌辞·杨柳枝》之三。

和锡粉混合成的"玄锡"作反光涂料，然后用细毛呢摩擦而成，是我国古代科学技术史上的一件大事。楚式镜纹饰华美，形制繁多。如长沙枫树山楚墓出土的一面方形镜，镜背的龙纹是镂空的，具有立体之美，是平面纹饰无法表现的，表现出多层次的艺术特色。

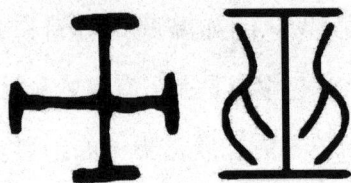

透雕龙纹方镜

甲骨文和小篆中的"巫"字

腰细，体如游龙。袖长，舞如白虹。舞蹈，配合着编钟的演奏，这就是楚国宫廷盛行的长袖舞。俗谚说："长袖善舞，多钱善贾。"袖子越长，舞姿就越吸引人，今天京剧中的水袖动作，还具有长袖舞的特色，可以放大手势，生动表达情绪，是一种重要的特技技法。最初跳舞的人都是巫者。在甲骨文和小篆中（图），巫字就写作一个人挥牛尾（《说文解字》则认为此时挥舞的已经是袖子了）跳舞的样子。跳舞是祭祀中的一个重要环节，目的是娱乐神仙，祈求福祉。在这里，艺术与信仰已经融为一体了，舞蹈和音乐成为人神沟通的重要途径。

这种巫风是早期人类人神不分观念的体现，在商代的时候广泛流行于中国大地。但春秋以后，中原各国已经能有"未知生，焉知死"的观念，更加注意世俗的生活规范，只有楚国还依然保留浓郁的巫风，看重人与神的精神沟通。在祭祀群神的《九歌》中，就有十几个主要的神。其中有"太阳神"东皇太一、云神兼雷神的云中

君、作为恋人的湘君和湘夫人、统摄人生的大司命和少司命……甚至还有山鬼、国殇（殉国将士的魂魄）这样的"野神"。在祭祀中，神就是人，而人也能成神，两者可以交流对话，没有什么截然分明的界限，楚怀王作为人间的国君，却能够与巫山神女进行一段缠绵的爱情，就是宋玉笔下人神交流的美好传说，令人产生无限遐想。

这种哲学、文学、神学交融的观念深深写在楚人的心中，并影响到他们的各个方面，混沌而梦幻。楚国最著名的哲学家是庄子。庄子的思想非常深刻，比喻也极尽巧妙。他非常善于运用寓言和神话来讲述自己的思想，说到大，就有北冥的大鱼；说到小，就有蜗角上争斗的小国；说到久远，就有五百年为春，五百年为秋的大树；说到短暂，就有生命只有一天，早上出生、黄昏死去的小虫子。又有河伯、北海若、混沌等神仙出现在他的笔下，为庄子的思想代言。在庄子眼中，哲学境界和人生境界最高的是藐姑射山上的神人，吸风饮露，游于四海之外，不食人间烟火，达到了"逍遥游"的境界，这样的神人脱离了一切拘束，体会的是真正的不受约束的自由。这种"天人合一"的状态，充满着哲学意味，又有丰富的文学色彩，是北方的中原文化所不具备的。即使是与同样灿烂的西方哲学相比较，也只有德国哲学家尼采能够与庄子相提并论。但尼采生于公元 1844 年，比庄子晚了两千多年。能够早于两千多年就产生这样的哲学成就，仅仅从这个角度，楚文化就值得受到大范围的关注——何以在楚文化的影响下，出现了庄子这样的天才？他既是哲学的天才，又是文学的天才；从前一点上，他的玄思神游独步国内，罕有与之颉颃者；而从后一点上，比他稍晚的屈原又更进一步，将文学推向了创作的高潮。

20世纪的中国知识界有三大显学，分别是研究《红楼梦》的红学，研究甲骨文的甲骨学和研究敦煌出土文物的敦煌学。但到了20世纪末，随着出土文献的不断发掘，长江文明之母——楚文化的价值越来越凸显，楚文化的脉络也越来越清晰，"楚学"也成了新时期的显学，得到了国内和国际学界的广泛关注。

而楚文化影响最大的领域，或许还不是前面提到的种种成就，而是她的充满了光辉的文学艺术。

五、天竺来的文学因子

在讲到楚文学以前，我们不妨先宕开一笔，进一步了解一下楚文化的特色。在经济领域中，对外开放是我国历史上乃至当代的一项重要国策。除去几段时间的闭关锁国以外，从上古到当下，我国都非常注重经济的对外开放，发展对外经济关系。"经济建设为中心"的时代背景下，在经济对外开放得到广泛注意的同时，中国文化的对外交流成就却往往被人忽视——虽然它的历史也同样悠久。中华文化五千年来，能够长久保持生命力，成为世界上有影响力、有光辉成就的文化，除了我们民族自身的不断努力以外，时刻保持文化对外开放，吸取其他民族、其他国家的文化优长，是一条重要的原因。今天的我们都知道，要想让文化"走出去"，自己先要将其"引进来"，但远在先秦时代，我们的先民就已经做到了这一点，引入了很多异域风情的文化因子。在各个异质的文化之间，却"存在一种深刻的互相理解"，简直是上古时期的一种奇迹，连今天的世界都不能做到。这其中最主要的，也同样是不太为今人所知的，就是来自印度的文化。

公元前 2000 年左右，印度文明就已经非常辉煌了。这个国度位居南亚，由起自喜马拉雅山脉，走过孟加拉湾、阿拉伯海，进入印度洋的"圣河"——

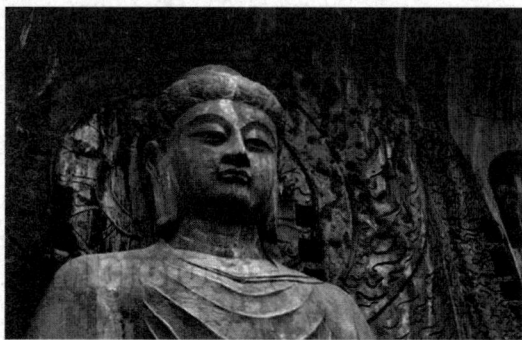

释迦牟尼佛像

恒河穿过，有着得天独厚的恒河平原，产生了灿烂的文化，与古中国、古埃及、古巴比伦并列，成为世界四大文明古国之一。到了公元前 6 世纪左右，与春秋时代中国的圣人孔子大约同时，迦毗罗国（Kapilavatthu）国王的一位王子出生了，他被命名为悉达多，父亲的姓是乔达摩。这只是当时的新兴的一个"霸国"，但却孕育了整个印度乃至整个世界最伟大的人物。由于母亲早逝，幼年时代的悉达多是由他的姨母波阇波提夫人养育的。他自小跟随国内的贵族学者们，学习文学、哲学、算学等等知识；又跟着武士们学习武术，也是一个骑射击剑的能手，可以说是文武全才。他的父亲净饭王对他期望很大，希望他继承王位后，建功立业，成为一个"转轮王"（统一天下的君主）。从少年开始，悉达多王子就关心民间的疾苦，苦苦劳动的农民、病态龙钟的老者、辗转反侧的病人，乃至耕牛鸟兽，无一不让他陷入了深深的沉思。他看见世上的人和动物，大多数都生活在痛苦的生活之中，一生短暂，只知为生计奔波，他对此感慨不已。悉达多开始考虑，如何才能解决世间人的痛苦。他在宫廷中学到的知识并不足以解决这些问题，于是在他 29 岁那年，悉达多决定放弃一切富贵权势，放弃王位继承权，放弃家庭牵绊，偷偷地逃出国城，削发易服，成为一个修道者。他先后寻访了好几个有名的学者，向学者们请教这些问题，却没有得到满意的答案。于是，悉达多认为现有的哲学不足以解决这个问题，便离开了他们，走到尼连禅河去，与那里的苦行人共同修炼，寻求解脱，完全靠自己的力量进行思考。他苦修了六年，却还是一无所得，就选择了再次离开。

菩提树

最后，悉达多一个人踽踽独行，他走到一棵毕钵罗树下，铺上了吉祥草，向着东方盘腿坐着，发誓说："我今如不证到无上大觉，宁可让此身粉碎，终不起此座。"终于，在一天晚上，他战胜了最后的烦恼魔障，获得了彻底觉悟，而成为了我们现在所说的佛陀。悉达多证道的这个地方至今还有留存，叫做菩提伽耶（菩提场），那棵树也被改名叫做菩提树，称为印度的"树之王者"。菩提是音译，意译就是觉悟的意思，恰好与佛陀相对应。佛陀（Buddha），最初是梵文中智者的意思，后来佛教为其加上了更丰富的涵义，大意是说，佛陀对一切法的性状都有完整、如实的认识，不但自己觉悟了，还能够使别人也觉悟，从各方面看，都已经达到了最完美的境地。悉达多王子也被称为释迦牟尼，意思是释迦族的圣人，因此我们今天又尊称他为释迦牟尼佛，或者释迦牟尼如来。如来，也就是"如实而来"，是佛陀的异名。悉达多王子35

岁成佛，在他生命后面的 45 年中，他建立起了佛教，到处游行，向世人宣讲他所证悟出的真理，直到涅槃（逝世）为止。一般认为，释迦牟尼佛在公元前 486 年涅槃，与孔子逝世仅差七年。

佛教是一棵常青树，不但在南亚天竺衍生发展，更东传到中国来，形成了独特的汉化佛教，自成特色，成为中华文化的重要组成部分，对中国人产生了深远的影响。一般论述佛教输入，都从公元一世纪后半叶开始说起。当时中国正处在东汉时期，白马驮经东来洛阳，从此佛教义理正式进入东土中华。但在此之前，中印两国的文化交流早已开始了，早期原始佛教的很多文化因子，至晚在春秋战国时期就已经进入了中国。我们不妨举几个例子吧：

《战国策·楚策》与《尹文子》都提到了一个有名的"狐假虎威"的故事："虎求百兽而食之，得狐。狐曰：'子无敢食我也。天帝使我长百兽，今子食我，是逆天帝命也。子以我为不信，吾为子先行，子随我后，观百兽之见我而敢不走乎！'虎以为然，故遂与之行，兽见之皆走。虎不知兽畏己而走也，以为畏狐也。"这个寓言故事在中国非常流行，现在"狐假虎威"还成为一个妇孺皆知的成语，被人们不断地使用。但根据季羡林等学者的研究，可以发现楚国策士不过是截取了印度佛典故事的一部分，略加修订、改编而成文。在佛典故事中，有很多类似的故事形式。比如印度古代民间故事集《五卷书》的第十一个故事，大意是说：有只豺狼在城里找食吃，被一群狗围攻，吓得到处乱跑，不巧掉进了一只蓝色染缸里，好不容易爬回了树林，不料树林里的百兽看到它染蓝了的样子，以为是怪物，吓得到处逃窜。于是豺狼大声喊道："你们怕什么？我是大神阿健度罗（群兽之主）派来统治你们的！"于是百兽都匍匐

在它脚下，尊之为百兽之王。后来这只豺狼听见了同类的叫声，兴奋地叫了起来，露出了本相，百兽发现上了当，愤怒地将它撕成了碎片。又比如巴利文译本《佛本生故事》，有一个"全牙豺本生"，故事讲：有一个菩萨懂得征服世界的咒语。他在温习咒语的时候，不小心被一只豺听到了，豺便跑回森林，念起了咒语，召唤群兽，成为百兽之王。后来一天，豺让野兽去攻打波罗奈城，菩萨让城中人都堵上耳朵，设计让豺命令所有狮子吼叫，结果叫声吓惊了豺的坐象，豺跌下来被踩死了。

此外还有《经律异相》中的"野狐求王事"、《佛本生经》里面的"狮子皮本生"等故事，情节虽然不同，但内容大体差不多，都是一个思维构思的结果。这也就形成了一个"母题"，即某兽因为某种因缘，借他人或他物的威，而当上了兽中之王，最后因为暴露了本相而被杀。中国"狐假虎威"的故事就是这种故事母题影响下，删除了故事的后半截，并且可能加上了一点"中国特色"的产物。

这样的例子还有很多，比如说传说中有名的"月兔"神话，根据东方学大师季羡林的研究，也最早来自于印度，这种研究证据翔实，基本已经成为学术界的定论。屈原在《天问》中说："夜光何德，死则又育？厥利维何，而顾菟在腹？"屈子在这里提出问题，月亮腹中有一只兔子，对它有什么好处呢？印度人从三千多年前，就有着这个观念，他们相信月亮中有兔子，"月亮"一词在梵语中说法非常多，但是都包含着"兔子"（sasa）这个语素，可以看出月亮与兔子在词源上有着非常大的渊源关系。这个故事传到中国来，被屈原写进了作品中。不光如此，就连屈原的《天问》，与域外古经或许也有着某种千丝万缕的联系。苏雪林、饶宗颐二先生认

为，《天问》这种文体，是一种具有世界性的文学样式，与印度的《吠陀经》，基督教的《旧约》，伊斯兰教的《伊兰火教经·祀歌》等，都有着类型上的相似之处，或许出自同源。这种说法虽然没有达成学术界的共识，但结合一些其他的中印文化交流产物，也是很有意思的。比如，在招魂过程中，往往用到一个煞尾语气词"些"（读作 suo），在屈原的《招魂》里就有应用，一般被学者认为是楚地的方言。后来，人们就用"楚些"一词指称楚地民歌或招魂歌曲。元好问在他著名的《摸鱼儿》（问世间情是何物）中，感慨真情的双飞雁一死，招魂也不再有用，就写道：

> 问世间情是何物，直教生死相许？天南地北双飞客，老翅几回寒暑。欢乐趣，离别苦，就中更有痴儿女。君应有语：渺万里层云，千山暮雪，只影向谁去。横汾路，寂寞当年箫鼓，荒烟依旧平楚。招魂楚些何嗟及，山鬼暗啼风雨。天也妒，未信与，莺儿燕子俱黄土。千秋万古，为留待骚人，狂歌痛饮，来访雁丘处。

现在，湖南、湖北一带，说到禁忌之语，往往还是用"些"字结尾，就是受了几千年前的影响，据说当代岳阳的巫师招魂，用的还是类似"些"的煞尾词，发音作 soko'h。这个煞尾词，饶宗颐先生认为或许也是天竺梵音。宋代沈括的《梦溪笔谈》中说："夔峡湖湘人，凡禁咒语，末云娑婆诃。三合而为些，即楚词招魂所用些字。"[1] 意思是说，"娑婆诃"三个字，读快了就是楚辞中的"些"。娑婆诃是梵语咒语之末的一个语气词，有"吉祥""成就"等等的

---

[1] 《梦溪笔谈》卷三。

意思，《佛说仁王经·仪轨下》就讲："娑缚贺（这是娑婆诃的不同译音），此云成就义，亦云吉祥义，亦云圆寂义，亦云息灾增益义，亦云无住义。今依无住义，即是无住涅槃。依此无住涅槃尽未来际，利乐有情，无尽期故"。佛教中最流行的口诀之一《大悲咒》，是观世音菩萨讲的一段口诀，其中"娑婆诃"一词出现了 14 次，就可见这个煞尾词的重要地位了。当然，目前骤然判定两者孰先孰后，或许证据还不足，但至少可以看出，不光是寓言、神话故事等文学因子，就连语言上，楚国与古印度都有着千丝万缕的文化联系。

这种中西文化交流关系实际并不仅限于楚国与印度，齐燕术士或许也与印度的关系说不清道不明。两方面的交流是肯定的，但谁先谁后并不十分清晰。正如季羡林先生在《佛教与中印文化交流》中所说的："《列子·汤问》中有巨鳌负山的说法（原注：《列子》一书晚出），《天问》中也有类似的说法（引者注，下同：《生经》卷四第三十五）。《淮南子》、《连山易》都有不死药的传说（《梨俱吠陀》"月中仙人"神话），《吕氏春秋》有刻舟求剑的故事（《百喻经》"乘船失筜喻"），《战国策》记载着楚王美姬郑袖陷害魏王送来的美人，《山海经》记载着巴蛇吞象，《庄子》中有大鹏（印度有大金翅鸟），邹衍与大九州之说（古印度宇宙观与此类似），还有狐假虎威（见前文）等等的寓言，所有这一切，中西许多学者都认为，同印度有着千丝万缕的关系。"① 季先生这一段话没有提及印度的类似故事，笔者略加补充，将印度相关的故事"蓝本"或"摹

---

① 季羡林《佛教与中印文化交流》，江西人民出版社 1993 年版，150～151 页。

本"放在括号中注出，以便读者了解。

在春秋战国那个百家争鸣的时代里，不但各国之间的文化有着很大不同，需要互相学习；就连中国与外国，汉族与其他民族的交流也正在蓬勃发展，而楚国与印度的文化交流，无疑是这里面比较值得关注的一部分。楚国文学成为中国文学的典型范式，乃至世界文学的巅峰，或许也与其丰富、开放的文化交流相关。因为地方特色虽然重要，但是往往还需要某些"世界性的"、具有普遍意义的内容来扩展其内涵，而楚辞和楚文学正是这样的一种成功产物，而屈原更是一位世界顶级水准的大文学家。

六、山有木兮木有枝

春秋战国时期，各国的文字还没有统一，都带有独特的地域文化色彩。北方文字以齐国为中心，特点是整齐；南方文字以楚国为中心，特点是流丽。古人最早是用刀在甲骨或铜器、木片等物上刻字，非常费力。经过改良，古人开始使用毛笔书写。毛笔用动物的毛做成，更加柔顺，写起字来非常方便。长沙左家公山楚墓出土了上好的兔毛笔实物，这是中国目前发现的最早的毛笔，打破了传统认为秦国大将蒙恬造毛笔的说法。或许，毛笔的创造者，就是书法流丽、

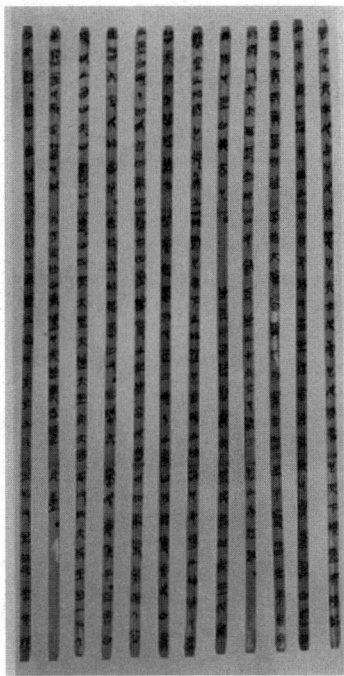

郭店出土《老子》竹简

画工传神的楚国人。子弹库 1 号墓出土的帛书、郭店出土的竹简则是用毛笔书写的出土文献，除了史料价值外，也具有艺术特色。

楚人能书善画，但文学才能更不能被忽视。楚地的民歌，经过贵族阶层的改编，很多都被收录进《诗经》的《周南》《召南》中，在《陈风》中也有一些篇章。"关关雎鸠，在河之洲。窈窕淑女，君子好逑"——作为《诗经》里面的第一首诗，《关雎》至今还脍炙人口。此外，《汉广》的"南有乔木，不可休思。汉有游女，不可求思。汉之广矣，不可泳思。江之永矣，不可方思"，《桃夭》的"桃之夭夭，灼灼其华"等等，至今还都是有生命力的诗篇，令人们津津乐道。

但这毕竟是经过雅化改造的诗篇，虽然精彩，却很可能是出于中原学者的修改，与原汁原味，喜欢用"兮"作为语气词的楚风不太一样（并非只有楚辞才用"兮"字，但对"兮"使用的频繁程度，无疑是楚辞的一个重要特点）。"兮"只是一个语气词，没有实际的意义，但却具有音乐的美感，能够增加作品的诗味。比如汉高祖刘邦的《大风歌》"大风起兮云飞扬，威加海内兮归故乡，安得猛士兮守四方"，读上去令人感到苍凉古朴，气概豪迈。但如果把"兮"字去掉，变成"大风起，云飞扬。威加海内归故乡，安得猛士守四方"，不但美感有了很大差距，甚至节奏与儿歌童谣都没有太大区别了，一个"兮"字，文学价值何其大！

传说中的"南音之始"，也即最早的楚地诗歌，可以追溯到大禹时期。《吕氏春秋·音初》记载："禹行功，见涂山之女，禹未之遇而巡省南土。涂山氏之女乃令其妾，候禹于涂山之阳，女乃作歌，歌曰：'候人，兮猗'，实始作为南音。"也就是说，这首《候人歌》

的作者是大禹的妻子涂山氏，是她在大禹治水期间，寂寞难耐而作的思君之歌。"兮猗"两字是语气词，没有具体的含义，实际有意义的只有"候人"。这种质朴的形式显然甚为古老，应该距离鲁迅先生所说的"杭字杭字"派并不太远。

春秋时代，楚国贵族鄂君子皙在河中游玩，摇船者是位越人，抱着双桨用越语唱了一支歌。这首歌只有32个字，读音被人记录下来，"滥兮抃草滥予，昌枑泽予昌州州，（鍖）州焉乎秦胥胥，缦予乎昭，澶秦逾渗，惿随河湖。"因为是越国方言的音译，因此内容令人感到很费解。根据当代学者用绍兴方言的解读，字面意思是"夜啊，多好（的）夜。我换王子，我撑船。在水中央呵，我意好喜欢呵。早想亲（近）你，心思谁可诉？"

鄂君子皙听不懂这方言，于是叫人翻译，就成了著名的《越人歌》：

今夕何夕兮，搴舟中流。

今日何日兮，得与王子同舟。

蒙羞被好兮，不訾诟耻。

心几烦而不绝兮，得知王子。

山有木兮木有枝（枝与知谐音），心悦君兮君不知。

从译文来看，这首诗的白话意思是："今夜是什么夜晚啊，我能在此洲操桨击流；今天是什么日子啊，我有幸能与王子您同舟。含羞怀情啊，不顾诟骂羞耻；心里多么痴迷不止啊，盼望见到王子。山有树啊树有枝，心里爱慕着您呀您却不知。"可以看出，比起我们完全根据字面翻译的原诗，古人所译的内容更加丰富，运用了更精致的修辞，艺术手法更高明，而更具有动人的力量。鄂君子皙听

了这首歌的翻译以后，很受感动，不顾地位的差别，拥抱了这位船夫，并把绣花被披到他身上，表示尊重和欣赏。这首诗委婉动听，感情真挚，但却具有浓郁的楚国风格，还开创了汉语译诗的先河，不知打动了古今多少诗人。当代新诗人席慕容就写下了《在黑暗的河流上——读〈越人歌〉之后》，来表达自己的感触，其诗如下：

> 灯火灿烂是怎样美丽的夜晚
>
> 你微笑前来缓缓指引我渡向彼岸
>
> （今夕何夕兮搴舟中流
>
> 今日何日兮得与王子同舟）
>
>
> 那满涨的潮汐
>
> 是我胸怀中满涨起来的爱意
>
> 怎样美丽而又慌乱的夜晚啊
>
> 请原谅我不得不用歌声
>
> 向俯视着我的星空轻轻呼唤
>
>
> 星群聚集的天空总不如
>
> 坐在船首的你光华夺目
>
> 我几乎要错认也可以拥有靠近的幸福
>
> 从卑微的角落远远仰望
>
> 水波荡漾无人能解我的悲伤
>
> （蒙羞被好兮不訾羞耻
>
> 心几烦而不绝兮得知王子）

所有的生命在陷身之前

不是不知道应该闪避应该逃离

可是在这样美丽的夜晚里啊

藏着一种渴望却绝不容许

只求只求能得到你目光流转处

一瞬间的爱怜从心到肌肤

我是飞蛾奔向炙热的火焰

燃烧之后必成灰烬

但是如果不肯燃烧往后

我又能剩下些什么呢除了一颗

逐渐粗糙逐渐碎裂

逐渐在尘埃中失去了光泽的心

我于是扑向烈火

扑向命运在暗处布下的诱惑

用我清越的歌用我真挚的诗

用一个自小温顺羞怯的女子

一生中所能

为你准备的极致

在传说里他们喜欢加上美满的结局

只有我才知道隔着雾湿的芦苇

我是怎样目送着你渐渐远去

（山有木兮木有枝心悦君兮君不知）

　　当灯火逐盏熄灭歌声停歇

　　在黑暗的河流上被你所遗落了的一切

　　终于只能成为

　　星空下被多少人静静传诵着的

　　你的昔日我的昨夜

　　摇船者不必一定是诗人想象的越女，但诗中给我们的感动，"山有木兮木有枝，心悦君兮君不知"，令人引起的无限遐思，这些价值是永恒的，与作者无关。

　　2006 年，根据莎士比亚的戏剧名著《哈姆雷特》改编的电影《夜宴》，也选取了这首诗作为歌词，并为之重新谱曲演唱，声调古朴而凄凉。正如导演冯小刚说的那样："'山有木兮木有枝，心悦君兮君不知。'这两句唱出了人与人之间最深的寂寞，一个人如果懂了这首歌，这个人就不会寂寞。"

　　当然，更著名、更经典的或许是屈原的类似诗作吧。在《九歌·湘夫人》中，屈原写道："沅有芷兮澧有兰，思公子兮未敢言。"王逸的注说："言沅水之中有盛茂之芷，澧水之内有芬芳之兰，异于众草。"屈原想必是借鉴了《越人歌》吧，他在原有的"思君子"的意蕴上，加入了美人香草的寄托与譬喻，使之具有自己的特色。

　　楚国另外一首著名的《孺子之歌》（或叫做《沧浪歌》）唱道：

　　沧浪之水清兮，可以濯我缨；沧浪之水浊兮，可以濯我足。

　　这首诗唱的是君子处世，应该审时度势，面对现实。有一次，

孔子见到有个小孩子在唱这首歌，感慨地说："人的好坏都是自己决定的（自取之也）"。后来屈原被楚王流放，一个渔夫也唱了这首歌，来劝解他适应现实。

后来楚汉相争的时候，西楚霸王项羽兵败被困在垓下，听到外围的刘邦军在唱楚地的歌曲，以为楚地已经被刘邦占取，许多楚人参加了刘邦的军队，自己落入了四面楚歌的境地，于是丧失了斗志，在营帐里喝酒唱歌，就是著名的《垓下歌》："力拔山兮气盖世，时不利兮骓不逝。骓不逝兮可奈何！虞兮虞兮奈若何！"我的力量可以拔起大山，豪气盖世，无人可比。可是这时代对我不利，我的乌骓马再也跑不起来了。乌骓马不前进我能怎么办？虞姬啊虞姬，我的宠妾，我可把你怎么办呢？唱完以后，项羽泪流满面，决定率军突围，最终由于兵力损失殆尽，自刎乌江，成了令人思念的悲剧英雄。两军对垒扎营，距离虽然不远，但也不会很近，项羽一听便知对面营地唱的是楚歌，也可以看出楚歌具有鲜明的特色，与一般地区的歌曲风格有所不同。

项羽唱的是失败者的悲哀，而汉高祖刘邦占据天下后，却也有着胜利者的忧患感。他一次回到老家沛县，敲着筑（一种乐器），喝着酒，唱起了《大风歌》："大风起兮云飞扬，威加海内兮归故乡，安得猛士兮守四方！"天下风起云涌，群雄纷争。我虽然打下了天下，衣锦还乡，但天下的英雄豪杰都在哪里，我又能否守住这广阔的疆土呢？这又怎么不让人感慨流泪！也难怪刘邦在唱这首歌的时候，慷慨伤怀，洒下了英雄之泪了。朱熹是南宋的著名学者、思想家，他评价这首诗说："自千载以来，人主之词，亦未有若是

其壮丽而奇伟者也。呜呼，雄哉！"① 可以说是推崇备至。众所周知，刘邦的文化水平并不高，更由于他的行事风格，很多人都称他大有地痞之风。但是，他竟然能够写下这样后世传颂的伟大诗篇，甚至超越了许多饱读诗书的儒生，除了他自己的豪情壮志以外，或许与楚地擅长文学艺术风俗的影响不无关系吧！

本书的主人公，屈原，正是在这样的文化背景和文学背景下成长起来，并创造了楚文学乃至中国文学的巅峰。

① 《诗人玉屑》卷十三。

第二章

惟楚有材——屈原其人

　　文学作品由何而来？当然是出自作家之手。因此，从作者的生平、交游、性格来解释文学作品，正是一种最经典的了解文学的方法。通过这种方法，可以更清楚地了解作者的心理、作品创作的过程，从而深入地理解作品。文学作品并不直接反映作家的实际生活，它体现的是作家的梦，是作家的理想自我。当我们跨越历史的长河，爬梳沉积千年的文献，慢慢梳理清楚历史记载中的作家之后，接着还需要探寻诗人通往心理的津梁，从他的外在生活，窥知他的内在生命。当我们真正了解了诗人的生命，我们与诗人的关系，也便从出之于口的对话，进展成无须多言的心灵沟通了。这场旅程无疑是艰难的，但想到我们正在向中国最伟大的诗人逼近，相信文献中带给我们的喜悦将抵消一切时间与空间带来的艰辛。

一、锡予以嘉名——贵族后裔

屈原是中国历史上最伟大的诗人，他的作品流传千古。同时，他也是中国历史上第一位生平事迹可考的诗人。在屈原之前，大部分的诗篇都找不到作者，即使知道作者的名字，也很难了解到作者的具体情况，只有屈原的事迹较为清晰，被司马迁记录在《史记·屈原贾生列传》中。可是，相对后世诗人而言，关于他的记载还是非常稀缺的，而且还有很多自相矛盾的地方。因此，近代以来，关于屈原的争论非常纷繁。近代的著名学者，善于怀疑与假设的胡适就认为，屈原可能并无其人，只是后人想象中创作楚辞的一个"箭垛子"式的人物，是众多无名的楚辞作者的一个"总名"。

由于胡适在学界的巨大影响力，这种说法也得到了许多日本学者的支持。但是我们只要具有一点古典文学的常识，或者从事过一些文学的创作，有相关的文学经验，甚至不用刻意发掘史料，就可以发现这一观点的疏漏，而如果能加以细心的考证，更可以坚信此说的不能成立。

诗的本质是书写诗人自己的生命。没有注入诗人生命的诗，就没有文学的生命力，也就不可能成为优秀的作品。在我们今天读到的屈原的诗作中，每一首都具有屈原的生命，那具有个人化的写作方式，超越性的思想，表达了他对历史与个人悲剧命运的承担，具有鲜明的个人风格。从对屈原诗作的解读中，我们可以透视到屈原的心灵状态，想象到他的生命形态，从而进一步把握屈原思想的方方面面。如果说屈原只是一个代称，这些作品都是若干不知名的诗人创作出来的，那么这些作品应该是零散的，断裂的，乃至于平庸

的，这种作品就绝不可能打动几千年来的读者，更不可能成为一个能够反映屈原生命轨迹的诗学体系。日本学者的错谬看法，一方面是因为他们不以汉语为母语，对于汉语的精微表达不能很好地掌握；另一方面也是他们受到了貌似科学，实际反科学的"盲目疑古"思潮的影响，未细心体味文献，从而走入了学术研究的弯路。

正如上一章所谈的，"疑古"有着重要的学术意义，但是"盲目疑古"与"盲目信古"一样，都是走入了极端，而失去了客观中正的研究态度。而胡适，虽然深受中国传统文化教育，而且在近代学界名气极大，影响也异常深远，但是正如同他评价《西游记》是"讲的极浅"的童话故事，评价《红楼梦》是"平平无奇的自叙传"一样，胡适在文学上懂的并不多。他在考证上有一定成就，而他更懂的和擅长的是对文学作品进行政治判断，他是一个好的政治活动家，一个好的公共知识分子，非常善于分析文学作品有没有符合他的"政治正确"（这里的政治正确指的是是否符合他的新文化观念。后世"左倾"用政治标准为纲，完全忽略文学作品的艺术价值，追寻源头，某种程度上正是近源于胡适的这种坏影响），但他对文学本身几乎没有表现出任何的鉴赏能力。胡适自己进行过一些文学创作，写下了《尝试集》这样的白话诗，作为白话诗的先行者，他在文学史上也有一定的地位。但这种作品的尝试意义在于对文学改革的推动，在文学技巧上说，总体上是平庸甚至低劣的。比如，胡适在《赠朱经农》里写道："黄油面包颇新鲜，家乡茶叶不费钱。吃饱喝足活神仙，喝个'蝴蝶儿上天'！"这样的"诗"，除了字数上与一般的诗一样，做到了押韵以外，乏善可陈。它的艺术水平是非常平庸的，至多接近现代的小学生水平，除了浅薄与油滑

之外，完全无法给人阅读的美感。当代诗人赵丽华，由于一些有争议的写作，被人们冠以"梨花体"之名，比如她的《我终于在一棵树下发现》就被人褒贬不一，被很多人诟病。

诗是这样写的："一只蚂蚁/另一只蚂蚁/一群蚂蚁/可能还有更多的蚂蚁/"，这样的诗由于过于通俗，类似散文句子，而且看不出太多的美感与意义，遭到了读者的广泛批判，这种风格如果追溯其中国源头，恐怕就只能由胡适开始谈起。但相较而言，赵丽华在写作中还具有一定的寄托，某些作品具有解构和探索的意义，不管对这种后现代的尝试作何评价，想来比起胡适某一些纯粹通俗、而无言外之意的写作，又要略胜一筹了。

论及学问，胡适肯定远胜赵丽华，但为什么他的诗却多如此平庸呢？这是因为胡适只是利用写作来推动文学改革，并进一步达到他"新民"的目的，所以他并没有在这些诗中注入过任何的感情。这就像著名美籍学者周策纵先生的评价一样，胡适是"没有心肝的月亮"（恰好引用胡适的一首诗的题目）。因此胡适在别的领域虽有成就，在文学上却是个完全的门外汉。这种对文学的外行，就导致了胡适不可能读懂屈原的诗，由此则难以体会到屈原的人格魅力，而他的猜想也根本站不住脚。作为证据之一的是胡适对《离骚》理解的混乱和分段的错误，姜亮夫先生毫不留情地批评他说："对《离骚》分段最乱的是胡适，这与他没有弄清每段的意思有关。"连《离骚》的大义尚且读不通，很难认为胡适有能力理解《离骚》的内容和价值，遑论对屈原总体的评价。他的理解力，恐怕与西方的某些"汉学家"是不相上下的。

随着近几十年来学者们的辛勤耕耘，新的出土资料不断发掘，

旧的文献资料也得到了更好的梳理，关于屈原生平的问题和矛盾许多都已经解决。现在我们可以毫不犹豫地说，屈原，这位中国历史上最伟大的诗人，他的事迹虽然还有一些弄不清楚，但大体的生命脉络斑斑可考。根据众多学者的研究和猜想，我们来尝试大致构建屈原生平的框架。

根据传记文学的一般惯例，首先都要先介绍传主的姓名字号、出生年月等等基本内容。《离骚》是屈原自我书写的一部心灵史诗，它的开头就主动写到了这些内容：

"帝高阳之苗裔兮，朕皇考曰伯庸。摄提贞于孟陬兮，惟庚寅吾以降。皇览揆余于初度兮，肇锡余以嘉名。名余曰正则兮，字余曰灵均。"这短短的四句话，就是屈原的内容丰富的自我介绍。正如刘知几说的那样："其首章上陈氏族，下列祖考，先述厥生，次显名字"（《史通·序传》），真是无所不包。

颛顼像

"帝高阳之苗裔兮，朕皇考曰伯庸。"写的是屈原的先祖。高阳，就是颛顼，是传说"五帝"中的第二位帝王，据说他是黄帝的孙子，在位78年，是神话中楚人的祖先，也就是楚文化的神界始祖。伯庸，是熊伯庸，是西周时期楚王熊渠的儿子。楚王熊渠是楚国的一位英雄领袖。据说他有一次夜间赶路，在路上见到一只老虎，急忙射出一箭。走近了才发现，那是一块巨石，不是老虎。熊

渠想把箭拔出来，结果因为射箭时用的力气太大，整枝箭都射进了石头，再也拔不出来了。这个故事显示了他的勇猛，当时人认为传说中射下九个太阳的后羿也比不上他。七百多年后，为了赞美汉代的名将飞将军李广，《史记·李将军列传》就写下了一个大体相同的故事，只不过这个故事的主人公被改成了李广。这个故事也以这样的形式流行至今。唐代诗人卢纶在《塞下曲》中写道："林暗草惊风，将军夜引弓。平明寻白羽，没在石棱中。"就是吟咏的这个传说。可惜随着李广的故事深入人心，人们也逐渐忘记，射箭入石的神箭手最早应该还有一位楚王熊渠。熊渠在位期间，楚国政通人和，日益强大。他兴兵讨伐庸国和杨粤，把楚国的势力扩展到长江南岸和中下游。伯是"老大"的意思，表示熊伯庸应该排行老大，没有实际的意义。他被熊渠分封为句亶王，在今天汉水边上的江陵一带。在上古语音中，"句""甲""屈"三个字同音相转，可以互相代替使用。句亶就在甲水一带，后来熊伯庸的后代在此生活，把地名用作姓氏，也就是甲氏，后来一般写作屈氏。

所以，"朕皇考曰伯庸"并不是像有些人理解的，是屈原的父亲叫屈伯庸（这种误解在学界一度还非常流行），而是指的屈氏始祖熊伯庸。因此，第一句就是说："我们民族是颛顼祖先的后代，我们氏族是句亶王熊伯庸的后代"，前者颛顼，是屈原的神界始祖，后者熊伯庸，是屈原的凡界始祖。这里屈原隐含了一句话，就是这些祖先都非常优秀，他们代代相传的贵族子孙也有很多英雄人物，那么作为这些贵族后代的屈原，自然天生就具有某种优秀的特质。这种叙述方式是古代的贵族阶层为了表明自己高贵血统常用的写作手法，因为古人往往认为，天赋是可以通过血统传承（遗传）的，

高贵血统会产生、传承高贵的品德（也就是俗语中的"龙生龙，凤生凤"）。司马迁在《太史公自序》中给自己写传记，也是从远古的颛顼时代开始下笔，他说："颛顼统治天下的时候，让重黎氏世世代代掌管天文地理，到了周宣王的时候，他们失去官职，就是司马氏了。"来表明自己家族悠久的史官传统，从而介绍自己写作《史记》这部伟大的历史著作，并不仅仅与个人志趣相关，而是继承了家族的光荣。即使到了后来，民间还有"工之子常为工，农之子常为农"的习惯，就算并不是贵族世家，平平凡凡的职业，也往往是父子相传，极少变动。当代社会中，依然有很多父母希望孩子能够继承自己的事业，甚至与自己进同一个单位。这种血统观念与安土重迁的观念结合生根，成为中国民众思想中的重要组成部分。而作为自我认可程度更高的贵族，这种思想自然更加突出。

这种重视血统的思想，不但中国古代有之，西方直到近代还有着这样的观念。比如西班牙王室就自称是"蓝血贵族"，这是因为，古代的西班牙人认为，贵族身上流淌着蓝色的血液，血统是最为高贵、纯正的。贵族们常常自豪地挽起袖管，展示自己雪白小臂上清晰可见的蓝色静脉血管，称之为蓝血，显示自己与"劳动者"有着根本区别。直到现在，西方还用"蓝血"（sangbleu）一词来指代优秀的精英分子。实际上，这所谓的"蓝血"，根据现代化学分析，实际上是欧洲贵族使用银质的餐具过多，而导致银中毒的一种表现，充其量不过是他们生活奢华的一种写照，与血统的高贵根本是风马牛不相及呢！无独有偶，虽然并非毒入血统，但这种"中毒"的高贵在魏晋时期也有近似的实例。当时有一种由石钟乳、紫石英、白石英、石硫磺、赤石脂五味石药合成的中药散剂，叫做五石

散，传说是张仲景发明的，药性燥热，专门用来治疗伤寒病人。但"是药三分毒"，如果健康的人服用这种药物，轻则会感到全身燥热，脾气暴躁，重则会精神恍惚，不能自制，甚至会中毒身亡。从某种程度上看，症状似乎非常类似于当代的毒品"摇头丸"。但后来魏晋时期的名士由于感到当时政治黑暗，无以排解，他们中的很多人最终迷上了这种药物，在药力的迷醉中麻醉自己。在那个时代，服用五石散就成了一种身份地位的象征，而药力发作导致失态，也往往被看做名士风流的表现，成为品评人物品行雅量的重要标准之一。这种不健康的爱好，一直到唐朝还有人乐此不疲，前后共约六百年。这种爱好虽然无关血统，但是能够长期延续下去，也表示着一代代的士人或明或暗地在效法魏晋名士的不同流俗。从当时的时代背景看，应该是值得理解的，但在今天，我们应该知道，不同流俗的、高贵的只可能是人的思想和行事，而并不是血统的纯正，也不是对某种爱好（乃至不健康爱好）的刻意模仿。古人的优长，先辈的风骨值得我们纪念，但这种方式应该见于行事，著于竹帛，而不是简单的东施效颦。

屈原在《离骚》中，并没有像写家谱一样将自己的祖先一位位地都列出来，只提到了屈氏始祖熊伯庸。但根据近现代学者的研究，屈氏家族的优秀人物还是非常多的。赵逵夫先生《屈氏世系与屈原思想的形成》一文中考证最为精审，多发前人所未发，值得采信。但限于篇幅，我们只能挑选几位，在本书中加以简单介绍。

屈完（？～前626年），应该是春秋时期屈氏最为后人熟知的政治家了，因为在齐桓公的时代，他有过浓墨重彩的演出，被人们津津乐道，甚至小学生也能知道他的一些事迹。公元前656年（楚

成王十六年，齐桓公三十年），齐国攻打蔡国战胜之后，又带兵去攻打楚国。齐军进驻到径山的时候，屈完率军抵御，齐军退居召陵。屈完又奉命去与齐桓公谈判。齐桓公自负兵强，说："我手下军士如云，谁能挡得住呢？如果攻打城池的话，应该是攻无不克吧！"屈完却不卑不亢地说："您如果用仁德来安抚天下，大家都会服从您；但如果您使用暴力，楚国以方城山为城墙，以汉水为护城河，您的军队再多，也没有用处。"齐桓公见到屈完威武不屈，最终放弃了攻打的计划，与楚国签订了盟约。屈完维护了楚国国体，完成了外交任务，虽然处在弱势地位，但却不辱使命。

屈建（？~前545年），字子木，是《左传》记载的屈氏人物中相关史料最多的一个，被《左传》提到了十多次。他继承了家族的莫敖职务后，仅仅三年，就晋升令尹，深受楚王器重。他率兵剿灭舒鸠，却不居功，把功劳让给子彊，因此在楚国威望很高。他以信称于诸侯，但同时也是一位有头脑的政治家，懂得权变。公元前546年（楚康王十四年），十四国在宋会盟，召开弭兵之会。屈建代表楚国出席，内穿有皮甲，在会上与晋国争夺霸主之位，最后与晋国平分了霸权。他死后，晋国还派大臣到郢吊丧，表示对他的尊敬。从思想作风上看，他与郑国的子产、晋国的叔向都可以相提并论，可以说是楚国的一位优秀政治家。

屈宜臼，赵逵夫先生认为是屈原的祖父，担任息大夫。在吴起初任令尹时期，曾经向他求教，被《说苑·指武》篇所记载。从他与吴起的对话中可以看出，屈宜臼对吴起的改革与用兵持否定态度，认为应该"不变故，不易常"，推举贤才，以民为本，才是长久大计，具有一定的民本思想，似乎接近黄老一派。

屈原同期的屈氏名人有屈盖（？～公元前312年），他大概是屈原的父辈，在怀王时期任大将军。他在公元前312年（楚怀王十七年）秦楚丹阳之战中兵败，被秦军俘虏并处死。有屈景，他的年岁或许与屈原相近，胸怀大志，因为不得重用而远走燕国，辅助燕昭王振兴国力，击败强齐。有屈署，在楚国形势危急的时候，奉命去齐国重修旧好。三人的生平具体事迹不是特别清楚，但都不是亲秦派的人物，应该政治主张都与屈原有一定的相近之处。可以看出，屈氏家族除了几百年来在楚国都有任要职的人物之外，大抵都是品格高尚的忠正之士，其中也不乏才能杰出的干练能臣。想来，这也是从春秋到战国，屈氏能够长期在楚国处在较高的地位的重要原因，屈氏的优秀子孙，通过代代的不懈努力，保持住了他们的荣誉和地位。

"摄提贞于孟陬兮，惟庚寅吾以降。"这句话写的是屈原的出生日期。根据现代学者的考证，这个日子指的应该是出生于公元前353年（楚宣王十七年）正月二十三日庚寅日，按照当时夏历的干支纪历法，也就是寅年寅月寅日，也就是屈原的生日。按照楚国风俗，男子的生日如果是寅日，就非常吉利。屈原的出生年、月、日都带有寅，那更是吉上加吉。传说中的《河图》里就说："天开于子，地辟于丑，人生于寅"，天文占

法，以为此乃大贵，屈原就是在这个日子降生的。

所谓降生，顾名思义，也就是从上而下，从天而降，往往具有浓烈的宗教性质的神圣意味。屈原在这里写自己"降生"，实际上是说，自己是神帝颛顼、英雄先祖熊伯庸的后代，又是极其吉利的日子出生，就代表着自己天生就有着高贵的品德，应该担当国家的大任。这是古代贤人常有的气魄。孔子晚年周游列国的时候，一次路过宋国，宋国的大夫桓魋想谋害孔子。孔子与弟子们在大树下面演习礼的仪式，桓魋就派人把大树砍掉。弟子们都很害怕，对孔子说："老师，我们快跑吧！"孔子仍然非常镇定自若，他对弟子们说，"天生德于予"，上天把德行降在我的身上，我是应天命而生的人，桓魋这种人能拿我怎么样呢？屈原的一生，也具有这样强健的精神。

后来，历朝历代的开国皇帝为了表示自己的成功并非偶然，而是"奉天承运"，也往往借用这样的形式来为自己张目。比如刘邦当上皇帝之后，就声称自己出生的时候，有蛟龙在其上，从而一出生就具有了"真龙天子"的身份。后人记载隋文帝杨坚，则说他出生的时候有紫气绕庭，小时候他一度被"惊动龙气"，头上生出龙角，身上长出龙鳞，成了一个"小龙人"。就连身份最为卑微，从小就父母双亡，沦为乞丐的朱元璋，也同样有着不平凡的出生传说。传说讲到，朱元璋的母亲曾经梦到过神仙，吃了神仙给的药丸，生朱元璋的时候红光满室，有如着火，甚至连邻居都惊动了。如果说，上古时期英雄诞生的神话传说，往往与上古蒙昧的信仰相关的话，那么后世皇帝对自己出生异状的说法就是完全带有政治目的的虚构，利用人们敬畏"神秘的天命"的文化心理，借以为自己的登

基树立权力合法性。

后人对屈原外貌的追述，虽然与政治目的无关，但也很有可能是出于主观想象，在刻意美化屈原。唐代沈亚之的《屈原外传》里说："屈原瘦细美髯，丰神朗秀，长九尺，好奇服，冠切云之冠，性洁，一日三濯缨。"①"好奇服"以后的内容，应该是后人根据屈原的作品来想象的，或许还接近屈原的特质（虽然未必符合现实）。而前面身高、身材、外貌的想象内容，则完全出于对屈原的向往了。不过，这样的描述并没有政治目的，虽然可能夸耀而不合事实，总算还相对实际一些，不敢太过分地夸张。而且，这种描述的本质并非为了复原屈原的原貌，而是让观者感到视觉上的相似，它复原的是屈原的气质，而并非那荒渺无征的外貌。没有官职的贤人与"素王"，并不依赖神迹，也不依赖外在的各种东西，而是具有一种天然的道德优越感和使命感，用高洁的内在来规范自己的生命，这种境界并不"唯物主义"，但却非常值得敬佩。在沈亚之的描述之下，我们无疑是能感受到屈原的这种使命感的。

古人在叙述的时候，特别注重时间的表述。尤其是中国古人，更加看重历史时间的长河流转。在传统的农业社会中，人们根据日月星辰运行的规律，划分四季，标示出年、月、日来，以此来指导农业生产和社会活动，并进而认为冥冥中有神灵的指示，具有神秘意义，代表着古人对宇宙的认识。在《尚书·尧典》里记载，尧帝让羲和兄弟观察太阳和星辰的方位，确定春分、夏至、秋分、冬至的时令，从而管理东西南北四方。四时与四方对应起来，代表时间

①　见蒋骥《山带阁注楚辞》。

与空间的联系，这是古代中国人独特的宇宙观，也成为中国著作家在写作的时候，往往要遵循的法则。

"皇览揆余于初度兮，肇锡余以嘉名。"这句诗讲的是给屈原取名时的状况。根据历史记载，楚人取名，一定要在祖庙之中，用占卜的手段，祈求先祖来赐给新生儿一个好名字。《左传·成公十三年》里解释说："刘子曰：'吾闻之：民受天地之中以生，所谓命也。是以有动作礼义威仪之则，以定命也。能者养之以服，不能者败以取祸。是故君勤礼，小人尽力。'"① 这里说，礼仪是"以定命也"。什么是"命"呢？正如李宗侗先生所说："而命就是受天地之中以生的，也就是他的图腾本质。所以我说：礼是为得保持图腾本质的不涣散。"这种仪式，正是对于新生儿的殷切期望所在，是期望通过仪式，让新生儿能够继承祖先的光荣传统。具体的占卜方法和命名仪式今天已不可考，但是这种感情与今天仍然流传的占卜取名是相通的，都是希望借此给新生儿一个好的前途，让他得到保佑，能够以后成为社会的栋梁之才，进而光宗耀祖。"肇"就是"兆"，指的是龟甲烧灼后形成的裂纹。古人烧龟甲或兽骨进行占卜，用形成的裂纹表示占卜的"预兆"。所以这里指的是占卜的结果；"锡"古通"赐"，也就是根据占卜的预兆，来赐给屈原一个好的名字。

这个故事被后人津津乐道。近代文献学家余嘉锡就以此句作为取名的来源，他取字季豫，是因为排行第四（古人的排行方法是伯、仲、叔、季，基本近似于现代的一、二、三、四，其中的季就

---

① 见蒋骥《山带阁注楚辞》。

是老四），又生在河南（简称豫），这些都是天生的缘分，因此可以算是"肇锡余以嘉名"，同时还涵盖进了他的姓，表达了对他未来的无限期许。

"名余曰正则兮，字余曰灵均。"这句诗就是讲的屈原的名字了。但屈原在这里并没有明指其名，而是用别称来代指自己的名字，显得更加含蓄。屈原，名平，字原。平，也就是天平，代表着公平公正的准则，也就是诗里面说的"正则"。灵均，灵指的是美好、良善，"均"字古代同"畇"，是原野的意思。"灵均"就是美好的原野，也就是暗指屈原的"原"字。实际上，屈原是用更加具有修饰意味的语言来记述自己名字的涵义，后人也往往用"灵均"来代指屈原。明末清初的文学家屈大均自称是屈原的后裔，写诗也学习屈原，他的名字"大均"应该也是根据"灵均"来取的。

前面解释的四句话，是整首《离骚》开宗明义的四句，也是我们了解屈原的一把重要的钥匙。在这里，屈原带领我们在时间长河中前行。从颛顼到熊伯庸，再从熊伯庸到屈原，我们跟着屈原，从神的时代走到了英雄的时代，又从英雄的时代走到了诗人屈原的人的时代。就在寅年寅月寅日，屈原降生了。他刚刚诞生，长辈们就把他带到祖庙去，通过占卜，祈求先祖给他取一个好名字。叫什么名字呢？根据占卜的结果，就让他名叫正则（平），字灵均（原）吧！在这里，屈原给我们开启的是上天的视角，让读者站在历史长河之上，具有一种超越性，来对这一事件进行审视，而不借助屈原作为人性的自我认知。这就是屈原在创作中隐含的意蕴，即他具有上天赐予的品德，要用超越性的眼光来理解他的所作所为。

屈原自己已经说过，自己的祖先是楚王熊渠的长子熊伯庸的后

代，也就是说，屈氏虽然已经不是王室成员，但仍与楚国王室有很近的亲缘关系，是当时重要的贵族。也正是因此，屈氏一直在楚国有崇高的政治地位，莫敖（司马以外专设的防卫边境的官职）一职就始终被屈氏所把持，在春秋战国的五六百年间，屈氏一直长盛不衰，成为一种独特的政治现象。

作为贵族子弟的屈原，受到的是楚国的贵族教育，并很好地完成了他的学业。由于资料不足，现在已经难以了解屈原受教育的具体情况，但根据春秋战国贵族教育的一般惯例，屈原应该是一个德育、智育、体育都有优良成绩的"三好学生"。德育，也就是培养学生的优良品德。根据汉代大学者郑玄的注释，学生必须要有六德（知、仁、圣、义、忠、和）和六行（孝、友、睦、娴、任、恤）。智育，也就是知识上的教育，主要包括礼（礼仪规范和社会制度）、乐（古典音乐）、书（文字学）、数（数学）。体育主要包括射箭和驾车，是为了应对战事而准备的，或许类似现在的"服兵役"或"军训"，但实用意义更强，不会沦为形式主义。达到了这些标准，才能够从"大学"（这里的大学更类似今天的"中央党校"，主要通过定向培养而不是通过考试来选拔人才）毕业，成为一个合格的贵族子弟，并走向自己的仕途。

除了这些基本技能的学习，屈原对当时流行的诸子百家思想也有了解。楚人常用《周易》进行占卜，对于《易经》《易传》中的义理也有自己的发挥，高亨先生研究了《易传》的用韵等问题后认为，《易传》很可能是楚人馯臂子弓的作品或记录。在这种浓郁的风气影响下，屈原对各种占卜方式都很熟悉，但他并不迷信，而是把《周易》当做一种探求人生的手段，并根据占卜的结果，进行形而上的哲学思考。他在写作《离骚》的时候，就多次写到他去占卜，并引用了《周易》的卦辞，来书写自己的心灵感受。比如，他在《离骚》里写道"謇謇之为患兮，忍而不能舍也"，就是化用的《周易·蹇卦》的爻辞"王臣蹇蹇，匪躬之故"。

吴起画像

此外，屈原很可能受到了吴起的深刻影响。吴起是一个对儒、法、兵三个领域都有建树的杰出人才。他是孔子学生曾参和子夏的弟子，也就是孔子的再传弟子，曾经注释过《左传》，可以看出他的儒学修养深厚。后来他也兼能学习兵家和法家的思想，历任各国，最终在楚国担任相国。在楚国为相期间，他严明法纪，主持变法，并率领军队兼并了陈、蔡等小国，使楚国日益强大起来。但由于他的变法侵犯了一些旧贵族的利益，就有一些旧贵族大臣组织叛乱，杀死了他。吴起虽然被害了，但他的改革成就仍然保存了下来，他的思想结晶成为《吴子》一书，流传后世，想必也影响到了七十多年后的屈原。屈原是精通楚国发展的历史的，吴起距离屈原并不远，属于屈原时期的近代史，因此屈原应该对吴起的情况非常了解。而且，屈原的祖父屈宜臼也曾与吴起多次直接对话，虽然屈宜臼倾向于黄老无为而治之学，并不很赞同吴起的改革措施，但至少对他是了解的。此外，根据当代学者的考证，屈原也可能阅读过商鞅的思想以及道家、名家的一些著作，不过具体情况已经很难知道了。

完成学业之后，屈原得到了他的第一份职业——主持楚国宗庙祭祀的宗祝。用当代人的眼光看，这个职位是不登大雅之堂的，但在战国时代，这是个非常重要的职务。古人有"巫史传统"，他们崇拜祖先，重视宗庙，认为"国之大事，唯祀与戎"，祭祀和战争是最重要的政治活动，由氏族或国家内的重要首领负责。因此，许多政治决策都在宗庙进行，

门应兆画橘颂图

宗庙的掌管者也同时要对贵族子弟负责，关心他们的文化教育。可以说，宗庙祭祀人员是神灵的人间代表，近似于神界的"特派员"，在人间主持事务，因此必须由出类拔萃的人物担当，在宗教和与之相关的政治、文化等问题上，宗庙祭祀人员都有很高的发言权。屈原能够担任这个职务，正代表了他对宗教礼仪的娴熟，以及在楚国贵族中口碑非常良好，是楚国贵族中出类拔萃的人物。屈原后来能够写作《九歌》《招魂》，也正得益于他的这一工作。甚至连他自称的"灵均"，也很有可能与之相关，因为"灵"在楚国方言中，就有"巫"的意思。这个时期的屈原，应该是从容自在的。在任上（亦可能是即将上任时），他根据《士冠礼》的祝词含义，加以发挥，自抒怀抱，创作了中国第一首咏物诗《橘颂》，赞美橘树外表美好，又有内涵，能够坚持独立不移的品格。"橘生淮南则为橘，橘生淮北则为枳。"橘树只有生长在淮南的楚国，才能够保持它的

美好本性。屈原就借此为例，来激励楚国的年轻贵族，要坚守在南方的楚国大地上，成为强健自强的君子。整首诗心胸开阔，意气风发，让人不禁神往于当时初露头角的年轻的屈原。

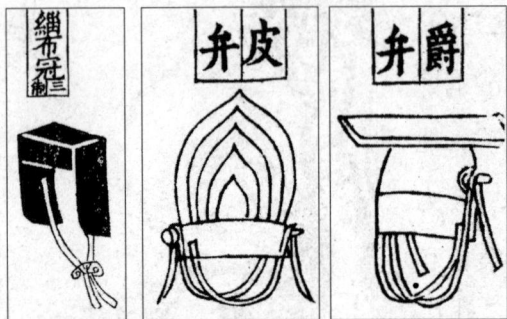

在写作《橘颂》的时候，屈原大概只有20岁左右，应该是刚刚完成了冠礼。古代的士人"二十而冠"，20岁（20岁是指虚岁，实岁应该是18或19岁）的时候行标志成年的冠礼。冠礼步骤极其复杂，仅仅"加冠"这个环节，就要分三个步骤。第一步要加缁布之冠，即"章甫"或叫"委貌冠"，最初是祭古所戴的帽子，后来发展为诸侯朝服之冠，代表着男子正式具有贵族身份，有了"治人"的权力；第二步加皮弁，是军戎狩猎所戴的，比缁布之冠地位更高，标志着男子能够参与国家的兵戎大事；第三步是戴上爵弁。"三加弥尊"，加上爵弁之后，男子有了参加宗庙祭典的资格。

三个步骤层层递进，都完成加冕之后，才算是贵族子弟正式成年。刚刚成年的屈原（按我们现在的观念，还属于青年）经历了这种严肃庄重的仪式，感触颇多，同时又得到了新的职位任命，心气极高。在这种情况下，能够写下这样精彩的诗，不但表现出了个人自信高洁不群的性情，还成为数千年来文学家学习的对象，真是很不简单，但也有一些自然而然。文学天才，应该就是这个样子吧。

由于屈原很好地胜任了这一职务，楚怀王十年左右的时候，他

被提拔为"左徒"。左徒主要负责外交活动，也兼管一部分内政事务，在楚国地位崇高。后来有名的"战国四公子"之一的信陵君黄歇，也担任过这个职务。楚人尚左，左徒的地位比右徒要高，类似于中原各国的"大行人"（外交部长），地位低于令尹（丞相），但往往是升任令尹的一个重要阶梯。左徒，是左登徒的简称。古代的外交官"登高能赋"，他们"不学《诗》，无以言"，登朝堂宴会之坛，就要能赋《诗》，才能得体地完成外交任务。要想做好这个职务，就需要"明于治乱，娴于言辞"，也就是说，要看得清天下大势，也要有良好的外交口才，具有政治智慧，同时也需要对《诗》这样的古代经典非常熟悉，可以信口拈来。屈原想必是具备这两个条件的，而且非常能够胜任。

楚怀王十一年（公元前318年），孟尝君出使东方五国，图谋联合抗秦。当他到楚国的时候，楚国向孟尝君献象牙床。屈原负责护送这份礼物。他见到孟尝君的亲信公孙戌，希望他劝告孟尝君不要接受这份礼物，并不惜以先人传下来的宝剑来作为酬报。屈原的具体理由今天不得而知，但想来应该与公孙戌劝解孟尝君的观点类似。公孙戌对孟尝君说："五国君主看重您，是因为您保有正义，清廉不阿。您到楚国，收下了象牙床这么贵重的礼物，其他各国又应该拿什么礼物来送给您？他们又会如何看待您呢？"无疑，如果孟尝君接受了礼物，各国为了不失礼，虽然不情愿，也会送给孟尝君同样贵重珍贵的礼物。这样，不愿送出礼物的各国，难免认为孟尝君是一个贪图私利的人，从而影响到六国联盟的相互信任与合作。《战国策》对这件事有着较为详尽的记载，不过主要着墨都在孟尝君和公孙戌身上，其原文并没有明确提到屈原，今人赵逵夫考

证出这位楚国外交官就是我们的主人公屈原。但从寥寥的几句话中，我们也可以看出"郢之登徒"屈原因公废私的品质和独到的政治洞见。

因此，开始楚怀王非常宠信屈原，让他负责草拟朝廷的政策、布告。这个类似现在"皇帝秘书"的工作任务，代表屈原已经进入了权力圈的核心，在政治大事上有相当大的发言权。此时，屈原奉楚怀王的命令，主持重新拟订楚国法令的任务。这时候的屈原，正与几十年前的名臣吴起一样，走在变法维新的路上。他主张严明法令，任用贤能，这些观点现在看上去似乎非常平淡无奇，而且被后世的变法者或自称变法者屡屡沿用，但在春秋战国时期，这些观点有着独特的意义。战国时期，各国虽然已经开始打破春秋的贵族政治，任用贤能，不再强调等级血统。但在楚国，贵族仍然占据主要地位，他们控制着全国的政治命脉。当年吴起变法就是因为侵犯了贵族世袭的利益，而最终导致死于非命的。而屈原此时再次提出任用贤能，禁止朋党，无疑会再次打击那些除了"有个好爸爸"以外别无能耐的所谓"氏族贵族"，这是具有政治远见和政治风险的勇敢举措。因此，上官大夫、靳尚两人就"夺稿"，也就是要求屈原修改法令的草稿。靳尚是楚怀王的侍臣，与怀王的宠妾郑袖关系密切，深得怀王信任。上官大夫在当时任右徒，也就是中原的"小行人"。从品级班爵来说，与屈原担任的左徒平级，但是具体的权力却较小，不能够参加重要的外交活动，只能处理一般事务，所以对在他之上的屈原非常不满。在法令实施的过程中，"每一施令，平伐其功"，功劳归屈原所有，而与上官大夫无关，于是他更为不满。所以两个奸臣找到屈原，就是想保全自己的利益，同时在修令的活

动中为自己邀功。他们当然碰了一鼻子灰，屈原完全不能接受这种做法。于是靳尚就向楚怀王进谗言，说屈原跋扈自重，到处炫耀自己的功绩，不把楚怀王放在眼里。考虑到屈原一直对自己的品行和能力具有强烈的自信，他或许确实是锋芒太露了一点。结果是楚怀王意志不坚，听信了靳尚等人的话，开始疏远屈原，变法的举措也就无疾而终。

但屈原虽然遭到了疏远，不再是政治圈内最核心的官员，但他仍然是楚国的左徒，属于国内重要的官员，多次参加重要的外交活动。当时的天下（也就是中国大地），秦国力量最强，齐、楚两国稍逊，在山东六国中属于比较强的，于是两国联盟起来，领导韩、赵、魏、燕四国与秦国抗衡，也就是"合纵"。因此，秦国为了自己的利益，就派出著名的游说家张仪，让他到楚国去挑拨齐国和楚国的关系。楚怀王十五年（公元前314年）前后，张仪收买了楚国的大夫靳尚和楚王的宠姬郑袖，同时对楚怀王说："如果您与齐国断交，与秦国结盟，我国愿意把方圆六百里的土地送给您。"这一片土地，就是指的楚国故有的商於之地。在商鞅变法之后，秦国国力增强，占领了楚国的商於之地。这是丹水、淅水之间的一片土地，也是楚国的发祥地，楚国的贵族往往归葬丹阳，因此重视祖先的楚人对此特别看重，这片土地的丢失，被他们看作莫大的耻辱。楚怀王、楚顷襄王虽然缺乏雄心壮志和政治远见，但他们始终也重视这一片区域，希图能够使其失而复得，秦国正是利用了他们这样的心理，才能够屡次欺骗楚国君臣得手。但秦国并没有诚意真的要赠与楚国土地，所以屈原洞明了秦国的阴谋，大力反对，但楚怀王受到六百里商於之地的诱惑，又听了靳尚等人的谗言，便答应了张仪的

要求，与齐国绝交，甚至还派人羞辱了齐王，来表示与秦国和好。这时候楚国派人去找张仪索要土地，不料张仪却矢口否认，说："我当时说的是六里，不是六百里，恐怕您听错了吧，就是地图上指甲盖这么小一块地方，请您接受。"

楚怀王知道了秦人背信弃义，大为光火，于是不顾两国间的兵力差距，率兵讨伐秦国。两国大战两次，楚国都惨败，损失了不少兵力和地盘。楚怀王十七年的丹阳一战，楚国损失了 8 万多名士兵，大将军屈盖、裨将军逢侯丑等 70 余名将领都被俘，汉中郡也丢失了。接下来的蓝田之战，楚国虽然主动偷袭，却仍然大败。

这时候，除了秦国以外，韩国、魏国也都来趁火打劫，希望在楚国衰落的时候，获取好处，攻占一些城池。楚怀王发现自己处在四面皆兵的危险处境，非常后悔，又派屈原去重新与齐国建立外交关系。不过就在这时候，秦国故技重施，又派张仪来到楚国，以归还汉中的土地进行利诱，希望楚国与秦国建交。楚怀王开始本想杀掉张仪出气，但听了靳尚和郑袖的谗言，最终改变了主意，反而答应与秦国建交。屈原当时在齐国出使，回国后才知道此事，他急忙找到楚王说："应该杀掉张仪啊！"楚怀王明白过来，后悔莫及，但张仪已经回国去了，怎么也追不上，只好作罢。不过，虽然张仪躲过一劫，但楚怀王最终还是听取了屈原等人的建议，与齐国建交来抗衡秦国，这也可以算是屈原政治生涯中为数不多的一次胜利，尽管这次"胜利"的代价并不小，从楚国大方针的角度上看，更是一场大败。

但到了楚怀王二十四年（公元前 304 年），楚怀王"好了伤疤

忘了疼"，他又选择与秦国结盟，并且派太子去秦国做人质，以表示结盟的诚意。屈原等有识之士虽然不停进谏，但却没有效果，反而被楚怀王疏远贬官。这时候，年过不惑的屈原却不能不感到疑惑。凭着政治家的敏锐嗅觉，他深感楚国处在极大的忧患中，而在靳尚等奸臣的干扰下，自己虽然曾经少年得意，并且一度进入楚国权力核心，却最终受到排挤，对怀王、靳尚亲秦的错误路线无能为力，改变不了国家的命运。根据考证，令尹昭阳、景翠、昭滑、陈轸等当时的楚国官员在政见上同样主张抗秦，但他们要么年岁较大，逐渐退出政治舞台；要么与屈原一样，不能进入最核心的权力阶层，所以人数虽然不少，但没有在政治上取得决定性的成功，恐怕大多数都与屈原共浮沉，先后被贬。

大约就在这一段时间内，在这种挫折感之下，屈原写下了千古传诵的《离骚》，来抒发自己的痛苦。在诗的末尾，他写道："既莫足与为美政兮，吾将从彭咸之所居。"楚国的政治污浊，理想政治不可能实现了，我还是离开楚国，走彭咸那样的路吧！彭咸，虽然在屈原的诗中曾经多次出现，但历史上对他具体的记载却找不到，王逸猜测他是商代贤臣，投水而死，不过却没有任何文献根据。很多学者认为这应该是巫彭和巫咸的合称，虽然证据仍嫌不够充分，但已经为我们解读彭咸提供了另一把钥匙。巫彭，又称老彭、彭祖，传说他活了八百岁，是先秦的一位仙人。庄子在《逍遥游》里，说"彭祖乃今以久特闻"，说彭祖的长寿是很出名的；屈原在《天问》里说"彭铿斟雉，帝何飨？受寿永多，夫何久长"，也表示疑问：彭祖为什么寿命这么久长啊？两人都讲到了彭祖长寿的传说。彭祖同时又是一位学养深厚的贤人。孔子说："述而不作，信而好古，

窃比我于老彭。"① 孔子认为自己精通古典文献，对其加以整理，跟彭祖可以相提并论。圣人尚且如此尊崇他，可见彭祖在先秦人眼中的地位了。巫咸是商代一位重要的大巫，多次被上古典籍提到。据《尚书·君奭》说，巫咸是商代太戊（太戊可能在公元前 1500 ~ 1400 年左右的时代执政，是商代一位较有作为的君王）时的一位大巫师，同时也是世俗政权中的名臣。《尚书·咸有一德》说，相传伊陟看见有不祥之兆，曾辅佐巫咸作文劝戒。根据《吕氏春秋》记载，巫彭发明了医术，巫咸发明了筮法，都能够沟通神与人之间的关系，屈原也担任过类似的工作，他们可以算是屈原的前辈了。在重视祭祀、占卜的商代，巫咸、巫彭想必是当时重要的官员。屈原在这里表达要跟随他们"而去"，恐怕他后来也遭际不顺。屈原追随到"彭咸之所居"，应该就是要远离俗世，进入"逍遥游"的至清之境吧！

可是不管怎么说，屈原毕竟深爱自己的祖国。他离开了郢都，但并没有离开楚国。他顺着长江上游，到了汉北，回到了他的封地。屈原的爵位是"三闾大夫"，笔者认为，这个爵位恐怕并不是像一般学者认为的那样，是主管贵族事务的长官，而是封地在"三闾"的大夫。三闾，又叫做三户，位于西周时期的楚国故都丹阳。这里有句亶、鄂、越章的庙堂，是楚人发迹之地。"楚虽三户，亡秦必楚"，指的就是这里，楚国的起源圣地。这里有着楚国先王的陵墓，屈原在此主持过祭祀，并受到这里的宗教壁画影响，从而创作了长诗《天问》。祭祀神鬼的歌曲《九歌》，可能也是屈原在这一段时间

————

① 《论语·述而》。

根据祭祀歌曲所改编创作出来的。

二、流放的诗人

楚怀王二十七年（公元前 302 年），在秦国做外交人质的楚太子（也就是后来的楚顷襄王）不小心在斗殴中杀死了秦国大夫，害怕受到秦王的惩罚，从秦国偷偷跑回楚国来。从此以后，秦国与楚国交恶。连续数年间，秦国都以此为借口率军攻打楚国，攻城略地，使国力较弱的楚国再次陷入危难之中。楚怀王二十八年，秦、齐、韩、魏四国攻楚，楚国大将唐昧战死。楚怀王二十九年，秦国再度攻楚，歼灭楚军两万，将军景缺战死。楚怀王三十年，秦国攻楚，连续攻克楚国的 8 座城池。楚国屡战屡败，非常被动，只好再次谋求与齐国联合，一起抗秦。秦王为了避免齐楚合纵，于是故技重施，他写信给楚怀王说："我们两国本来是同盟，因为你的太子杀死了我国的大夫，还畏罪潜逃，让我很生气，所以才导致了战争。现在我们还是在武关见面，重新结盟，过去的事情就算了吧！"楚怀王开始害怕有诈，并不想去，但在奸臣令尹子兰的撺掇下，最终还是去与秦王谈结盟的事情。

不料，秦国只是想借此机会让楚国继续割让土地，并不想真的结成平等的外交盟友。楚怀王虽然无能，但还有楚人的那份气节，忠于楚国利益，严辞拒绝了这一丧权辱国的主张。于是孤身涉险的楚怀王就被秦国拘禁了起来。中途他虽然尝试逃走，但秦国毕竟势力大，楚怀王最终还是失败了。三年后，楚怀王在秦国的软禁中郁郁而死，楚国人对此非常悲痛，当时已经被放逐的屈原，也写下了有名的《招魂》诗，表达了对楚怀王的怀念。招魂是古人丧葬礼仪

门应兆绘《招魂》图

中很重要的一个环节，被专门记载到儒家经典的《仪礼·士丧礼》中，有着具体的制度规定，今天还有一些地区沿袭了这一风俗。招魂，也就是招唤死者的魂魄。古人认为，在他乡死去的人，魂魄和尸体都停留在外地，找不到故乡，就会受尽苦难。通过喊他的名字来进行招魂，用他生前穿过的衣服和美食美酒来引领他回来，最终让魂魄找到回家的路，重归故里。怀王客死他乡，自然需要招魂的仪式，来让他在死后能够返回故乡，得到灵魂的安宁，不成为人们口中的"冤魂野鬼"。

当楚怀王被秦国软禁的时候，屈原和广大的楚国臣民，都起来要求处罚奸臣令尹子兰，与秦国作斗争。但令尹是楚国的最高官，类似丞相，势力非常大，而且令尹子兰的母亲就是楚怀王的宠姬郑袖，他们内外呼应，控制着楚国的实际权力。新即位的楚顷襄王既害怕秦国力量强大，又顾虑到国内的令尹子兰一手遮天，不敢不听从他的和秦建议。更重要的，恐怕还是害怕楚怀王万一回国，自己的王位得不到保障，于是顷襄王听从了他们的建议，与秦国媾和，并且放逐了屈原。这种为了自己的权力，父子翻脸无情的做法，在政治斗争中屡见不鲜。一千多年后，南宋皇帝宋高宗为了坐稳自己的皇位，罔顾自己的父亲宋徽宗、兄长宋钦宗都被金军俘虏，北方疆土沦陷敌手的"靖康之耻"，与金国构成和议，还杀死了力主抗

金的民族英雄岳飞，成为千古悲剧。政客的冷血，让他们连亲情都能忘记，这样的例子实在数不胜数，更不必说什么"国家利益""政治理想"了。从此以后，屈原的政治生命彻底结束，他行吟于楚国的大地上，直到生命终结。也正是因为此事，在他的《招魂》里，依然认定楚怀王虽然多次犯错，但他毕竟没有在秦国的淫威面前屈服，有自己的骨气，还配得上是楚国的真正王者、真正主人，而顷襄王则不配算是楚王。而且，当年的楚怀王，毕竟还是任用过屈原，并实行了一段时间的变法工作的。相比之下，楚顷襄王不但对秦国这样的敌人不敢反抗，更连自己的父仇都忘记了。他贪图享乐，毫无建树，于公于私的品德，都令人感到不齿，也就不可避免地被屈原称作是"庸君"。

这一年，屈原55岁左右，正处在通常我们所称的"知命之年"。巧合的是，春秋时期，孔子辞去鲁国大司寇（职责类似今天的司法部长兼最高法院院长）、周游列国的时候，也正在55岁的年龄。春秋战国两位富有理想的政治家，都在壮年已过、老年将至的时候，离开了自己国家的政治中心，只不过孔子虽然受到排挤，却是主动弃官离去，而屈原却遭到了流放的严厉惩罚。孔子说自己"五十而知天命"，在50岁的时候，才真正知道了自己的命运是怎么样的。在一个错误的时代中，圣贤们空有能力和信念，却不能完成远大的理想，也许上天就是要让他们的命运如此吧！但是圣贤们又是"知天命"的，他们知其不可而为之，为了自己的理想，虽然注定失败如飞蛾扑火，也在所不辞。这种气概或许被很多人看作"迂腐"或者"傻"，但也正是这种"缺陷"，才构成了圣贤的道德文章，千秋功业，也成为了民族的脊梁，有志之士的榜样。可是，

感慨也好，愤懑也罢，向往也好，同情也罢，圣贤终究失败的多，我们不得不联想到"死生有命，富贵在天"！圣贤是人间的凤凰，是最优秀的人，但他们仍然受到看不见的"天"的制约！

在流放的路上，屈原"颜色憔悴，形容枯槁"，确实，作为一个五十多岁的老人，遭到政治上和精神上的双重打击，平生的理想彻底宣告失败，确实一下子难以接受。他漫无目的地在楚国国土内行走。他的行走路线，有清人蒋骥《山带阁注楚辞》专作绘图，大体切合屈原的生命轨迹。蒋氏认为，屈原在怀王时被放汉北，后来从汉北渡过汉水南下，经过沔阳、江夏一带诸水汇集的地方，回到了郢都，这反应的是《抽思》《思美人》二诗的写作地点。顷襄王年间，屈原被流放江南。他从楚都出发，过夏首，路经洞庭湖，一路南渡，最终走到陵阳，在这里，他写下了《哀郢》。数年后，屈原再度《涉江》。他从陵阳南行，贯庐江，经济江，步马山皋，一路乘船，西南向通过洞庭湖。他朝发枉渚，夕宿辰阳，最终南达溆浦，暂时停止。晚年的屈原，从溆浦东出龙阳，在沧浪水之地遇见了渔父，与他留下了一段名垂千古的对话后，就南向长沙，在那里写下了《怀沙》等诗后，投水自杀而死了。

一次，他遇见了一位渔夫。渔夫认出他是有名的三闾大夫，问："您怎么变成这个样子了？"屈原感叹道："举世皆浊我独清，众人皆醉我独醒，我就因此被流放了啊！"渔夫劝他说："所谓圣人，就是要顺应时代潮流，他们污浊又迷醉，你就跟他们为伍，不就没事了吗？何必要显出自己的与众不同来呢？"屈原叹道："新洗完澡的人，一定要穿干净衣服，戴干净帽子，谁愿意身上干干净净的，非要被人弄得污浊不堪呢？我宁愿跳进湘江喂鱼，也不愿意这样做！"

渔夫划着船走了，唱起了有名的《沧浪歌》："沧浪之水清兮，可以濯我缨；沧浪之水浊兮，可以濯我足。"他终究还是好心的，真心希望屈原能够根据时代的不同，采取措施来保全自己。只可惜，有的人天生就是与世界不能调和的，他们与世上的污秽无法共融，只得玉碎，难以瓦全，而屈原就是这样的一个人。

《渔父》图

　　屈原最终还是不会妥协，他也因此而不能重返政治舞台。他是无时无刻都挂念楚国的，因此随着楚国的大势已去，他也失去了继续活下去的信念。顷襄王十五年，秦联合五国军队伐齐，燕国大将乐毅连续攻克齐国七十二城，齐国濒临灭亡，没有力量再与秦国对抗，形成了秦国一家独大的局面。而顷襄王似乎也忘记了国仇父恨，他多次与秦国会盟，以求苟安一时，在国内则专心享乐，骄奢淫逸，大失民心。屈原仿佛看到了，在不远的未来，秦国一定会金戈铁马，剑击浮云，讨灭六国，统一天下。他的祖国——楚国，也最终会国破家亡，落入秦国的控制，传承几百年的祖先基业，也就落入虎狼之秦的手里。情势如此危急，顷襄王和大臣们却不能够做出哪怕一点点的努力，而是依然尸位素餐，不思奋进。屈原对现实彻底失望了，他不忍心再活在世上亲眼看着悲剧发生，他没有能力忍受痛苦，不敢等到国破家亡的那一天。于是他寻求解脱。当屈原

走到沅江一带的时候，他写下了充满愤懑的《怀沙》。他在诗中写道：“进路北次兮，日昧昧其将暮。舒忧娱哀兮，限之以大故。”黄昏日落已经到了，姑且写出我的悲哀吧，正如这黄昏一样，我的大限就要到了。他还写道：“世溷浊莫吾知，人心不可谓兮。知死不可让，原勿爱兮。明告君子，吾将以为类兮。”世上是污浊的，没有人能够理解我的内心，给他们讲又有什么用呢。我的死亡是不可避免的，我也不会爱惜自己的这副皮囊。光明磊落的君子们呵，我要效法你们了！

这个时候，屈原已经开始坚定要自杀的信念了。当他行走到湘江的时候，终于无法掩饰痛苦，写下了绝笔诗《惜往日》。在诗里，他去掉了一切含蓄的笔法，怒斥顷襄王是楚国的昏君，或许是希望借此能够唤醒他的最后觉悟。诗的最后写道：“宁溘死而流亡兮，恐祸殃之有再。不毕辞而赴渊兮，惜壅君之不识。”意思是说：“我宁愿就这么随着水流而死去，是不忍心在有生之年再看到国家的灾祸。因此我的诗还没有写完，我就要赴水自尽了，可惜昏君还是不明白我这样做的良苦用心。”本应该具有一段总结的“乱辞”的全诗到此终结，而屈原——这位七十岁的老人，也投汨罗江自尽，结束了自己的生命。此时应该是公元前283年（楚顷襄王十六年）的夏历五月初五日。

但楚国的当权者并没有听到——或者假装没有听到这首屈原用生命谱写的悲歌，他们还是一样地纵情娱乐，荒废政事。在屈原自杀的这一年里，他们还两次与秦人会盟。公元前278年（楚顷襄王二十一年），秦国名将白起率兵攻打楚国，攻陷了郢都，几年之间，江汉地区全部落入秦国手中，楚国本土地区也就丧失殆尽。至此以

后，楚国虽然一度努力挽救危局，但大势已去，于是彻底走向衰弱，随着秦国吞没三晋，楚国更失去了屏障，最终在公元前223年，被秦国所征灭。次年，秦国灭燕国，再次年灭齐国，从此统一天下。"秦皇扫六合，虎视何雄哉。挥剑决浮云，诸侯皆西来。"——中国新的大一统时代就这样开启了，正如一切宏大工程的建立一样，这个对后世有着极大正面影响的变化，却不得不让太多的当时人遭到了悲剧的命运，而屈原只是其中之一。

三、一沉了却万千恨

对于屈原的具体死因，后人评论纷纭，猜想很多，没有一定的结论。很多人都猜测，屈原也许是亲眼看到了秦将白起率军攻克了郢都，楚国国破家亡，百姓流离失所，因此愤而自杀的，他的自杀是殉国难而死。尤其是我国在某些特殊的历史时期，民族主义思潮大盛，学者们为了鼓舞民气，过分放大屈原的"爱国主义"（这一点我们的后文还会讨论到），就特别愿意接受这样的猜测。

但从屈原临死前写作的《怀沙》《惜往日》等作品来看，诗里充满着绝命的伤感之情，却没有一句提到他的死会与国破家亡有关。在《怀沙》里，屈原说楚王颠倒黑白，"变白以为黑""倒下以为上"；说执政的小人们"鸡鹜翔舞""邑犬群吠"，都是鸡鸣狗盗之辈。这些人放逐了屈原，让他"郁结纡轸兮，离愍而长鞠。抚情效志兮，冤屈而自抑"，遭受了流放的痛苦，空有满腔忠贞无处发泄。这里面没有一句提到楚国已经遭遇到国破家亡的悲惨境地。试想，以屈原这样一位有着深厚爱国情怀的人，面对国土遭敌践踏，同胞流离失所，怎么可能不痛心，又怎么可能不在诗里描写这些内

容，表现出这种情怀呢？即使不描写，又怎么会一点蛛丝马迹都没有留下呢？为什么他一句都不描写这些近在眼前并发的"急症"，反而不停地在写那些属于"慢性病"的昏君奸臣？

《哀郢》图

在顷襄王十年，屈原写下了《哀郢》，感慨9年前楚国兵败的景象；那么到了情势更加危急的顷襄王二十一年，如果屈原还活着，当他见到了或者听说了首都沦陷的现实，他必然也会写下些什么来表达自己的痛心。汉代文学家贾谊在长沙凭吊屈原，写作《吊屈原赋》的时候，他只是感慨屈原受到小人的排挤，根本没有提到屈原死的时候楚国已经国破家灭。甚至，贾谊还认为，屈原应该离开祖国，远走高飞到别的诸侯国去。如果屈原死时，楚国已经接近灭亡，乃至首都沦陷，虽然战国时期各国的界限和敌意并没有那么分明，也很难想象有着传统忠君爱国思想的古人会明确地提出这种看法，而且被后人反复称引。汉代史学家司马迁在写《史记·屈原列传》的时候，广泛搜集了各种文献资料，还亲临长沙，采访了相关的遗迹。他也并没有提到这一点，就可见这种屈原殉国难而死的说法，并没有什么切实的证据，只是后人的一种美化和想象，与真实的历史恐怕还很有距离。

那么，屈原既然不是殉国难而死，他又是为何投水自尽呢？当然，受到贬谪，郁郁不得志是他自杀的重要个人原因；看到楚国前

途渺茫，国难近在眼前也是他投水的现实原因。但这并不构成屈原必须自杀的理由。从古到今，有很多贤人都遭到了屈原类似的待遇，但是自杀的却并不多。就像比屈原略早的庄子，就可能多次受到迫害，这点从他的文章中可以看得出来，他几乎已经无路可走，作为从楚国逃出，寓居宋国的贵族后代，他注定不会在政治上有所作为。但庄子最终却归隐江湖，用旷达的笔法，恢弘的想象从现实的逆境中走了出来，而达到"逍遥游"的境界，在精神上做到了真正的自由。而屈原虽然遭到流放，但毕竟还是楚国的贵族，还有机会对自己的人生做出更多的选择，他是"有路可走"的，但他却最终自杀，可以说并不完全归咎于环境，他还没有陷入非死不可的境地中。也有人说屈原把国家利益放在个人利益之上，因此他选择了为国家自杀。这种看法应该是受到了前文所说"殉国说"的影响，也很难令人信服。屈原自杀的时候，国家还并没有亡；而且，即使到了白起攻取江汉一带的时候，楚国还有大量的土地和人民，并非不能再做抵抗。即使是在楚亡国的前几年，尚且击败过二十万来犯的秦军，而屈原所处的时代，更不必如此绝望。不是说"楚虽三户，亡秦必楚"吗？屈原的封爵之地就在"三户"，他在民间还有很高的威望，难道不能有所作为吗？北宋末年的李纲，南宋末年的文天祥，都在政治上多次受到打击，反复被贬官，但面临国难的时候，他们虽然知道国事难为，且有小人掣肘，甚至也知道自己的能力不足以力挽狂澜，但这些人仍然首先站出来，为保护疆土尽自己最大的力量，并不惜献出自己的生命。如果认为屈原是爱国主义至上的政治家，那么他就应该这么做，才算是尽到了自己最大的责任，自杀虽然可以无愧于心，但并不是政治舞台上最好的选择。

不可否认，屈原终生都是热爱楚国的，他是一位当之无愧的爱国诗人。但也应该注意到，屈原在两千多年后的今天，他的名字依然被我们铭记，他的诗篇依然被我们传诵，凭借的不仅仅是他的爱国情怀，更是他的文学成就，而他的文学成就，完全来自他的人格价值，来自他的高洁不群。历史上的爱国者数不胜数，其中学识丰富的也很多，但是能够写出伟大诗篇，传扬万古，有着这么大影响力的，却只有屈原一个人，在文学上，没有人能够与屈原相提并论。

屈原的本质是一个诗人，诗人的情感浓烈，远远超过常人。因此，这就与深谋远虑的政治家有着巨大的不同。当然，屈原的政治远见是我们公认的，但他却缺乏政治斗争的必要手段，他不肯放下身份，做那些自己不屑于做的事情，也就注定与政治实践无缘。这对屈原个人来说，或许正彻底地成就了他作为诗人的那一面，让他留下了震撼寰宇的伟大诗篇。当面对终生的理想破灭，而自己又无力拯救的现实时，屈原彻底绝望了，他死于信念的破灭，死于信念破灭之后的绝望感。也就是说，屈原在保持个人高洁品行的前提下，注定不能实现他的理想，这表明着他一生不可避免的悲剧命运。因此，尽管当时的楚国还没有灭亡，但屈原已经预见到了楚国将要遭遇的不可避免的衰败乃至灭亡，在无力改变现实的绝望感下，他选择了放弃现实，用自杀来寻求解脱。除此之外任何的过度阐释，虽然可能都有道理，但恐怕都是相对边缘的原因，不是他选择自杀的主要原因。

诗人的本质是书写诗人自己的生命。正如当代诗人徐晋如《缀石轩诗话》说："一流诗人书写生命，二流诗人藻雪性情，三流诗

人只是构想、藻饰功夫。"① 著名学者刘再复也说，作家分为三类，一类是用头脑写作，一类是用心灵写作，一类是用生命写作。屈原作为中国诗人中的佼佼者，他的诗承担了历史和个人的悲剧命运，不啻是屈原自己生命的投影，因此格外动人。我们要想理解屈原的诗，理解屈原其人，就必须透视他的心灵，理解他的生命。在《离骚》的开头，屈原就通过记述自己的祖先、自己的名字，来表达自己所具有的"内美"。这种自珍其美的观念是屈原生命的重要因子。在《思美人》中，他感叹道："知前辙之不遂兮，未改此度。车既覆而马颠兮，蹇独怀此异路。"振兴楚国的正路，运用正当方法来实现自己的理想，在现实中无法做到。前车之鉴就在这里，但是我还是不能改变我所走的正路。虽然人仰马翻，车子倾覆，但是我还是望着前途。在这种情况下，"登高吾不说兮，入下吾不能"。因为不肯改变自己的品行，所以不管是顺境还是逆境，在什么位置都会感到痛苦，——但是，尽管预知到了这种命运，我还是不会改变。就像他在《离骚》里面说的："亦余心之所善兮，虽九死其犹未悔。"只要合乎心中美好的理想，纵然为此死去无数次，我也不会后悔。这就是屈原的精神，虽然从外表看去，他与一般的爱国者没有太大区别，但在内心里，他是一个择善固执的理想主义者，一个感情纯粹而浓烈的诗人，是中国的盗火种者普罗米修斯。他的生命，"岂余身之惮殃兮"，从不害怕自己身体上遭到任何的迫害与挫折，让他焦灼，让他痛苦，让他不堪忍受而死的，只是理想的破灭与生命价值的无法实现。楚辞研究的泰斗学者姜亮夫先生认为：

---

① 徐晋如《忏慧堂集》海南出版社 2011 年版，第 133 页。

"屈原是害怕辱及内美而死"①。屈原就是这种在妥协与抗争的生存困境之中，为了升华自己的生命而死的。

当代哲学家刘小枫说："诗人死于对信念的彻底绝望。"② 阿尔贝·加缪，法国著名的哲学家、文学家，"年轻一代的良心"，在他的随笔《西西弗斯神话》中写道："真正严峻的哲学问题只有一个，这就是可否自杀。断定了人生是否值得活下去，等于回答了哲学的根本问题。"人为什么活？而人又为什么不活？

人的外在境遇、国籍、家庭、血统、天赋等等都不是自己能够控制得了的，即使是在生活中投入巨大努力，也往往会被他人乃至先天的客观原因所愚弄。人所能控制的，只有如何看待生活和何时主动结束生命。一般人往往因为经济破产、爱情失恋、工作不利、朋友背叛等等现实的琐事，从而对世界怨恨或者不满，决心用逃避责任的办法进行解脱，于是选择了自杀一途。这种结束生命的方式当然值得我们同情，往往引起我们对社会不公的批判，甚至能进而推动某些福祉的扩大。但对于死者来说，这不过是毫无意义的死，除了代表自己的懦弱与无能，承认在生活中是一个彻底的失败者以外，再也没有更多的正面意义。之所以这样批判，是因为我们难免要发一问："世俗成功虽然重要，但这就是人生的全部意义吗？"

而诗人的自杀却决不为此。诗人的自杀是经过了哲学的思考的，他们通过主动选择死亡，来保卫自己认同的价值观念，自己的高贵品格，并用死亡将其上升为永恒的价值。在历史的漫漫长河

① 姜亮夫《楚辞学论文集》，上海古籍出版社 1984 年版。
② 刘小枫《拯救与逍遥》，华东师范大学出版社 2007 年版。

中，人的一生如同白驹过隙，如此短暂而不值一提，就有如沧海一粟，对于历史学家或者千百年后的人来说，并没有什么特别值得珍视的。"二十四史"中记载了成千上万的历史人物，可能够被记住的百无一人，就算是专业的研究者，对大部分见诸史籍的"成功人士"也不会太熟悉，更何况那些小有成就，却没有资格入史的人了。可见，世俗的成功可以得到一时的光环，却必将在历史的长河中洗尽铅华，最终被人们遗忘。而精神上的创造与价值，才是生命力更为久长的。

生是短暂的，死却是永恒的。屈原通过毁灭自己，升华精神，最终达到了对污浊世俗的超越。"死亡是最终也是最有权威的对永恒价值的证明"，屈原的肉体早已死去，乃至化为尘埃，而他的精神却因他的死而永远存活。相比起来，那些没有信念，或者背弃了自己信念的芸芸众生，早已经淹没在茫茫人海，再也不会被人记起。这就仿佛孟子说的："生我所欲也，义亦我所欲也，二者不可得兼，舍生而取义者也。"① 只不过，"义"不过是服从外在礼仪规范之下的行为，而屈原的信念，是他的良知，也就是"人之初，性本善"的那个境界，来自于自然而然地引导，而不是理性地取舍与判断，比之孟子所说的权衡鱼和熊掌的"舍生取义"，层次更高一等了。这是屈原心灵的选择，而不是他头脑的选择。

诗人主动选择死亡，本来不是新奇的事情。当暴君横行或者国难当头的时候，总有人愿意站出来，用死亡来表示对这个污浊世界的不满。生死大别在他们眼中，就像吃饭睡觉一样平常，因为他们

---

① 《孟子·告子上》。

的心灵早已经超越了世俗的生活，达到了精神自由的极点。《庄子·让王篇》就讲述了很多用生命来捍卫绝对价值、躲避世俗污浊的例子。比如，舜接受了尧的禅位之后，又想把自己的王位禅让给朋友北山无择。北山无择不满地说："舜啊，他本来是个与世无争的农民，却故意结识了尧，谋求得到了尧的禅位。这也就罢了，他还想用这王位来玷污我的清白，我怎么会有这样的朋友。"于是他就投清冷的深渊而自杀了。类似的故事是商汤讨伐夏桀之前，专门向著名的隐士卞随和瞀光两人请教，当他灭掉夏朝的时候，准备把王位禅让给二人。卞随说："你讨伐夏桀，来找我商量，肯定认为我是这样凶残好战的人；现在你夺有天下，说来让给我，肯定把我当做贪恋权位的人。在这样的乱世下，汤这种无道的人三番五次来侮辱，我不能忍受这样的羞辱。"于是他投水自杀了。瞀光说："你废除君王，是不合道义；征战杀伐，是不讲仁爱。面对不合道义的人，不能接受他的恩惠；面对不讲道义的国家，我绝不能踏上这里的土地，何况你还想让我管理这个国家呢！"说完，他背着石头，沉入庐水而死。

我们不必过分求证这些故事（或寓言）是否符合历史真实，但这些故事的主旨是非常明显的：当外在的世俗社会对个人价值有所损害的时候，有些人就会选择用生命来捍卫自己的精神纯洁。

1942 年，为了躲避纳粹党徒而远遁巴西避祸的 20 世纪捷克著名小说家茨威格与妻子一起自杀。在《绝命书》中，他写道："我自己的语言所熟悉的世界，对我说来业已存亡，我精神上的故乡——欧洲业已自我毁灭，我再也没有地方可以从头开始重建我的生活。"第二次世界大战摧毁了欧洲，也摧毁了茨威格的家园，他

虽然在巴西避难，没有受到人身的威胁，但在他看来，精神上的打击远甚于生命的安危。终于，茨威格再也不能坚持下去，决定离开人世，免得在虚伪黑暗的现实深渊中继续沉沦。西方富于忏悔的文化，而且战乱频仍，曾经有一千年之久的中世纪黑暗时期，在这种文化的熏陶下，自杀的知识分子相对较多。但到了乱世、末世，中国的士大夫平时虽然受到的是"乐天知命"的教育，但面对大是大非，也未曾退缩。

明末清初是一个有着重要意义的时代。公元1645年，在这个明清之际的大变乱时期，南京、杭州等重镇先后被清军攻陷。当时的理学大儒，被天下尊称为"泰山北斗"的戢山先生刘宗周，悲愤绝食23天而死，年68岁。对他的死，当代新儒家学者牟宗山甚至认为，刘宗周绝食而死后，中华民族的命脉和中华文化的命脉都发生了危机，这一危机延

刘宗周像

续至今。也确实，在此后的几百年中，中国文化不但没有了先秦的生机勃勃，甚至连晚明那充满混乱与放纵的生机也不再具备，开始停步不前，最终被西方追赶、超越，乃至遭到侵略与压迫。将所有的一切归结于刘宗周的死，固然不免牵强附会，但是这种死亡的象征意义，依然值得我们珍视和反思。也许正如当代学者顾诚所说，刘宗周并不是王佐之才，但他的长处并不在此，值得尊重处也并不在此，而是在于他作为当时大儒，能够坚持实践自己的修养与意志，并用生命殉文化、殉理想。三百年后，曾经参与维新变法的

"神州袖手人"陈三立（著名历史学家陈寅恪的父亲）寓居北平，当七七事变发生，天津、北平先后沦陷之后，他坚拒离开故都，绝食5日，愤懑而死，享年85岁。又过了30年，当代著名新儒家学者熊十力，有感于中国文化衰微，学问无处传承，虽有雄心壮志，自许"十力"（佛教术语，指佛所具有的十种力用），却在政治大潮中无能为力。于是，这位84岁的老人愤而绝食，用生命来表示抗议，更是表示自己对文化血脉的坚持。他的学问在民国未必是最顶尖的，但这种勇于殉道的践履行为，可以说置诸历史长河，也是不遑多让。

死亡或许代表着逃避，但在诗人、哲学家的眼中，这更代表着对自由的渴望与坚持。在漫长的黑夜中，作为守夜人的知识分子显得格外焦灼与不耐，遥不可及的朝霞令他们始终生活在痛苦与恐惧之中。在痛苦的等待中，有的人难以忍受没有希望的生活，于是通过自杀，离开了黑暗的现实，去寻找他们心里的、梦想中的朝霞。正是极端渴望朝霞，他们才无法等待，因为等待总是太久，而且看不到希望。向往美与善的诗人，更是无法承受世之污浊。

屈原在《远游》里，假想他无法忍受污浊堕落的现实政治，而决定去国远行。他虽然到了天宫，见到了仙人，但四周仍然有声有色，壮丽神奇，也就不能消磨自己对人间世界的欲望。于是他又游览四方大地，终于明白要达到与太初为邻的至清之境，才算得到了真正的自由。太初，就是最原始的宇宙状态，在这种状态下，人才能摆脱一切的束缚，从而达到"逍遥游"的境界，自由自在地行走。这种远离人世，达到太初，除了哲学的幻想以外，或许只有自杀才能够达到这个境界吧。庄子通过精神游历，用汪洋恣肆的思维

达到了这一境界，他哀莫大于心死，是虽生犹死；而屈原通过自杀，也与后来的自杀者们一样，得到了彻底的自由，他是虽死犹生。

《远游图》

近代大学者、诗人王国维，1927年在颐和园的昆明湖投湖自尽。关于他的死因，学者们观点不一，有的认为是"殉清"，有的说是"逼债"，有的则以为是"殉文化"，此外还有各种不同观点。正如讨论屈原死因时的众说纷纭一样，这些现实因素或许是王国维自杀的诱因，但绝不是他自杀的根本原因。他在死前，举止从容，还留下了一封条理清晰的遗书，完全看不出仓猝寻死的迹象，可以说死亡是他经过周密考虑之后的选择。王国维在遗书中写道："五十之年，只欠一死。经此世变，义无再辱。"很多人据此认为，他的自杀与政治或经济的现状有关，即他害怕在现实中受到别人——不管是革命军还是罗振玉——的侮辱。但需要知道的是，王国维在早年就深受德国悲观主义哲学家叔本华的影响。叔本华在那篇有名的《论自杀》中就写道："自杀是为了真正从这个悲惨的世界（即"世变"）里解脱出来，并以此代替那种表面上的解脱。"王国维的自杀正是为了在那个中国积贫积弱，政府无能，文化堕落的悲惨世界中解脱出来，尤其是他对于中国文化的未来有着深深的担忧，而这才是诗人自杀的真正哲学意义。他认为这个世界是没有前途的，所以才引发了不得不自杀的大绝望。歌德在他的代表作《少年维特之烦恼》中，写出

了一个感情真挚而热烈，但又与世界格格不入的少年维特，他最终因他的不合群而绝望，用手枪结束了自己的生命。就像俄国诗人马雅可夫斯基在 1930 年自杀时说的一样："妈妈，我的姐妹们，请原谅我，人当然不应该这样做（我不劝别人这样做），但我没有出路。"没有出路，所以不得不死。诗人放弃了生命，却得到了比生命更贵重的东西。

从历史理性乃至唯物主义的角度上看，这样的自杀当然没有意义。1925 年，俄国诗人叶赛宁自缢身亡。自杀之前，他割破手腕，写下了一首绝笔诗：

> 再见吧，我的朋友；再见吧，
>
> 亲爱的人们啊，你们在我心中，
>
> 注定了的离别，
>
> 定然已约定了再见的日子。
>
>
> 再见吧，我的朋友，不用握手，不用话别，
>
> 不要难过，也不要悲叹。
>
> 在这种生活中死亡不是新鲜事，
>
> 而活着也不新鲜。

对此行为，同时期的诗人马雅可夫斯基嗤之以鼻，并写下了《致叶赛宁》一诗作为回应。诗里说："在这人世间死去并不困难，创造生活可要困难得多。"但无独有偶的是，仅仅 5 年之后，马雅可夫斯基同样因为"没有出路"而自杀，背弃了自己曾经的"理性论断"。这种矛盾并不奇怪。因为诗人性情如火焰、如岩浆、激情喷发，一发不可收拾。他们的感情无比激烈，远比常人为敏感。面

对困境，他们不能低头妥协，不能委曲求全，只有用毕生的激情来斗争，来突围。但在任何时代，这样的人都必然失败，诗人永远是现实生活的失败者，他们不掌握斗争的各种技巧和手段，也就斗不过那些毫无原则、毫无底线的奸佞群小。于是，诗人的现实价值无法实现，他们只有用历史价值来斗争，那就是用死亡来升华生命，达到境界的超脱，并由历史来最终判定诗人死亡的价值，判定群小的"身与名俱灭"。屈原如此，王国维如此，叶赛宁如此，许许多多的诗人、哲人也都是如此。

我们并不推崇自杀，即使是面对山穷水尽，也有太多应该坚强活下去的理由。《诗经·大雅·烝民》里说："既明且哲，以保其身"，教导人要明哲保身；渔父劝解屈原，也让他随顺时代习气。这些做法并不能算错，甚至可以说是现实生活中的至理名言，我们应该借鉴乃至听从这些建议。就算是为了明哲保身，而稍微违背自己坚守的价值，也是值得同情和理解的。但同时我们也应该明白，生死虽然是人生的大事，人固然永远不应该轻易地抛弃自己的生命，但还有更多的事情比生死之别更加重要。诗人与普通人有所不同，他们是因这些超越而永恒的价值而死，"人固有一死，或重于泰山，或轻于鸿毛"——我们可以不死，但面对诗人有意味的死，必须要带上几分崇敬之心，他们那清洁的精神，令人感动而震撼。

由于社会的不尽如人意，人们便希望替天行道的"侠"横空出世，来改变这些不合理。侠的外表清凛奇绝，在处处昏暗的社会中作困兽之斗，顽强地坚持自我。在某种意义上，武侠小说正是成人的童话，是人们浸入社会渐深以后，希图回望童心本真的努力。虽然是"通俗文学"，但却有时候比"雅文学"寄托更深。金庸先生的《天龙八部》就是这样一部堂庑甚大，有着大慈悲、大关怀的著作。这是一部"有情皆孽，无人不冤"（王世襄先生语）的小说，里面的每一个人物，不管是主角还是配角，都有着或大或小的悲剧命运，这种悲剧命运或因先天注定，或因后天一念之差，但总归难以摆脱，从而造就了人生的悲苦与不幸。在小说里，尤以主人公萧峰的故事最为荡气回肠，令人叹惋。故事发生在北宋时期。武林大侠萧峰武功极高，智谋过人，年纪轻轻就建功立业，当上了丐帮帮主，成为天下景仰的英雄好汉。但突然他的身世被人揭露，原来他是契丹人的后代。在宋辽民族矛盾空前激烈的时代，他被污蔑成杀害武林同道的复仇者，从此声名狼藉，被中原武林除名，开启了悲剧的命运。他努力追查真相，寻找诬陷他的"带头大哥""大恶人"，希图洗雪自己的冤屈。在追查的过程中，他又失手打死了自己的红颜知己阿朱，造成了一生难以挽回的悔恨。可是，等到少林寺召开武林大会，一切真相大白的时候，萧峰才发现，自己一路追查的恨之入骨的"大恶人"竟是自己的亲生父亲。所有被诬陷成他所做的恶事，都是他的父亲亲手所为，他终于不得不为此担负责任——就算不在宗法制的古代，他也同样无法在良知上为自己开脱，这是他身上带有的"原罪"。

这就像希腊神话里面的俄狄浦斯王一样，萧峰苦苦追寻，却发现凶手就是自己本人，一切血腥都与自己脱不开干系，在传统社会下，"父债子还"四个大字足以消弭他一切的希望。于是萧峰心灰意冷，远适辽国，他本来想归隐山林，终此一生，但却由于一系列机缘巧合，担任了辽国的南院大王，身居高位。他希望在任上尽可

能地消弭宋辽兵祸，谋求民族间的和平，却身处宋辽之间的夹缝中，两面不是人，可以说是进退两难。在他的身世被揭露之后，他失去了中原的一切地位与亲情；而在他生擒辽国皇帝耶律洪基，强迫他发誓退兵、永不发动对宋侵略战争之后，又被辽帝所忌，失去了血缘所系的辽国后盾。他虽然处处为两国百姓着想，对得起天地，对得起所有的人，立下了利国利民的不世功勋，却在人世间再也没有立足之地，他得到的只有误解与憎恨。萧峰是"人格伟大，性格完美"的大英雄，好在，他最终洗雪了一切诬陷，得到了别人的理解。这正是在萧峰平生功业全部建成之时，也正是一般人看来，他应该享受别人的尊敬，好好地生活下去，是再也没有必要死亡的时候，他用死亡来奏响了生命的最强音。这种死亡并非对命运的屈服，相反，正如电影《耶稣受难记》里说的一样"He was wounded for our transgressions, crushed for our iniquities; by his wounds we were healed"，——"他因我们的罪而遭苦难，因我们的极端不公而被毁灭，而我们因他遭受的痛苦而得以被拯救。"这样的死亡，为萧峰悲剧性的一生画上了圆满的句号。通过死亡，他担荷了人间的一切罪恶——不管是自己的还是别人的，也达到英雄人格的最高典范形式。从这个角度看，《天龙八部》必将成为中国文学史上不朽的经典。

诗人只有手中的笔，再无长物。他们不能像萧峰一样，赤手屠熊搏虎，用自己的力量完成经天纬地的大事业。但在慨然死去，用永恒价值担荷人间污浊这一点上，两者有着共通之处。王国维在《人间词话》中评价南唐后主李煜的词说："尼采谓：'一切文学，余爱以血书者。'后主之词，真所谓以血书者也。……后主则俨有

释迦、基督担荷人类罪恶之意。"① 这里的评价，用在屈原身上，才更加合适，因为比起曾经淫佚懈怠的南唐后主来说，屈原是一个毕生坚持理想不屈的诗人，他比李后主的人格伟大得多。可以说，一切诗人的高贵灵魂，都是这个样子的。理解诗人，就要理解他们的美好与脆弱，理解他们具有哲学意味的自杀，理解他们的心灵状态，这才是解读伟大诗篇、伟大灵魂的关键之门。

不过，是否完全理解诗人的如椽巨笔，并不妨碍楚辞中本身就具有的那种"天地境界"的力量。对这种境界的理解，实际上亦是读者自我的精神洗礼，在反复的阅读过程中，升华的是我们，而不是诗人。诗的永恒价值，自有超功利的特征在，本来不必依赖世俗的赞叹声。俄国诗人普希金的《致诗人》，正是描写的这种境界：

> 诗人啊，请不要重视世人的爱好，
>
> 热狂的赞誉不过是瞬息的闹声；
>
> 你将听到蠢人的指责，社会的冷嘲，
>
> 可是坚持下去吧，你要沉着而平静。
>
> 你是帝王：在自由之路上自行其是，
>
> 任随自由的心灵引你到什么地方；
>
> 请致力于完善你珍爱的思想果实，
>
> 也不必为你高贵的业绩索取报偿。

---

① 王国维《人间词话》第十八则。

它本身就是报酬。你是你的最高法官；

对自己的作品，你比谁都更能严判。

苛求的艺术家啊，它是否使你满意？

满意吗？那么任世人去责骂它好了，

当你的神坛的火在烧，任他们唾弃，

并且和顽童一样，摇撼你的香炉脚。

不能理解诗人，是我们的遗憾，而不是诗人的。真正的诗人，不论生或死，都只忠于自己的生命。屈原是为了自己的理想与信念而死的，外界的一切褒奖与批评，继承与忘却，都无碍于他的人格价值。

四、不是儒的纯儒

屈原博闻强识，学问丰富，这是人们所公认的。但对于屈原思想到底属于哪一家哪一派，学者们有着很大的争议。汉武帝接受董仲舒的建议，"罢黜百家，表章六经"①，从此以后，儒家思想地位不断提高，最终成为古代中国的官方思想。为了提高屈原的地位，使之符合通行的"意识形态"，很多学者都或有意或无意地把屈原解释为一个爱国忠君的典范，使之完全符合后世儒家贤臣的标准。这种观点被历代楚辞研究者不断沿袭乃至强化，对知识界产生了巨大影响，直到今天，"爱国忠君"四个字还是屡屡用来形容屈原。这种做法未尝不具有一定的积极意义，鼓舞了很多忠臣义士的产

---

① 俗说多称"罢黜百家，独尊儒术"，甚非。

生，延续了中华民族忠贞爱国的血脉，但却是偏颇的，带有儒家思想的偏见，而不能够反应屈原思想、人格的全貌。随着近代以来，儒家思想的一元统治地位遭到动摇，尤其受到近代以来"尊法批儒"文化现象的影响，很多学者开始试图将屈原解释成一位具有变法革命精神的政治家。除此以外，还有很多学者持不同观点，认为屈原思想中具有浓厚的道家因素，也有的学者认为屈原也受到名家的重要影响。

总体来说，各家学者的看法都有值得肯定的因素，因为屈原确实或多或少地受到这些思想的影响。但是，正如盲人摸到的并不是象，判断屈原的思想倾向，并不能只根据片段，而是应该宏观把握他思想的整体情况。通过考察可以认为，屈原是一位"不是儒的纯儒"。怎么讲呢？说屈原不是儒，是考虑到他思想的客观情况。屈原是一位诗人，并不是一位思想家、哲学家，他或许思想上自成体系，但毕竟没有留下什么关于自己思想的系统论述，我们只有从他的诗篇与零星的历史记载进行分析。如果从诗中摘取他的具有思想性的语句，可以发现道家与名家思想虽然有之，但并不在他的思想中占据主要地位。而所谓法家，如果从"明法度"的实用主义角度看，屈原确实符合这一条件，他也提出了一些改革的建议。但作为"九流十家"之一的法家，主张用法制代替礼制，扩张君主权力，形成集权制度，甚至还提倡用各种权谋手段来控制臣下，这样的观点，是屈原绝不会赞同的。而儒家观点，看上去屈原较为欣赏，引用也较多，但屈原并不是一个纯粹的儒家学者。如前文所说，他研究过《易经》和历史，崇拜欣赏尧舜禹汤的先王事业。法家是"法后王"的，也就是尊崇近现代的霸主，谋求用权力乃至暴力称霸。

而儒家则与屈原一样"法先王"，认为上古的君王用仁义治国，是最伟大的政治家。

屈原在《离骚》里说："昔三后之纯粹兮，固众芳之所在。"说"三后"是最为纯粹，最为纯正经典的先王，各种名臣君子就像群芳一样，围绕在他的身旁。后，也就是君王，三后通常认为指的是尧、舜和周文王，也可能指的是楚国的"三侯"，即句亶、鄂、章三位优秀的祖先。但不管怎么说，总应该指的是前代的贤明君王。下文中，屈原又说："彼尧舜之耿介兮，既遵道而得路。"说先王尧舜正直节制，总能走在正途，这种历史观是与儒家思想完全一致的。甚至，屈原也提到过儒家特别喜欢讲的"仁义"。在《离骚》中，他说："夫孰非义而可用兮，孰非善而可服！"不义之人不能用啊，不善之政不能行！在《怀沙》中，他的说法似乎更与儒门接近："重仁袭义兮，谨厚以为丰。"意思就是："我仁之又仁，义之又义，忠诚老实以充实自己。"同时，如前文所讲，屈原被后世一致认为是"爱国忠君"的楷模，这样看来，屈原确实是一个儒家了。

但如果我们客观来看，则可以发现屈原的思想与他的楚国前辈吴起或许更为接近。吴起是子夏的学生，最初学儒家礼治一派，后来发展成为法治（与法家的法制完全不同），同时也吸收了兵家等的思想，从而独成一家。这种思想，本质上与儒家接轨，但却在表现形式上有所变异；表面上看近似法家，却又在本质上与之格格不入。这种思想很难严格归到某一类中，因为他已经结合各家所长，自成一种体系了。而屈原的思想，虽然他似乎不像吴起一样，谙熟行军的兵法，但总体上也能够融汇各家的长处，不能简单地用哪一

家哪一派来形容。如果一定要概括的话，我们只好说，屈原应该是一名"杂家"，他受到儒家思想（或广义上的中国文化东系）影响最大，但也接受了法家、道家、名家乃至阴阳家等思想的若干因子，而形成自己的思想，与其他思想家相比，他可能与前辈吴起更加接近一些。但屈原本身并不是一位思想家，他没有留下思想性的论著，也难以看出他的思想到底能不能自成一个系统，因此这种猜想根据屈原的只字片语，只能是不够全面的，以思想家、哲学家的要求来衡量文学家屈原，也是容易走向偏颇的。

那么为什么又说屈原是一位"纯儒"呢？屈原受到儒家影响最大，固然是一个重要的原因，但并不仅仅如此，因为仅从思想来看，我们已经否认了屈原是标准的儒家思想者。这就要从"儒"的本义谈起了。《说文解字》中说："儒，柔也。"① 汉代大学者郑玄解释说："儒之言，优也，柔也。能安人，能服人。又儒者，濡也。以先王之道能濡其身。"② 也就是说，能够安人、服人，继承"先王之道"的，就可以算作是儒者。根据《周礼》的记载，儒的工作是"以道服人"，这是儒的早先意义。孔子及其门生，继承这一价值观念，并用《五经》作为传授知识的基本文献，从而建立后世所说的"儒家思想"，是相对较晚时代的事情，在孔子以前，儒者就是有一技之长的文化人。其中的"小人儒"就是只懂得一些具体技能的知识分子，只以温饱生活作为目标；"君子儒"则是除了掌握一些技能以外，还有较高的理想和志向，希望提高自己的品德修养或者有

① 《说文解字》卷八上人部。
② 《礼记注疏》卷五十九。

一定的政治理想的士人。从这个角度看，屈原毫无疑问是一位"君子儒"。当代新儒家学者牟宗三先生，在定义"新儒家"时讲到："凡是愿意以平正的心怀，承认人类理性的价值，以抵抗一切非理性的东西，他就是儒家，就是新儒家。"这种提法就是摒弃了传统儒学的门户之见，而从较为原初的意义来界定"儒"。从这样比较泛化的角度来看，屈原无疑是一位纯儒，他符合儒家对君子的定义，对"中庸"的定义。

中庸并不是平庸，而是指的儒家认为最优秀的品德。《论语》中说："中庸之为德也，其至矣乎！"说中庸是最优秀的品德，是道德领域能够达到的最高境界。中庸是什么意思呢？《四书》之一的《中庸》解释的很清楚，中庸的主要内涵是"致中和"，也就是"喜怒哀乐之未发谓之中，发而皆中节谓之和。中也者，天下之大本也，和也者，天下之达道也。致中和，天地位焉，万物育焉"，也就是各得其所，达到和谐的境界。这种中正平和，指的是不偏不倚，但并不是让人妥协。曾经有人问孔子，"以德报怨，怎么样呢？"孔子说："以德报怨，拿什么来报答恩德呢？要不偏不倚地面对怨，以恩德来报答恩德。"后世说儒家"以德报怨"，是曲解了儒家经文的原意。《中庸》里讲到，孔子的弟子子路问孔子，什么是强呢？孔子回答他说："南方之强与？北方之强与？抑而强与？宽柔以教，不报无道，南方之强也，君子居之。衽金革，死而不厌，北方之强也，而强者居之。故君子和而不流，强哉矫！中立而不倚，强哉矫！国有道，不变塞焉，强哉矫！国无道，至死不变，强哉矫！"孔子说，北方的强，是强者的强，拿起武器，死而后已。南方的强，是君子的强，平时以宽容柔弱来教导别人（这里的北方指的是北方游

牧民族，南方指的是华夏文明，与今天的"北方""南方"不同）。看上去和顺，却不会随波逐流，保持中立，不偏不倚。当国家有道的时候，坚持自我；国家无道的时候，仍然能够坚持自我，即使死亡也不会改变，不是依靠武力的强，这才是真正的强啊！这就正如屈原的诗，"亦余心之所善兮，虽九死其犹未悔"，只要是好的事情，不要说死一次，哪怕死无数次，我也会坚持不移，不与流俗为伍。屈原还说过，自己是"依前圣以节中兮"，这种"中道"，结合屈原的平生事迹与诗赋自咏，似乎也与"中庸"相去不远。清代大学者戴震评价道："予读屈子书，久乃得其梗概，私以谓其心至纯，其学至纯，立言指要归于至纯。二十五篇之书盖经之亚。"[1] 这就把屈原的境界，上升到了与儒家"五经"接近的崇高地位了。这样来看，屈原不正符合儒家最推崇的品德吗？说他是"纯儒"，不是很恰当吗？

五、最后的贵族

孔子说过："性相近也，习相远也。"大多数人都认为，人的本性相似，但后天的发展导致了很大的区别，所以长大以后，有的人成了君子，有的人成了小人，有的人还是普普通通的一般人。就像一个空篮子，有的人装了一篮子食物，有的人则不求上进，装了一篮子泥沙。在原始的初民时代，这种不同并不明显，但随着人类社会的进步，就逐渐有了分化，最优秀的人多劳多得，逐渐得到人们的尊敬，也拥有一定的财富，他们就成了贵族。较为平庸的人懒于

---

① 戴震《屈原赋注·序》，中华书局 1999 年版。

劳动，或者不善劳动，他们并没有什么建树，就成了普通人，乃至奴隶。这就是早期的阶层分化。由于古人注重血统，并没有特别注意家族血统不同只是表象，家族所代表的特质和价值观不同才是导致区别的本质，因此古人认为，人的品格、能力优劣往往先天就已经决定了。见识通达的圣贤，对血统并不特别重视，不过一般也认为圣贤天生就具有某种成圣成贤的天赋。比如孔子就说："天生德于予"，认为自己一出生就有上天赋予的高贵德行，可以说是极其自信了。

不过，能够成为圣贤的"天才"自然得之于天，对于一般的人，圣贤不会过分强调先天差异，只是认为他们的能力具有差异，并不一样平齐。孔子教学生，就是"中人以上，可以语上也；中人以下，不可以语上也"。孔子生平最精彩、最深奥的形而上思想，就不给那些资质能力太差的人讲解，认为这些人既然听不懂，讲了也是白讲，就不如省下力气来，教给他们一些实用的知识。子贡也说："夫子之文章，可得而闻也；夫子之性与天道，不可得而闻也。"孔子对于文学的看法，子贡能够听到孔子的讲解，孔子对于人性与天道的形而上哲学问题的思考，子贡亦没有资格去听取。子贡是孔子比较得意的弟子之一，他擅长经商，是后世儒商之祖。同时也熟于政事，先后在鲁国和卫国担任国相，孔子也夸奖他是"瑚琏之器"。瑚琏是宗庙中重要的盛食器，可以与鼎相配甚至同用，在祭祀中地位极其重要。把子贡比作瑚琏，这个评价是相当高的，也代表了子贡在孔门的地位。但即使是子贡这样的杰出人才，也没有机会听到孔子关于"性与天道"的讲解，可以看出孔子所谓的"因材施教"，"因材"的倾向非常明显，不是那块材料，就不能学

到相关的知识。这点与现代是非常不同的。孔子的开明在于，他创办私学，只以学生的能力作为考察标准，而不考虑学生的血统情况。而一般的官办贵族学校，虽然也接收一些特别杰出的平民子弟，但总体上还是要求必须有贵族血统，才能够受到最好的教育。这就是所谓的"血统论"，即主张用祖先长辈的血统和身份决定子孙的前途命运和发展方向，也就是俗语说的"龙生龙，凤生凤，老鼠儿子会打洞"。这种观念在世界各国的早期都出现过，影响十分深远。宋代以后，中国的贵族阶层基本上不再存在，但相关的思想还有所存余，比如"文革"期间，所谓"老子英雄儿好汉，老子反动儿混蛋"云云，就是这一观念的粗俗变体。

而从欧洲各国的发展历程来看，贵族血统和贵族爵位的保存、传承要比中国长久的多，而且大多数是永久世袭的，往往持续数百年，很少中断。托克维尔在《论美国的民主》中说："在雅典……35万居民中，只有2万是公民，所有其他人都是奴隶并承担着在我们的时代里属于人民甚至是中产阶级的大部分职责。总之，实行普选的雅典因而根本上只是一个贵族共和国，在那里，所有的贵族在政府里享有平等的权利。罗马的贵族与平民之间的斗争也应作如是观，应视其为同一个家庭内部的长幼之争。事实上所有人都是贵族并有着贵族的思想。"① 今天很多人津津乐道的"古希腊民主传统"，实际上就是这样的"贵族民主"，不是贵族，就不能享受到任何的政治权利。

欧洲各国到18世纪才推翻了贵族制，但隐性的贵族却至今依然

① 托克维尔《论美国的民主》。

存在。比如法国就有一种"精英大学"（Grande Ecole），只招收最优秀的学生。一旦考入精英大学，就得到相当高的待遇，最好的师资培养。表面上看，考试是公平的，任何人都可以考入精英大学。但事实上精英大学的录取，与一般的中学教育关系并不是很大，更多与家庭教育挂钩，属于"素质教育"，这就导致了精英大学学生往往会出现"世袭"，即大部分精英大学的学生都出自于精英家庭，普通家庭的子女很难考入精英大学，也就很难成为法国的精英。长此以来，国家的阶层就走向固化，大部分的精英子女还是精英，大部分寒门子女还是寒门，很难有较大的命运改变。法国最高的国家级荣誉是骑士勋章，所谓骑士，就是中世纪为国王和领主而参加战斗的贵族战士。更有甚者，往往因为一个贵族的姓氏，就能够在社会上被人另眼相看，乃至于在工作和升职上高人一等，这是在中国不可想象的。此外，现在的欧洲还有封爵制度，不过已经变为一种荣誉称号。2005年3月2日，英国女皇伊丽莎白二世主持了一场别开生面的册封。微软集团创始人，美国首富比尔·盖茨被封为"大英帝国司令勋章骑士"。还有很多著名的科学家、名流都有爵士称号。此外，当代的犹太人和伊斯兰人也相当重视血统，由于不属于当代的主流现象，这里就不详细叙述了。

不可否认，贵族世袭制度和血统论在很大程度上具有历史局限性，是不符合科学事实的，也造成了很多不良的影响，现在来看消极意义很大；但是从另一个角度上看，这种观点也有着相当一部分的合理性。在现实生活中，我们可以发现遗传的现象比比皆是，父母的个性、脾气、外貌等等，都直接遗传给子女。虽然有一些受到后天家庭教育、生活环境的影响，但来自于先天的也占相当比例，

古人在缺乏先进科学技术的情况下，或许因为观察到了这一点，而将这种状况归因于血统。身为当代人，我们应该了解血统论的错谬之处，但对于缺乏先进技术的古人，则不应该过分苛求，在一定的条件下，甚至应该认为这种看法也是合理的。我们更要知道，若干年后，我们这些"现代人"也变成了古人，很多我们现在习以为常的观念，或许在后来人眼里也一样荒谬。从这个角度想，我们也应该给古人更多的理解，同时对他们的独特发现表示钦佩。今天，血统论已经被历史淘汰，但社会的差等则依然存在。东海西海，心理攸同。纯粹的平等只能是人为强制造成的，并像"人民公社"一样起到伤害人类的反作用。所谓各得其所，就是在相对公正的条件下，给所有人以竞争的机会，让优者登第，劣者下沉，从而让每个人都能找到自己最适合的位置。

最初的贵族垄断了教育和文化资源，他们负责主管祭祀、决策、记录、礼仪、作战等等国家大事，同时也参与集体劳动，而一般百姓只需要种田耕作就可以了，对这些事情完全不需要参与。在生产力比较落后的时候，人们的生存尚且比较困难，自然很难有精力研究文化、礼仪上的相关事务，用贵族世袭垄断的方法，虽然用现在的眼光来看不够公平，但也是当时社会的无奈之举，只有这样才可以保证更多的人可以从事于日常生产，这就是所谓的"礼不下庶人"。贵族享有一切文化教育资源，也让他们有更大的机会提高自己的素质。贵族拥有更多的权利，也就必须要担负更多义务，他们要担负起国家的重任，也不像一般人想象的能够得到劳动豁免的待遇，他们既要流血，又要流汗，比平民的付出要多得多（当然，"礼崩乐坏"后的贵族也逐渐坐享其成，但那

已经是堕落的贵族阶层了）。这样来看，中国早期的贵族制度，虽然具有特权，但是在当时的社会情况下，已经算是相对公平了，因为与西方相比，古希腊的市民也就是贵族，他们除了具有政治特权，同时也是不必亲自从事劳动的，而是由所谓的"奴隶"来完成一切。在社会已经极大发展，教育也越来越普及的近现代，尚且有许多人因为经济原因而不得不辍学，更不必说两三千年前的古人了。

春秋末年，贵族阶层开始堕落，他们开始享乐，开始荒废政事，很多旧贵族失去地位成为平民。这对于他们自然是不幸的，但"因祸得福"的是，他们带着知识到民间去，使得民间的生产力、文化水平大大发展，也开始有了文化传播、发展的基础。孔子创办私学，开始打破了官府对知识的垄断，将知识普及到民间。到了战国时期，百家争鸣，大部分都是平民学者引领时代潮流。这个时候的贵族世袭虽然还有，但是已经大大缩水，随着各国的变法，平民出身的官员越来越多。屈原所在的楚国虽然最重视贵族制度，但也已经是强弩之末，血统世袭的贵族已经濒临死亡，而新的贵族——士大夫阶层，正酝酿产生。

可以猜想，贵族最初产生的理想情况或许是：普通人掌握高贵品行→成为贵族→贵族世袭→子孙享受最好的资源→掌握高贵品行→世袭贵族。如果这种情况能够成为现实，应该说还是具有一些选拔的意味的，因为贵族之所以成为贵族，主要是因为高贵的品行。但是，随着世袭制度的不断发展，春秋战国时期，这个流程已经隐然变化成：成为贵族→子孙享受最好的资源（有机会掌握高贵品行）→世袭贵族。也就是说，这个时期，贵族之所以

是贵族，已经不是因为个人品行的高贵，而是因为血统的高贵，血统比品行更加重要，品行或许仍被重视，但只不过是一种附加的产物，而非必须品。从现代角度来看，这无疑是背离最初的贵族精神的，贵族精神也很快蜕化成一种贵族特权，因此很多所谓的贵族，往往品行比一般人更加恶劣，他们的所作所为成为后世人们批判的对象，因为这些"贵族"，不过是掌握特权的普通人而已。阿克顿勋爵说得好："绝对的权力绝对导致腐败"（原文为 All power tends to corrupt and absolute power corrupts absolutely. 旧译"绝对权力导致绝对腐败"，因容易产生歧义，故根据文意改为此），这种只是因为先天的运气成为贵族的人们，在特权面前，他们如何还能保得住自己的良知和判断力？这些贵族必然是要走向堕落与荒淫的。

因此，18 世纪英国著名的政治哲学家、古典自由主义的代表人埃德蒙德·柏克，在他的《自由与传统》中，提出了这样的观点："真正的自然的贵族并不是国家中某一特别的利益群体，也不可与国家分离，这个阶层是任何公正地建立起来的社会大团体中的基本组成部分。真正的自然的贵族由一个具有一些合理预设的品质的阶层构成。就一般情形而言，这些预设的品质必须被认为是真实的。真正的自然的贵族是这样的阶层：在一个值得尊崇的环境中长大；从胎儿起就不曾耳濡目染任何下流、肮脏的东西；受到过如何自我尊重的教导；惯于接受公众的批评和监督；很早就知道关注公众舆论；站得高，看得远，对在广大的社会场景中涌现出来的，比比皆是的无限错综复杂的局面能够做到洞悉表里、从大处着眼；优游沉溺于读书沉思，切磋学问；由于品质不凡，不管出现在何处，都能

引起富有智慧的饱学之士的关爱和注意；习惯于在军队中指挥士卒和服从上级；被教导在追求道义、履行职责时要无所畏惧、不避艰险；出现任何失误时都必然遭受惩罚，对微不足道的过错就可能招致最严重的毁灭性后果这样的事态中，能够表现出最大程度的警觉、先见之明和审慎；能够意识到自己在同胞们最为关切的问题上，是他们的指导者；能够意识到自己是作为神与人之间的调解人在行动，并在这样的责任感的驱使下，戒慎恐惧，严于律己；能够膺任法律和正义的执行者，并因此优先纳入人类第一拯救者的行列；是高深学问，或是自由性和开放性学术的研究者；位居富裕商人之列，由其成功可以推断他们机敏而充沛的智力，并具有关注商业正义的素养和习惯。——正是这些品质构成了我所说的自然的贵族（natural aristocracy）。没有这些人，就不会有民族和国家。"① 也就是说，所谓"自然的贵族"是不看血统出身的，他之能为贵族，而是因他的知识和美德而高贵。屈原虽然具有高贵的血统，是一个传统的，通过世袭得来的氏族贵族；但他更是一个士大夫，一个"自然的贵族"。

当代学者刘再复先生总结中西贵族品德的普遍特征，认为脱离了贵族特权的贵族精神主要应该包括四点，分别是自尊精神、原则精神、自明精神、淡泊精神（原文作淡薄，但以写作"淡泊"于意为胜）。我们用这"四项基本原则"来对照屈原的生平，可以发现屈原完全符合这些要求。事实上，当我们运用这些概念的时候，就

---

① 柏克《柏克政治论文选：自由与传统》，蒋庆译，商务印书馆2001年版，第89~90页。

可以发现这些常人难以做到的品质，却只不过是屈原品质的表层而已，拿这种最基本的要求来衡量屈原，实在也太低估他的思想与人格了。

自尊精神，也就是认为人的尊严比生命更重要。儒家经典《礼记·儒行篇》中就说："（士）可杀而不可辱也"，死亡并不可怕，但活着受到侮辱却是可怕的，与其受到侮辱，不如一死。俄国著名诗人普希金为了妻子与人决斗，最后牺牲了自己年轻的生命，被公认为贵族精神的表现。在当时的时代背景下，我们难以轻易否认这种决斗的合理性，但这毕竟是出于个人私利的竞争，不免具有一定的局限性。而屈原的自杀远比普希金之死的意义深刻。屈原面对个人的流放，国家的衰落，出于一种历史的使命感和维护个人内美的信念，主动选择以自杀来实现自己的永恒价值。这样的死去已经超越了小我的荣辱，而达到了自我与历史的合一，是一种具有超越价值的死亡，他用死亡实现了真正的自由，更保全了自己的自尊。死亡并不是被人激怒、被人逼迫后的选择，而是在主观意志引导下的勇敢面对。

原则精神，要求贵族讲求外在社会规则、游戏规则，具有所谓的"费厄泼赖"精神。"费厄泼赖"，是英文 Fair Play 的音译，意思是光明正大的比赛，不要用不正当的手段，要有绅士风度，不要穷追猛打，逼人太甚。鲁迅先生虽然写过《论"费厄泼赖"应该缓行》，提倡要"痛打落水狗"，但那在当时的时代背景下具有其他特殊的历史意义，而且所针对的对象比较有限，对"费厄泼赖"只是起到了补充作用，是教给人们更正确地使用这种做法，而并不是否定这种做法的价值。毕竟，鲁迅先生只是说"缓行"，而不是"不

行"。此外，比"费厄泼赖"这种外在游戏规则更重要的是，人要坚守自己内心的道德规则，不可轻易向人屈服。屈原在流放的时候，渔夫劝他要适应社会，跟随潮流行事。屈原并非不明白这样可以改变他的落魄状态，但这种违背他内心意愿的做法是不可接受的。他宁可怀才不遇，赍志以殁，也不愿意破坏自己内心的原则。德国哲学家康德说："有两样东西，人们越是经常持久地对之凝神思索，它们就越是使内心充满常新而日增的惊奇和敬畏：我头上的星空和我心中的道德律。"① 相信屈原也是一样吧！他呵问历史与神话；探索宇宙与自然，写下了震铄古今的《天问》，表现出惊人的神思。他歌《离骚》，谱《九章》，也无一不充满了对自我的反省，对人生根本价值的求索。

自明精神，就是贵族虽然拥有学养和修养，往往同时拥有财富和权力，在社会中地位崇高；但一定要有自知之明，认识到自己在宇宙中、历史中的地位，知道个人的有限性。就像鲁迅先生说的，猫比较有力量，所以它不叫；老鼠没有力量，所以它"吱吱"的叫。大象很有力量，所以它的耳朵总是垂着的；兔子没有力量，它的耳朵老是翘起来。孔子虽然被后世公认成"天不生仲尼，万古长如夜"的圣人，但是他自己仍反复地说"若圣与仁，则吾岂敢"，始终保持谦恭的态度，只期许自己是一个君子，虽然已经达到了圣人的境界，但仍然不敢自命圣人。与之不同的是，屈原对自己的德行是极端自信的，他说："纷吾既有此内美兮，又重之以修能"，认为自己本质又好，能力也强。他认为自己："闭心自慎，终不失过兮。秉德无私，参天地

---

① 康德《实践理性批判》，邓晓芒译，人民出版社 2003 年版，第 220 页。

兮。"严于律己，没有犯过什么错误，这种品格可以与天地媲美。但他虽自信，却并不狂妄，依然有自己的焦虑和不安。屈原的不安是，在历史的长河中，自己的一生太短，还没有做成什么事业就要老去了。他在《离骚》中说："汩余若将不及兮，恐年岁之不吾与。朝搴阰之木兰兮，夕揽洲之宿莽。日月忽其不淹兮，春与秋其代序。惟草木之零落兮，恐美人之迟暮。"时间飞逝，春秋交替，屈原感到自己还没有完成理想，却看见草木凋落，美人将老，时间已经这种生命的焦灼感，正是他对个人在历史长河中局限性的自明。他不像传统中国人那样注重谦虚逊让，但他并没有故意夸大其词——只不过是实事求是地介绍自己而已。

淡泊精神，就是指的身为贵族，虽然享受到了一些经济或政治的资源，但却对此并不在乎，能够淡泊名利，远离世俗的喧嚣。并非像僧人一样出家，或者隐士一样避世才算是有淡泊精神。只要一个人看淡个人的荣辱得失，"不戚戚于贫贱，不汲汲于富贵"，在充满物质的生活中保有一颗平常心，给自己的心灵留下一块安宁祥和的土壤，就自然算是具有淡泊精神了，它并不需要做出一些特别的举动来表达，正如孔子所说"君子不忧不惧"，完全用平常心看待自我，不作错事，就是最好的淡泊。屈原虽然对个人的不遇多有感叹，但正如他自己说的："岂余身之惮殃兮，恐皇舆之败绩。"他担心的并不是自己的利益，而是楚国的安危，他的生命价值更依托于历史的成败，与个人得失并没有任何关系，"君子忧道不忧贫"，此则是也。

一个人的品行若能达到这样的"四项基本原则"，那么可以说具有了"自然贵族"的基本条件，恰如曾子所形容的："可以托六

尺之孤，可以寄百里之命，临大节而不可夺也。君子人与？君子人也！"① 这就十分值得尊敬了。作为普通人，终其一生，往往也达不到这种人格境界。但屈原作为一位"自然的贵族"，或者一位士大夫、君子，除了恪守人间的道德规范以外，还同时具有对形而上的灵魂的探索，对"道"的追求。正因为有此，他才能从"道德境界"上升到"天地境界"。所谓"天地境界"，就是现代新儒家冯友兰提出的，通过哲学达到对宇宙的了解，洞察"超道德"的内容，完成贤人到圣人的转化。恰如陈寅恪先生《王观堂先生挽词序》里所说的那样：

> 或问观堂先生所以死之故。应之曰：近人有东西文化之说，其区域分划之当否，固不必论，即所谓异同优劣，亦姑不具言；然而可得一假定之义焉。其义曰：凡一种文化值衰落之时，为此文化所化之人，必感苦痛，其表现此文化之程量愈宏，则其所受之苦痛亦愈甚；迨既达极深之度，殆非出于自杀无以求一己之心安而义尽也。吾中国文化之定义，具于白虎通三纲六纪之说，其意义为抽象理想最高之境，犹希腊柏拉图所谓Idea者。若以君臣之纲言之，君为李煜亦期之以刘秀；以朋友之纪言之，友为郦寄亦待之以鲍叔。其所殉之道，与所成之仁，均为抽象理想之通性，而非具体之一人一事。②

这一段话所说甚为深刻。王国维先生虽然是用新法治学、开启中国现代学术的先驱者，但他的性情本质却是与古典精神相通的。

---

① 《论语·泰伯》。
② 陈寅恪《王观堂先生挽词序》，收入《陈寅恪集·诗集》，三联书店2001年版，第12~13页。

这种"idea""抽象理想最高之境"，虽然不是"宇宙的真理"，但是却具有长久乃至永恒的价值，"历千万祀，与天壤而同久，共三光而永光"（陈寅恪《海宁王观堂先生碑文》）。这种古典精神，不仅打动了陈寅恪这一代的居于新旧之间的学人，也同样能够影响后世。比如王国维的学生，楚辞研究的专家姜亮夫先生，晚年在他的《楚辞学论文集》自序中也同样说："余以静安先生蹈昆明湖之痛而读屈赋"，从此踏上了楚辞研究的道路。屈原后三千年有王国维，而王国维的投水自杀也并非这种精神的终点。只要还有诗人，只要世界上还有值得追寻的价值，只要人还有信仰与良知，那么到了末世，——或者不需要到末世，便会有更多的效法者，来继武接续这份信仰。

当然，保守理想，追求信仰，寻找永恒价值并不一定需要自杀。但是，"路漫漫其修远兮，吾将上下而求索。"对宇宙的探寻和思考往往是痛苦的。东晋永和九年（公元353年）农历三月初三，是中国传统的上巳日。在每年的这一天，"官及百姓皆禊于东流水上，洗濯祓除去宿垢"，人们聚集到水边，完成"祓禊"（禊读作细）或者"修禊"的辟邪习俗，在水上洗濯，以祛除疾病与不祥。这一天，崇山峻岭，茂林修竹的兰亭，聚集了42位士人，开始了"流觞曲水"的雅集活动。42位名流，坐在溪水两旁，由书僮把斟酒的羽觞放入溪中，顺流而下，如果觞在谁的面前停了，就要赋诗。吟不出诗的，则要罚酒三杯。雅集会后，大家把诗汇集在一起，请会议召集人、"书圣"王羲之写一篇序，这就是后人称为"天下第一行书"的《兰亭序》。序的前半部分，主要叙写本次雅集的时间、地点等基本情况，但后半部分笔锋一转，顿时变为对宇宙人生的感

慨。王羲之写道：

> 夫人之相与，俯仰一世。或取诸怀抱，悟言一室之内；或因寄所托，放浪形骸之外。虽趣舍万殊，静躁不同，当其欣於所遇，暂得於己，快

《兰亭序》局部

然自足，不知老之将至；及其所之既倦，情随事迁，感慨系之矣。向之所欣，俛仰之间，已为陈迹，犹不能不以之兴怀，况脩短随化，终期於尽！古人云，'死生亦大矣。'岂不痛哉！每揽昔人兴感之由，若合一契，未尝不临文嗟悼，不能喻之于怀。固知一死生为虚诞，齐彭殇为妄作。后之视今，亦犹今之视昔。悲夫！故列叙时人，录其所述。虽世殊事异，所以兴怀，其致一也。后之揽者，亦将有感于斯文。①

人生一世，走过得何其快。有的人与朋友畅谈胸怀，有的人游心爱好，放浪形骸。虽然各自的取向都不同，但是在快乐的时候，总是感到非常满足，甚至忘却老之将至。等到渐渐厌倦了这些，感慨便随之而生了。当时喜欢的东西，俯仰之间就已经成为陈迹，真是让人不得不叹息。更何况人生寿命，都是天注定的，亦必将消亡，归于寂灭。这怎么能不让人悲痛呢？古人感慨，与我的感慨真是若

---

① 《全上古秦汉三国六朝文》：《全晋文》卷二十六。

合符契，心里不很明白，却在阅读前人的文章中感叹悲伤。死与生，寿与殇，并不是玄学家们说的等同，人生苦短，到底还是有永恒的价值在的啊！时代会变，事情也有所不同，但是人们兴发感叹的原因还是一样的。

明代学者、文学理论家叶燮评价这篇文章说：

> 兰亭之集，时贵名流毕会，使时手为序，必极力铺写，谀美万端，决无一语稍涉荒凉者。而羲之此序，寥寥数语，托意于仰观俯察，宇宙万汇，系之感忆，而极于死生之痛。则羲之之胸襟又何如也！①

死生之事为大，是诗人哀乐过人心态的体现。王戎丧子，山简去劝解他，王戎却回答说："圣人忘其情，最下不及情；情之所钟，正在我辈。"② 这种对生命本身的忧伤之情，使得本来去劝慰的山简也哀痛不已。

宁做痛苦的苏格拉底，不为快乐的猪，古今圣贤，想来应有同慨。并非不知道忘情可以缓解苦痛，但他们宁愿承受一切痛苦，也要守护自己所信奉的价值。正如曼海姆所说的："知识分子是漫漫长夜里的守夜人。"他们面对长夜或者铁窗，永远都是不会退缩和屈服的。不论是国家的暴力机器，抑或是残酷的社会现实，都无法阻止高贵者对永恒价值的追求。他们的唏嘘感叹，寄托在外物之上，却根源于内心的沉思之中。

屈原的抱石沉江，是氏族贵族向士大夫转化的一件标志性事

---

① 叶燮《原诗》，卷一。
② 《世说新语·伤逝》。

件。秦汉以后，血统维系的贵族特权逐渐退出历史舞台，而纯粹以文化修养作为贵族精神的体现。贵族精神的精华通过贵族文学充分呈现出来。贵族文学，本质上即精致典雅的文学。屈原的文学创作，大声镗鞳，光芒万丈，正是贵族文学中的精华，也是吾国高贵精神的表现，说它是中国文学的巅峰，并不为过。事实上，即使放眼世界，能与屈原相提并论的诗人乃至文学家也寥寥无几。

第三章

沧浪之水清兮，可以濯吾缨
——诗人的高洁与坚守

在当代人的眼中，文学就是文学，具有审美和娱乐的双重意义，并不必在上面附着什么更深厚的因素。尽管如此，文学作品仍因为其独特的美感，成为人们喜爱的主要读物。但在古人的心目中，他们首先想的是如何贡献于社会，做出一番实际的功业；在这种理想因各种原因不得不告破灭之后，古人才会不得已而投入到著作的书斋中去，进行创作活动。这种创作活动，仍然是古人政治活动的继续，写作者将他的未竟之业与完成的思想——书写，希望后人看到之后，能够继承他的事业。"太上立德，其次立功，其次立言"，便是这等理念的表述了。故而在写作的时候，作者也将自己的真心完全打入到创作之中，作品正是作者的投影，通过作品的阅读，我们便能够明了作者究竟是一个什么样的人。这种了解有时候

出于直觉，但往往能更加细腻地体会到古人的内心，与他进行超越千年的对话。

一、离骚：心灵的史诗

史诗，是一种结合了神话与历史，而用诗的手法书写的文体，它的历史非常悠久，可以追溯到远古时期。英雄史诗是史诗的主要流派，用来歌颂在战争中立下功勋的英雄领袖。古希腊史诗是史诗中的典范代表，其"荷马史诗"最为出名。

"荷马史诗"是《伊利亚特》和《奥德赛》两部长篇史诗的合称，据说是盲诗人荷马所作。《伊利亚特》长达15693行，讲的是希腊联军围攻小亚细亚的城市特洛伊的故事，是一首伟大的长诗。它的大概内容是：希腊联军围攻特洛伊，久攻不克，在第九年零十个月的时候，第一勇将阿喀琉斯愤恨统帅阿伽

荷马像

门农夺其女俘，不肯出战。他的好友帕特洛克罗斯代他出战，不幸战死，阿喀琉斯母亲制造的盔甲也丢掉了。于是阿喀琉斯愤怒之下，重新出战，杀死了特洛伊王子赫克托尔，为好友报了仇，取得了巨大的胜利。特洛伊国王普利安姆哀求讨回赫克托尔的尸体，举行葬礼。

《奥德赛》讲的是伊萨卡国王奥德修斯在攻陷特洛伊后归国途中的故事。奥德修斯受到神明捉弄，归国途中在海上漂流了十年，到处遭难，最后受诸神怜悯才回到家。当奥德修斯流落异域时，伊

萨卡及邻国的贵族们欺其妻弱子幼，向其妻皮涅罗普求婚，迫她改嫁，皮涅罗普用尽了各种方法拖延。最后奥德修斯扮成乞丐归家，与他的儿子杀尽求婚者，恢复了权力。这两篇史诗都来源于民间说唱文学，又由盲诗人荷马加工、编写，成为西方古典文学的瑰宝。此外，如藏族的《格萨尔王传》，蒙古族的《江格尔》，古印度的《罗摩衍那》等等，都是具有典范意义的长篇叙事史诗。尤其是古印度的史诗，其成就更是令人惊叹。《摩诃婆罗多》有十八篇和一个附录，全篇有十万七千颂，是《荷马史诗》全部加起来的九倍多，《罗摩衍那》短一些，但也有七篇，二万四千颂，比《荷马史诗》多一倍。这些作品的篇幅之长，是中国古代文学所不能达到的。不过，从文艺角度上讲，这些作品的缺陷同样是很明显的。现代东方学大师季羡林先生在"牛棚"受迫害期间，以极大的毅力，用十年的时间翻译了《罗摩衍那》。他在译后感慨道："大部分篇章都是平铺直叙，了无变化，有的甚至叠床架屋，重复可笑。"[1] 可见，篇幅浩瀚固然可敬，但却并不代表文学艺术价值必然优秀，我们在钦服其长篇巨制的同时，也不能迷信，而要客观地审视其艺术水准。

但不管怎么说，中国传统文化是缺乏这种英雄史诗、叙事史诗的传统的，并没有产生过这样的长篇叙事诗。中国诗中所谓的"长篇"，比起上面的列国史诗，篇幅上也很是微不足道。德国哲学家黑格尔就据此认为，"中国人却没有民族史诗，因为他们的观照方

---

[1] 季羡林《罗摩衍那》译后记，《季羡林全集》第二十四卷，江西教育出版社，第602页。

式基本上是散文性的，从有史以来最早的时期就已形成一种以散文形式安排的井井有条的历史实际情况，他们的宗教观点也不适宜于艺术表现，这对史诗的发展也是一个大障碍"① 不过，近现代有学者提出了不同观点，认为《诗经·大雅》里面也记载有上古的史诗。他们发现，《生民》《公刘》《绵》《皇矣》《大明》五首诗，讲述的是西周王朝的兴起、迁徙直到开国的历史，认为这些作品就可以看作是中华民族的上古史诗。还有的学者如高亨、冯沅君、陈子展等名家，在这基础上进一步认为，除这五首诗之外，《诗经》中还有其他的史诗。比如《大雅》中的《崧高》《烝民》《韩奕》《江汉》《常武》《文王》以及《商颂》的五篇诗，就也可以看作是史诗。但是，比起其他民族的史诗来看，这样的史诗还太短，规模不够大，而且没有一般叙事史诗那样生动活泼的人物形象，现代学者游国恩等就认为，这些作品只不过与"叙事诗接近"而已，不能算严格的叙事诗，更不能说是史诗，只能认为具有史诗的因素。关于这个问题的争论非常激烈，但学者们都是有意无意地利用西方文学理论来描述中国作品，而没有从中国典籍的本位出发。

《诗经》的《国风》来源于民间，又经过了贵族知识分子的修饰与加工，而《雅》和《颂》，就都是纯粹的贵族诗篇。雅，是朝廷之上的乐曲；颂，是宗庙祭祀的乐曲，是西周王室贵族的作品，可以说都是当时的"主旋律"。这样的作品，并不是为了传授历史知识（王室有其他的历史档案留存，如后来编成《尚书》的文章等），也不是为了作为一种艺术形式来作为耳目之娱，而是在典礼

---

① 黑格尔《美学》第三卷下册，第 170 页。

中使用，具有严肃的宗教形式意味，同时还兼具有推广"普通话"（雅言）的作用，兼有政治、文化的双重意义。这是与其他民族那些来源于口头的叙事史诗有着很大不同的。因此，尽管在《诗经》的这些篇章中具有历史的记载，结合了神话、歌谣、历史的各种因子，但我们骤然以为这些就是中国的史诗，就不免犯了削足适履、用西方文学理论的鞋套中国文学作品的脚的毛病，似乎证据还并不够充分。当然，这些作品确实是具有史诗的某些特性，但如同鲸鱼不是鱼，鸭嘴兽也不是鸭子一样，很难认为《诗经》里面的这五到十余篇作品是中国最早的史诗。不过，如果我们不拘泥于史诗的写作形式，而是关注史诗的核心价值，即具有文学性的历史记载，那么，汉代一部经典的史学名著《史记》，就可以认为是中国的"荷马史诗"。

《荷马史诗》与《史记》，这一中一西两部作品，都以历史事件作为素材，刻画了许多栩栩如生的人物，构建出一幅雄浑壮阔的历史场景。但不同之处是，荷马史诗还是偏重神话和文学性的，而《史记》已经分为本纪、世家、书、表、列传，是一部体例严谨的纪传体历史著作。但《史记》同样是文采飞扬的，事实上，从文学的角度上看，《史记》的价值也非常高。鲁迅先生评价《史记》时说它是"史家之绝唱，无韵之《离骚》"。所谓"无韵之《离骚》"，也就是说，《史记》除了没有韵以外，它运用的文学技巧，艺术手法都是诗化的，是一种诗化的散文，可以与《离骚》媲美，也成为中国古代文章的典雅之作，被几千年来的文人取法学习。当然，如果从编年叙事的体裁来说，年代更早且地位更高，列入中国古籍"经部"的《左传》或许更接近《荷马史诗》。传说，《左传》的作

者左丘明也是盲人史官，是否冥冥之中与荷马有着更多的相近之
处呢？

不过，虽然《左传》《史记》之类的著作，无论如何看上去都
是以"史"为主，行文格律与"诗"完全扯不上关系，但在另一个
角度说，用中国诗的标准来看，荷马史诗也不能算作是真正意义上
的诗。虽然荷马史诗的节奏感很强，适合朗诵歌吟，但却并不押韵，
此外还具有大量口头文学的简陋因素，比起中国传统典雅规范的诗
词，从形式上看，差距真是不可以道里计。所以我们不妨放开史诗
的范围，不拘泥于他的"诗"，而是从作者的文学素养和诗心作为
标准；也不仔细考察他的"史"，而是从描绘历史大场景和英雄人
物一方面出发，来接纳各种优秀的诗体或者非诗体的著作。从后世
"史诗"一词可以兼用来形容小说（比如列夫·托尔斯泰的名著
《战争与和平》等）来看，"史诗"所指的范围是非常之广泛的，甚
至可以无所不包。用中国古典文学的眼光看，史诗可以说是介于诗
和小说之间的一种独特的文体，并不必须是"史"，也未必就是
"诗"，这种体裁在中国古代的地位不高，但也同样源远流长，有着
不朽的成就。

这种文学形式与中国传统说唱文学中的"弹词"非常接近。弹
词，顾名思义，就是歌者弹奏三弦等管弦乐器，同时进行讲说或演
唱的一种民间曲艺形式。"吹拉弹唱"，往往就可以用来形容弹词。
弹词的起源比较早，有的认为源于唐代的变文，也有认为源于宋代
的诸宫调、宋代的陶真（或作淘真）等，说法不一，其中以宋代陶
真说最为近真。不过，如果追溯渊源的话，先秦时期就已有初步的
说唱艺术了。早期的瞽师艺人服务于中央政府与诸侯朝廷，

《荀子·成相》篇就记载有一段这样的唱词，通俗而上口，通过讲述古代的历史事实，来向君王陈说君臣之道。但一般我们认为，严格意义上的弹词在明代中叶才正式形成。在明代，就有梁辰鱼的《江东二十一史弹词》，杨慎的《二十一史弹词》等等，从内容上和表现方法上都与荷马史诗非常近似，是讲述从上古到当代的历史变迁。

　　说书最早都是盲人的职业。正如古希腊传说中的荷马是一位盲人一样，中国古代的说书人也多为盲人。宋代诗人陆游写过一首专听鼓词的诗作《小舟游近村舍舟步归》，诗是这样写的："斜阳古柳赵家庄，负鼓盲翁正作场。死后是非谁管得，满村听说蔡中郎。"这种"负鼓盲翁"，应该便是"中国的荷马"了吧！根据研究，这或许就是陶真、也就是弹词的早期形式。明代田汝成《西湖游览志余》亦记载说："杭州男女瞽者，多学琵琶，唱古今小说、平话，以觅衣食，谓之陶真。"① 从各方面来看，与陆游诗中的描写和弹词的基本形态都大体符合。

　　弹词与一般的说书有不同之处。弹词似乎最早都是盲女的职业，男子盲人从事的比较少见。清初阮葵生说："盲女琵琶，元时已有之，至今江淮尤甚。"② "盲女琵琶"，唱的未必是正式形成的弹词，但恐怕也相去不远。明末传奇《醉月缘》，讲述的是扬州薄命才女冯小青的故事。里面就提到"净扮瞎婆子背琵琶上"，唱了一篇《薄命小青词》。苏州俗语里面，把"陪酒的女说书人"叫作

---

① 《西湖游览志余》卷二十。
② 《茶余客话》卷二十一。

"瞎应酬"，可见至少最初的女说书人应该都是盲人，或者以盲人为绝对主体，只有清末以来才慢慢放开，不但有明眼女子学习说书，还有男女双档的说书了。从表演方式上看，西方的史诗，中国的说书、弹词，似乎也是非常近似的。

清代杭州女诗人陈端生创作的弹词作品《再生缘》，是弹词艺术的扛鼎之作，文学价值极高。这首弹词，全篇使用七言排律句法，共60万字，讲述了这样一个故事：元代女子孟丽君，是大学士孟士元的女儿，被许配给云南总督皇甫敬的儿子皇甫少华。国丈刘捷之子奎璧欲娶孟丽君，不成，遂百般构陷孟士元、皇甫敬两家。孟丽君以男装潜逃，后更名捐监应考，连中三元，官拜兵部尚书，以职务之便，推荐武艺高强的皇甫少华抵御外寇，大获全胜，少华封王，丽君也位及三台，父兄翁婿同殿为臣。但孟丽君最终因为酒醉暴露身份，皇上得知，欲逼其入宫为妃。

全篇篇幅太大，并没有完成，由于陈端生的去世而在此处终笔。这篇弹词除了内容出自虚构，并不符合历史真实以外，完全就是一篇中国的

再生缘主要人物图

史诗。近代著名历史学家陈寅恪先生，晚年目盲，听读《再生缘》后，写下了《论〈再生缘〉》，认为《再生缘》完全可以与古印度、古希腊的史诗相提并论。另一位著名学者郭沫若也评论说，从叙事的角度看，《再生缘》与《红楼梦》可以并称为"南《缘》北

119

《梦》"，世人只知道荷马、但丁、莎士比亚、歌德、普希金这些名作家，而不知道陈端生，是不公平的。可以说，中国这样的作品虽然少，也没有成为中国文学的主流（中国文学的主流是士大夫为主体的雅文学，如诗文等），但也同样具有相当高的水平。

从"南《缘》北《梦》"的提法可以看出，《再生缘》这样的弹词作品，在中国学者的眼中，更接近小说这样的叙事文学，而不是作为抒情文学的古典诗。西方的诗，涵盖戏剧文学、说唱文学诸多领域，而中国的诗，更加讲求作者个人的抒情，用传统的眼光来看，戏剧、史诗乃至大量的现代诗都不是诗。"诗言志""诗言情"。诗就是表达"志"的一种文体，而具有浓郁的感情，是描写诗人的心灵。这种文体就决定了中国的诗，往往以感情浓烈、修辞精致和思想深刻取胜，而不是把刻画描写某一事件，讲述某个故事作为最高标准。但在中国这个诗的国度里，仍然有一篇伟大的作品，既带有鲜明的"中国特色"，又具有西方史诗的一些特质，交融贯通，气势磅礴，成为文学史上不朽的绝唱，这就是屈原所写作的《离骚》。人们评价它是"词赋之祖"，是"惊采绝艳，独步古今"，真是"如怨如慕，如泣如诉，屈子之情生于文也；忽起忽落，忽断忽续，屈子之文生于情也"。①（王邦采《离骚汇订》）而近代著名诗人苏曼殊则说的更直接："一个人在三十岁前不读《离骚》，是应该死的，没活气了。三十岁以后，读了《离骚》也不能替国家死，也是没有活气的。"原因无它，就在于《离骚》中所具有的浓烈的爱国感情。

---

① 王邦采《离骚汇订》序，光绪庚子广雅书局刻本。

　　《离骚》并不是英雄史诗，讲的也不是战争搏斗、死于沙场这样的英雄事迹。但《离骚》是具有神话意味的叙事长诗。它长达三千多字，讲述的是屈原心灵的游弋与斗争。其中的叙事有一定的脉络，但与叙事诗不同，是为了抒情的需要而出现的，并非像小说或史传一样有着严密的先后次序，《离骚》中的叙事，是服从于屈子写作时心境的转变的。"离骚"，从字面上看，也就是罹忧、遭忧，是屈原中年时期在政治上遭到挫折后，而写下的感慨之作，通俗来说，就是因为忧患而发牢骚。当时的屈原，虽然遭到打击和排挤，对楚国非常失望，但又并不像后来那样被流放，而是还停留在政治决策层中，处于"比上不足，比下有余"的位置。面对困境，是挂冠离去，还是艰难奋斗，是屈原当时苦苦思索的问题，他也在这中间摇摆不定，多次进行激烈的思想斗争。《离骚》的故事就是对这种思想斗争进行浪漫主义的描写。

　　由于屈原在写作时正处在这样复杂的政治环境与心理波动下，也影响到了他的写作，使得《离骚》虽然文采飞扬，极易动人，但却并不好读。清代王邦采《离骚汇订·自序》说："洋洋焉，洒洒焉，其最难读者，莫如《离骚》一篇。"根据姜亮夫先生《楚辞今绎讲录》的总结，古今给《离骚》进行分段的居然有 95 种之多。笔者谨根据通行的说法，略加综合与发挥，来介绍《离骚》的大致内容。

　　《离骚》的第一部分，是从开头到"虽体解吾犹未变兮，岂余心之可惩"。开端的四句，是介绍屈原自己的祖先、家世和自己的基本情况，在本书的第二章已经有所介绍，此处不再重复。在概括讲述了自己的"内美"与"修能"后，屈原刻画了自己在诗里的形

象。诗中的屈原，他佩戴着江离和香芷，采摘兰花枝和香草，既具有闲情雅趣，又有着芬芳高洁的德行。但草木总有零落的那天，肃杀的秋天终会到来。正如自然规律的变化一样，楚国正陷入危机之中，在现实政治上从"春天"进入了"秋天"。这时候作为楚国贵族的屈原到底该怎么办呢？他愿意为政治的改良而前后奔走，把楚国引到康庄大道之上。但这种努力却由于楚王的反悔而全部失败。屈原当年培养的人才背离了他，就像种植的香草被侵蚀一样，不再芬芳，也不再高洁。而奸佞小人就像杂草一样蜂拥而起，不断攻击屈原，蚕食一切高洁的植物，让他陷入前所未有的困境，陷入深挚的痛苦和哀伤之中，被整个政治圈彻底地孤立起来。屈原却仍然没有变化，他早上饮木兰滴下的露水，晚上吃秋菊的花瓣，佩戴起香蕙，吊起一株胡绳草。同时代的人不理解他这是在干什么，只有屈原自己知道，这是古代明君贤人的装扮，他只有自己坚持自己，同时也是在默默地继承历史。继承历史，同时却是远离现实。露水与菊花瓣都不是世俗的食物，而屈原品尝这些，不就"不食人间烟火"了吗？不与凡人共食，自然也就不会有世俗的忌讳，而可以追求到超越的境界，勇敢地保持住自己的高洁。

但是，小人们仍然不肯罢休，他们扯断了屈原的帽带，辱骂他的卓尔不群，竭尽所能向楚王诋毁他。陷入穷途的屈原怎么办呢？他忍辱抑志，认为宁死也要保有自己的高洁名誉。他要"伏清白以死直"，就算是用死亡来向楚王和世人证明自己的清白，他也在所不惜，毕竟这是历代圣贤所佩服的事情。不过，这时候还只是一种牢骚，并不会要付诸实际行动。他后悔自己没有看清前进的道路，后悔自己迷失了方向，陷入了污浊的政治斗争。从政不成，屈原便

退而求其次，决定"复修吾初服"，字面意思是修整自己的衣裳，但却暗含着一种象征意义，就是屈原以衣裳为象征，借此表达自己志向品行的高洁不容侵犯。他说"唯昭质其犹未亏"，自己美好的本质是圆满的，一点也容不得污浊和破坏。世上的其他人可以喜欢很多别的爱好，但屈原只喜欢修洁，只重视自己的人格修养。不过，这种完美无缺注定不会在人世间出现，人间的世俗充满了庸俗和污浊，往往不随人的主观意志而改变，也就必然会污染屈原这样人的高洁。这令屈原难以忍受，但他却立志永不改变，这就注定了他的命运，即：不容于当世。以上第一段是屈原对自己现世生活与志向的自述。在诗里，屈原讲述自己的身世和志愿，并感慨现世对他的限制和打击。这种对现世污浊的无可容忍，标志着屈原必将超越现世，而到自己梦想的世界进行一番"逍遥游"。

第二段是从"女嬃之婵媛兮，申申其詈予"至"怀朕情而不发兮，余焉能忍此终古"。

女嬃，很可能是一位与屈原关系密切的，在现实生活中存在原型的女子。东汉的袁山松认为女嬃是屈原的姐姐，他还说："（秭归）县北一百六十里有屈原故宅，累石为室基，名其地曰乐平里，宅之东北六十里有女嬃庙，捣衣石犹存。"

"步余马于兰皋兮，驰椒丘且焉止息"图

其他的，如宋代学者朱熹认为是屈原的宠妾，当代学者郭沫若则认为是女伴，说法很多，由于没有详细的记载，所以至今还没有定论。

但可以确定的是，女嬃是一位比较贤德，有相当的知识，而且非常关心屈原的女子，而且人们多相信实有其人。女嬃知道屈原的心意，对他半是数落（当然是善意的），半是劝解。她劝屈原说："你为什么要这么耿直，这是会惹祸的。鲧就是因为过于婞直而遭灾，最终惨死在羽山的。现在所有人都如此污秽堕落，为什么你唯独要选择特立独行呢？"

"女嬃之婵媛兮，申申其詈予"图

这种劝说，与《渔父》中渔父对屈原的劝诫意思相近。但这种劝说并非希望屈原成为一个乡愿。所谓乡愿，是貌似忠诚谨厚，却与流俗同流合污的伪善人、伪君子。金庸小说《连城诀》，里面"落花流水南四奇"中的花铁干就是一个典型的乡愿。花铁干是鹰爪铁枪门的掌门，平时以侠义自居，是江南武林中的领袖人物。但在藏边雪谷一战中，他失手杀死了结义兄弟刘乘风，又亲眼目睹陆天抒与水岱两位义兄弟在血刀老祖手中一死一伤，在贪生怕死的心态下，他内心中的卑鄙一面彻底爆发，突然变成了一个极端卑鄙无耻的人。除了向血刀老祖叩头求饶之外，在雪谷中，他为了生存，不但吃掉了水岱之女水笙的白马，还将结义兄弟的尸体吃掉，穿上了他们的衣服。为了保全他的"侠名"，他企图杀死水笙及救命恩人狄云灭口，暗害失败后又向其他武林人士污蔑水笙的清白，借此来维护自己。他最终在天宁寺古庙中，与小说中的诸多反派人物一

起哄抢所谓的"大宝藏"，最终死于珠宝上涂抹的极剧烈的毒药——那正是前人为贪婪之徒准备的惩罚。

孔子说，"乡愿，德之贼也。"[1]这句话用来形容花铁干这一类的人，真是再恰当不过了。女嬃虽然期望屈原放弃一些自己的个性，但决不会希望屈原成为那样的人。女嬃的劝诫，大抵是劝屈原成为一个宁武子一样的"愚人"。

《连城诀》大宝藏

宁武子是春秋时期卫国的大夫，孔子评价他说："宁武子邦有道则知，邦无道则愚。"意思是说，宁武子在国家有道的时候就发挥他的智谋，国家无道的时候就假装愚笨，来保全自身。这种明哲保身并不需要迫害别人，虽然也是"八面玲珑"，但只是保全自己的一种手段，而不会因此来牟取利益，危害社会，并没有什么坏处。在国家无道的昏暗之世，这种做法很大程度上也是无可奈何，毕竟个人的力量是有限的，既然无力改变现实，那么就只得改变自己。宋代文学家苏轼天才超逸，少年得意。从政之后，他特立独行，坚持自己的观点，但却深陷党争之中，先后被新党和旧党排挤。他的命运坎坷，政治生涯也很不顺利，多次遭到贬谪，最远的一次被贬到儋州，也就是现在的海南，是宋朝最不发

① 《论语·阳货》。

达的地区。晚年谪居，他写下了一首《洗儿诗》："人皆养子望聪明，我被聪明误一生。惟愿孩儿愚且鲁，无灾无难到公卿。""洗儿"风俗就是今天的"洗三"，是婴儿出生三天之后，为他沐浴，并邀请亲友祝吉，以洗涤污秽，消灾免难。苏轼在诗中，却希望自己的儿子"愚且鲁"，就是有感于当时政坛党争太烈，有才干的人都受到了打击，平庸无能的人虽然平平淡淡，却不会遭到妒忌，也就不会受到冲击，乃至能够身居高位。苏轼有感于自己太聪明，为人又慎独，所以遭到打击，写出这样愤激不恭的诗，乍看上去是对儿子的愿望，实际上仍然是一种牢骚，表达对政治、对社会的不满。苏轼对自己的文章学问都很自信，也知道正是因为这些杰出的才能，才使得自己遭到了各种不幸。

当年，险些让苏轼丧命的"乌台诗案"结束，苏轼刚刚脱险出狱，他就写下了一首诗："平生文字为吾累，此去声名不厌低。塞上纵归他日马，城东不斗少年鸡。"他感慨平生的文字连累了自己。最后一句的"少年鸡"指的是唐代的贾昌。贾昌少年就擅长斗鸡，受到了唐玄宗的宠爱，而任宫廷的弄臣和伶人，这一句的用典，引申是暗指朝廷当政的都是小人，是宫廷中的弄臣和优伶。从品德修养的角度来看，可以说，苏轼就是宋朝的屈原，他们的人格在本质上是相通的。但苏轼毕竟是一个三教合一的人，道家和佛家的思想排解了他的忧虑，让他虽然屡遭贬谪，仍然能够有一颗快乐的心，坦然面对一切挫折与苦难。而屈原则是一位纯儒，一位纯粹的诗人，他有着正大不屈的气概，这是他的伟大之处。但他的伟大并没有为他带来现实的成就，而是让他颠沛流离，最终愤然弃世。不过，若是没有这样超越功利的伟大，我们的民族又哪里会有《离骚》这

样的伟大作品，文化的血脉又何以维系呢？

可惜，女嬃虽然是一位了解屈原的贤人，却不能完全了解屈原的孤独。屈原毕竟是不能走女嬃建议的这条道路的。他感慨道，圣贤有德行，才能够成就事业；庸主昏君淫乱庸碌，历史注定了他们的失败。他引述了几个故事来说明他的观点。少康、后羿一直到夏桀、殷纣，都是荒淫佚乱，导致覆国殒身。而大禹、商汤、周文王等，就都选贤举能，讲信修睦，从而成就了一番事业。这就是历史的发展规律，"人能弘道，非道弘人"，优秀的明君贤臣，可以建立伟大的治世。但历史现实与屈原的梦中理想，不啻方枘圆凿，有着天壤之别。屈原作为这么一个不合时宜的人，对此有着深深的悲剧感。他决定沿着湘江逆流而上，去找大舜的灵魂，去陈说自己的内心。

传说中，大舜葬在长沙零陵界内的九嶷山，被楚国人看作政治教化者的象征。正如楚人与凤有着密不可分的联系一样，大舜与凤也是渊源颇深。《古孝子传》说："舜父夜卧，梦见一凤凰，自名为鸡，口衔米以食己，言鸡为子孙，视之，乃凤凰，以黄帝梦书占之，此子孙当有贵者。"[1] 这样看来，舜就是凤的化身了。

更有趣的是另一个有名的传说故事。舜年轻的时候家庭不和，他的父亲瞽叟，与弟弟象同谋，想要杀死舜。他们让舜去修补仓库的屋顶，然后瞽叟在下面放火烧仓库。幸好舜之前听从了妻子的建议，穿上了鸟的衣服，从火里飞了出来（一说是舜用斗笠当翅膀，飞了出来）。刘毓庆先生认为，这个故事的原型应该是"火中生

---

① 茆泮林辑《古孝子传》，《丛书集成初编》第 3354 册，页一。

凤"，也就是舜代表的图腾就是凤凰。舜的子孙所在的方国，"鸾鸟自歌，凤鸟自舞"，这句话也可以看出来舜不仅仅是凤凰的化身，还在乐教上有重要的贡献。

孔子就说过："昔舜造《南风》之声，其兴也勃焉，至今王公述而不释。纣为北鄙之声，其废也忽焉，至今王公以为笑。"这里把舜与商纣对比，表现出《南风》（也叫《南风歌》）是南方音乐教化的代表。《礼记·乐记》说，"舜作五弦之琴，以歌《南风》"，今天传下来的《南风》的歌词是这样的："南风之薰兮，可以解吾民之愠兮；南风之时兮，可以阜吾民之财兮。"意思是说："南风温和地吹拂，可以解除人民的愁苦；南风按时令吹拂，能够让人民的财物丰富。"这首诗或许经过了后人的润色，但大体上是一首上古流传下来的制作。司马迁在《史记》中评价说，"舜歌《南风》而天下治，《南风》者，生长之音也。舜乐好之，乐与天地同，意得万国之欢心，故天下治也。"① 评价是非常高的。事实上，大舜并非只有这一次才出场，他在《离骚》中有着多次或明或暗的表现。比如，后面的诗中写道："奏《九歌》而舞《韶》兮，聊假日以娱乐。"《韶》也是传说中大舜的乐曲。《尚书》说，舜之《韶》乐九成，"凤凰来仪"，是吉祥的预兆。孔子评价《韶》，说"尽美矣，又尽善矣"，认为这才是乐教的典范。乐教与礼教不同。礼教是通过外在的行为规范，来限制、管理人的行为，使之符合当时社会通行的道德原则。这种礼教在任何时代都是有积极作用的，但不免具有时代局限性，如果长期沿用不迁，就难免会发生"封建礼教吃

---

① 《史记·乐书》。

人"的类似事件。而乐教则并没有这种缺陷。孔子说"成于乐"，乐是古代中国人成就人格的一个重要环节。乐教的精髓，在于能够影响人的心灵，把人生而具有的求善、求美的感性潜能发挥出来，从而达到和谐美好的境界，具有"仁"的超越性价值。

屈原向重华（大舜）陈词，也就是向楚国最伟大的教化者，也是凤凰图腾的前代圣人陈说自己心中的焦虑。他隐隐地把这位上古的圣人作为他政治上的同调，希望与他有所共鸣。重华没有在诗里回答屈原，但他的答案显然是不言而喻的。事实上，这哪里是屈原与女媭交谈，向重华陈词，只不过是屈原将他内心的激烈斗争，假托于女媭、重华而表达出来而已。可以想见，屈原当时虽在"不惑"的壮年，但面对自己遭受的政治挫折，预见到楚国即将面对的困境，不免心生疑惑和忧虑，不知道自己应该何去何从。在现实中，他的知己很少，只有独力奋斗，解答这些困惑。而在《离骚》诗中，他便假借女媭、重华之口，来表达自己在宁武子和彭咸之间的游移不定。

在陈词完成之后，屈原开始了一场神游。这既是屈原幻想出来的一次纯粹精神的游历，更是屈原幻想在神界的一次旅行，屈原从日常的"人间"上升到了理想的"神界"。清晨，他从那南方的苍梧之野起程，傍晚，就到了昆仑山下的悬圃。羲和为他按辔徐行，月神望舒为他充当向导，风神飞廉紧紧地跟随。凤鸟鸾皇展翅飞

翔，为屈原开辟前路，这是多么气派的场面！但屈原巡游天宫，却不得其门而入。天宫的守卫倚在门口，只是望了望，并不为他开门。日色已暗，实在是不得已，他便上下求女，回到下界人间，希望能有女子来了解他的内心。他找了美丽的宓妃，却发现这个美人没有修养，于是便放弃了追求。他又看见了有娀氏的美女简狄，希望向她倾吐衷肠，但却无可转达，于是陷入了痛苦之中。

诗的第三段，从"索蔓茅以筵篿兮，命灵氛为余占之"开始，一直到全诗的结尾"吾将从彭咸之所居"作为结束。屈原陷入求女不得的痛苦之后，便取来了灵草、竹枝，请著名的占卜师灵氛为他占卜。这种占卜方法又叫"挺专"，是楚越间用灵草编结在断竹枝上的占卜方法。这种占卜属于"草卜"，与彝族的占卜方式或许有点类似。彝族的占卜，流行于云南武定、禄劝等地。取稻草8根，中腰系线然后任意将草之两端两两相结，再解去腰线，将草展开验其形，卜定所问之事。一般多用于合婚，比如展开后草结连环则示姻缘并蒂之兆，不连结则主散异。灵氛的占卜方法恐怕与此不会完全相同，但或许出于同一源头，有某种关系也说不定。

屈原占卜的是"求女之事"，实际上，这里的"女"主要指的是楚国国君，即楚国国君能否再信用他，在这种情况下他应该怎么办。当然，求女也可以理解为泛指寻找一切知音，只不过知音当中，曾经信用过他、而且地位最为重要的就是楚怀王了。灵氛占卜之后说的话是这样的："曰两美其必合兮，孰信修而慕之？思九州之博大兮，岂惟是其有女？曰勉远逝而无狐疑兮，孰求美而释女？何所独无芳草兮，尔何怀乎故宇？"这是一个吉卦，核心意思是"两美必合"。具体的意思是说，忠臣应该跟随明君，才是两全其美，楚

国哪有这样爱慕忠诚正直的人呢？天下这么博大，难道只有楚国这里才有好的君主吗？你还是远走他国吧，不要犹豫，只要是贤明的国君，一定会重用你的。天涯何处无芳草，你何必在这家门口死死守着呢？这恰好与孔子的周游列国是相似的，行走天下，只是为了寻找一个知音，实现自己的政治理想。

屈原听了，想到楚国幽昧无明的现状，人们是非不分，他们不喜欢美玉香花，却把污土恶草放进囊中，于是对灵氛的劝说动心了，但他进一步又想到，楚国固然不足与谋，但是楚国之外又怎么样呢？恐怕依然是幽昧不明的情况吧，那自己岂不是一样孤独吗？因此屈原又并不坚定相信灵氛的劝告。他听说晚上巫咸要从天而降，非常兴奋，带着精米、花椒作为祭神的祭品，向他求教。这是一次降神仪式，与占卜神的意志不同，这次请教将会直接得到神意的指导。巫咸讲的是古今君臣遇合的大道理，他列举了五对例子，分别是：商汤与伊尹，大禹与皋陶，武丁与傅说，周文王与姜太公，齐桓公与宁戚。他的意思是说，"苟中情其好修兮，又何必用夫行媒？"只要你屈原有着姣好的品德修养，并不用费尽心思去谋求明君，即使是身在草野，明君也会找上门来，与贤臣共同成就一番事业的。但屈原当时正处在贬谪的困境，处在虽有高洁品行，却不被人理解的孤独状态，这种劝说无疑是"在一个饥馑者面前摆上一道宴席"，反而给诗人一种可望不可即的感觉。于是屈原放弃并开始

否定自己之前等待明君的想法，准备趁着自己还在壮年，楚国形势也没有大坏，还有挽回机会的时候，重新振作努力，力图拯救这种逐渐恶化的现状。实际上，屈原未必真的进行了两次占卜，这只不过是他内心两种想法的激烈碰撞，而借神的口表达出来而已。

屈原的努力是听从灵氛的"吉占"，趁着自己还在壮年，品行还没有被污浊同流，重新踏上"求女"即求君的道路，周游上下，离开楚国，"自己放逐自己"，但同时也是再次创造自己的辉煌。他选定吉日良辰，折下琼枝作为珍羞，舂好玉屑作为干粮。把腾飞的神龙当做是乘车的坐骑，用美玉和象牙装潢车马。

这次远行是屈原的一次自我放逐，在精神困顿中，他选择远去楚国，来寻求新的突围与解脱。但这次突围并不是凄凉败落的，屈原在现实中是困顿的，但他的精神食粮依然富足，对他的精神之旅充满了希望。这次远游转向了西方的昆仑，诗人在不周山的时候左转，一路直奔西海。车辆成千，列着队伍，玉制的车轮隆隆作响，车上面驾着几条蜿蜒的神龙，车上的云旗在云端飘扬。"奏《九歌》而舞《韶》兮，聊假日以娱乐。"这个时候，屈原唱起了作为"天乐圣歌"的《九歌》与《韶》。不必再用语言多说了，诗人已经完成了他的精神突围，达到了一种其乐无穷的飞腾境界，他的喜悦是溢于言表的。

但是，欢乐却是短暂的，就在这个"乐极"的时候，诗人刚刚升上云端，到了赫赫皇皇的天宇，地面上却升起了皇考先王的灵光，屈原猛一回头，便看见了远逝的故乡。这个时候，诗人的仆人悲戚落泪，骏马亦彷徨不前，蜷曲四顾，不忍继续前行了。这里说是仆人与马，实际上正是诗人不忍远去故乡的表现。故乡虽然是污

浊的，但却是自己生于兹长于兹的地方，蕴含了自己的数十年的生命，怎么能轻易就远离呢？这正是希图离开"骚"的愁、而又在离开的过程中遭遇了新愁啊！

那么，屈原到底是离去了还是没有离去呢？全诗在此戛然而止，并没有进行解答，只有五句"乱曰"作为结尾。所谓"乱"，并不是混乱，三国时期吴国学者韦昭说："凡作篇章，篇义既成，撮其大要为乱辞。"也就是说，诗的全篇大义已经完成了，"乱"就是对诗意梗概的总结。"乱曰"说的是什么呢？"已矣哉！国无人莫我知兮，又何怀乎故都！既莫足为美政兮，吾将从彭咸之所居！"唉！楚国没有贤人知道我的忠信，我又为什么怀念楚国呢？楚君无道，不足以施行善政，我还是去寻找彭咸的居处吧！前面两句很好理解，是接续前面"远游"的精神突围来谈，表示了诗人寻找新乐土的想法。但最后一句，由于"彭咸"到底是谁，目前并没有找到历史上的记载，所以导致了理解上的歧义。东汉王逸在《楚辞章句》里，认为彭咸是商代的贤人，因为"谏其君不听"，所以自己投水而死，屈原正是效法的这位臣子，从而自沉汨罗江。但这种观点带有很大程度的反推臆测的因素，是根据屈原的死因，来猜测彭咸的事迹，所以并不足以服人。也有说法认为彭咸是巫彭和巫咸的合称，本书的第二章已经有所引述。这种说法比王逸的猜测证据稍微多一些，但也有一些疑点，难说是

定论。

屈原对彭咸的仰慕是显而易见的。在《抽思》《思美人》等篇中，屈原也称述了彭咸，表达了对他的倾慕和思念。我们笼统地认为，彭咸是一位贤人，他是屈原眼里的政治和道德方面的楷模，应该是符合事实的，他并不一定有投水自杀的事迹。根据宋代学者郑樵的《通志·氏族略》记载："彭氏即大彭之国，在商时为诸侯伯。古祝融氏之后，有陆终氏，六子，第三子彭祖建国于彭，子孙以国为氏。"① 那么彭咸不管是不是彭祖或是彭祖的后代，都很可能与彭祖有着很大的关系，与楚人一样也是祝融的后代，具有某种亲缘关系。这就难怪屈原对他推崇备至了，除了道德楷模之外，还有一种血缘上的亲近感。

但我们考证彭咸的情况，似乎并无益于对最后一句诗的理解。所谓"从彭咸之所居"，到底是说跟着彭咸远游乃至自杀去了，还是屈原停止远游，又在故乡附近游弋不定呢？从"乱曰"的文气来看，似乎远游的可能性更大一些；但从诗的最后，"仆夫悲余马怀兮，蜷局顾而不行"，屈原似乎又没有下定决心远游，从他的最后抉择中看也是这样。这里，我们不妨放下"真相只有一个"的成见，在这里留下一点想象的空间。屈原欲远游而又不忍远游，是公认的事实；他的精神曾经远游，而肉身却并没有真正实施孔子式的周游列国，也白纸黑字地有着记载。可以看出，即使是屈原本人，在这个问题上，也存在着很大的分歧。他的两次占卜中，灵氛劝他远游是吉利的，屈原也听从了；但具有更高地位的巫咸"神的声

① 郑樵《通志二十略》，中华书局，第72~73页。

音"，却并没有对此加以鼓励。占卜与求神都是文学的语言，其本质是屈原在远游与否这个问题上游移不定，自己产生了严重的冲突乃至分裂，从而在文学中表现出灵氛、巫咸与屈原的不同观点对话。

那么，连作为作者的屈原本人对此都并没有给出明确决绝的答案，或许他自己都不确定自己的真实想法，后世的我们何德何能，能够理解屈原的真实意图？那么在现有资料不足的条件下，就不妨"多言缺一，慎言其余"，两存其疑，各是其是，只要体会到屈原精神上的激烈冲突，体会到他的诗心，就不枉我们读了一遍《离骚》，不枉与屈原一起做了一番精神上的远游。"一千个读者就有一千个哈姆雷特"，我们不妨在这里不做解读，不做判断，多留下一些想象的空间吧！这时候，《离骚》并不仅仅是一首抒情诗，仿佛更是一首叙事诗，一部小说，留给人们一个无穷遐想的结局。

——生存还是死亡，这是一个问题。远游则生，恋乡则死。

我们伟大的诗人，屈原，他到底是走还是不走？

二、从"逍遥游"到"无路可走"

"我是肉体的诗人，也是灵魂的诗人；我占有天堂的愉快，也占有地狱的痛苦。"——华尔特·惠特曼

《离骚》虽然在走和留的十字路口终篇了，屈原的文学书写却没有终止。在另一首《远游》中，屈原对这个"欲走还留"的问题表达得似乎更加明白。虽然有些近代学者如廖平、郭沫若等，对屈原的著作权表示怀疑，认为是唐勒或者某位屈原后学所写，但大部分学者对此是深信不疑的。正如姜亮夫先生所说，"从整个屈子作品综合论之，《远游》一篇正是不能缺少的篇章"，"《远游》是垂

老将死的《离骚》"，《远游》一篇，实际上某种程度是《离骚》的续集，也是《离骚》所写远游的进一步具体化，使我们能够更加了解到屈原的内心，尤其是屈原暮年的心灵感悟。在诗中，屈原接续了《离骚》的话题，而用他更丰富的历史、哲学知识来抒怀，显示出屈原虽然是一位文学家，但却是博学多识，对各家的思想学说都无所不窥的。

全诗以"悲时俗之迫阸兮，愿轻举而远游"为开头，开门见山，上来就讲远游的原因是世俗污浊，迫害了诗人高洁的本性。在描写了天宫丰富的所见所闻后，屈原与《离骚》中一样，写下了这样的句子："涉青云以泛滥游兮，忽临睨夫旧乡。仆夫怀余心悲兮，边马顾而不行。思旧故以想象兮，长太息而掩涕。"这与《离骚》结尾部分的"陟升皇之赫戏兮，忽临睨夫旧乡。仆夫悲余马怀兮，蜷局顾而不行"大体是同一意思，甚至字句上还多有相同处。有人认为这是屈原对自己的重复，属于一种败笔，但若非这种笔法，我们怎能将这两首诗连贯在一起，从而读出屈原从中年到老年的心理变化呢？

但在此之后，屈原则没有停笔，仍然继续写下了自己的心路历程，这里是《离骚》没有写到的。"泛容与而遥举兮，聊抑志而自弭。"屈原在《远游》中，终于压抑住了思乡的情怀，继续开始逍遥的远行。最终，屈原周游四荒八漠，拜访仙人。他有志寻找赤松子、高阳氏、乃至轩辕黄帝学道，却因难以高攀，退而跟随王子乔。王子乔是传说中黄帝的后裔，王氏的始祖。他是一个洒脱不凡的人，西汉刘向的《列仙传》里这样描写他："王子乔者，周灵王太子晋也。好吹笙，作凤凰鸣。游伊洛之间，道士浮丘公接以上嵩高

山。三十余年后，求之于山上，见桓良曰：'告我家：七月七日待我于缑氏山巅。'至时果乘白鹤驻山头，望之不得到，举手谢时人，数日而去。"[1] 屈原与这样的王子乔学道，就是脱离了对政治哲学的孜孜渴求，而一变为对自由闲适心态的向往。他跟着王子乔学习吐纳精气的方法，学习《庄子》中谈到的那些虚静之法。然后他又出发，向着丹邱仙境前行，在神仙的不死之乡暂停。这里阳光温暖，桂树茂盛，山里安静，连野兽都没有，适合人的居住。他"朝濯发于汤谷兮，夕晞余身兮九阳。吸飞泉之微液兮，怀琬琰之华英。玉色頩以脕颜兮，精醇粹而始壮。质销铄以汋约兮，神要眇以淫放"。早上，屈原在汤谷洗头发，晚上晒着太阳。饮用着飞泉的琼浆，珍藏着良玉的光芒。在这里，屈原脸色光泽滋润，体魄健壮，神气悠闲，与之前那位"长太息以掩涕兮"的诗人是完全不同了。

屈原又上浮到天宫去，参观天庭的缥缈景致。他从太极殿驾车出发，车上云旗摇曳，龙身蜿蜒，又有成千上万的马车追随着他，车队绵绵不绝，气魄真是很大。在风神飞廉、雷神丰隆、文昌六星等的陪伴与向导下，屈原先后拜会了东方的木帝、西方的金神，又召来北方的玄武之神从游随驾。

在美妙而玄幻的天宫之旅中，

王子乔图

---

① 王叔岷《列仙传校笺》，中华书局 2007 年版，第 65 页。

阴影终于飘来。"涉青云以泛滥游兮，忽临睨夫旧乡。仆夫怀余心悲兮，边马顾而不行。思旧故以想象兮，长太息而掩涕。"如同《离骚》一样，屈原又想起了人间，想起了故乡，并不由得为之落泪。这算是本诗的一大顿挫。一霎那间，屈原再次从乐到悲，终究没有做到所谓的"忘情"。但这样的眼泪只是一时的。屈原仍是坚持住了"逍遥"之心，继续游历天宫的南与北。天宫之南是九嶷山，他在此落脚，听着娥皇女英歌唱的乐曲，看着海神河伯的跳舞，一时间精神又稍稍舒展。不过，为了游历的完整，他又飞速奔驰到充满冰川的北方，草草作了一番流览。

四方游历已经完成，一切的美好与荒凉都已收入眼底，但何处才是落脚地，最终屈原去了哪里呢？诗的最后写道，"超无为以至清兮，与泰初而为邻。"屈原超越无为清净的境界，与泰初为邻去了。泰初，又称太初，就是天地发生前的时期，代表着至清至善，无以复加。或许，这首《远游》，大概就是屈原暮年的一场大梦吧。诗人先是像《离骚》等诗写的一样，超越了俗世的纷纷扰扰；接着又超越了儒家对政治的投入，转向庄子乃至神仙之学，来进行另一方面的修身。从屈原的其他诗作来看，即使是作为绝笔之作的《怀沙》《惜往日》等篇，他也并没有像《远游》这样明确地舍弃了对政治的感慨。我们不妨猜测，这正是屈原年老体衰之时的一场梦，在梦里，他逐渐减去了醒时的沉重，重新向充满神秘与愉悦的神仙之说进发，并梦见自己取得了相当的成就。以往只是作为潜流的神仙传说，突然失去了儒家思想的压制，于是纷纷飞入屈原的梦境，给他以片刻的闲适与自足。梦忽然将醒了，屈原在尽情的欢愉之中，忽然回想到了现实的不如人意，这令他的天宫之旅虽然还能继

续，又只得匆匆结束。梦醒了，诗人再次超越"有声有色"的天界，声称要向泰初至清之境进发。不过，这个泰初之境，是庄子的泰初之境呢，还是屈原自己的泰初之境呢？或许，这也暗指着屈原即将终结自己的生命吧？

在《远游》中，屈原大量运用了庄老之学的道家术语，应该是他老年受挫时候的思想新变。因此，要想了解《远游》的真正意涵，就应该从庄子的学说出发，开始进行一番思想上的追索。或许我们应该从庄子的学说开始分析，从而"曲线救国"，慢慢地逼近屈原。庄子并非屈原，但是他们两个却在某种方面有着独特的互补，虽然表面上大有不同，但却有很多内在的近似点。"庄骚两灵鬼，盘踞肝肠深"（龚自珍），二者在文化上是可以互补的。

关于庄子，虽然他的生平也一样没有太多资料，但在他的思想上，我们也有很多可谈的内容。庄子名周，战国时期宋国蒙（今河南商丘，一说安徽蒙丘）人。据说，庄子的先世是楚国的贵族，后来因吴起之变受到牵连，所以迁到宋国来的。庄子做过漆园吏，对于这个官职，一说是漆园这个地方的小官，另一说是负责管理"漆"的小官。漆，可能

庄子像

是漆树，也可能是漆树汁，是做漆器的主要材料。庄子家世是楚国的贵族，在家庭教育下"为学无所不窥"，但在完全依赖血缘公卿治理的宋国却只是偶然当过小官，他对现实政治却是非常不满的。而不能回到楚国，也使得他只能成为一个流民。自然，在他失败的

政治活动中，对政坛王侯都难以留下什么好印象，难免是要大加挞伐，用傲然之笔来面对他们了。

最终他还是退而著书，留下了《庄子内篇》七篇，分别为《逍遥游》《齐物论》《养生主》《人间世》《德充符》《大宗师》《应帝王》，共十余万言，成为一套文学水平卓越，理论思想深刻的体系。庄子的后学与道家相关学者积累、编纂了《外篇》《杂篇》的几十篇文章，附在《内篇》之后，开始共有五十二篇，今存三十三篇。这里面，以《内七篇》是庄子的作品，最为重要（《外篇》《杂篇》中也有一部分是庄子所写，或代表了庄子的思想，但难以确定）；《内篇》中又以《逍遥游》《齐物论》两篇最为核心。

今天，我们往往将老子和庄子并称"老庄"或者"庄老"，认为两人同属道家学派的思想先驱。但近代以来，对老子、庄子著作的真伪，尤其是老子、庄子二人的时代先后有着很大的争议。由于文献的不断出土，这些问题现在已经基本解决，但这个问题在上个世纪前50年有着剧烈的争论。即使为学博闻正大如钱穆先生，也犯下了过分疑古的错误，认为庄子在前，老子在后，并且在学界有着非常大的影响，一度从者如云。根据近几十年考古发现的资料，《老子》（《道德经》）在前，应属铁证。

古代君王上朝的时候坐北朝南，也就是"南面"。所谓"君人南面之术"，正中《道德经》或道德家思想者的核心问题，即他们谈的并不只是后来人们津津乐道的"宇宙论""本体论""玄学"，更有相当大的篇幅是谈的非常现实的政治问题，即君主怎么实施与维护其统治。与儒家"内圣外王"的君子统治哲学不同，道德家给出的答案是：无为而治。无为的关键是要求君主的外在表现是不说

话，不做事，具体的事情交给下面的臣子去做，但是君王并非如同当代的"君主立宪制"一样，把自己完全架空，成为一个甩手掌柜，而是要"鱼不可脱于渊，国之利器不可以示人"①，把自己的政治哲学神秘化，让人无可琢磨，从而让臣下百姓不能知道政治的秘密，用秘密的方法来保全自己的权威，显得深不可测。

但《道德经》在演绎中，后代学者多注重其中的宇宙论、本体论片段，来阐发玄学思维，为之注入了新的生命。但这即使不算违背老子原意，也是与他的主要治学旨趣背道而驰的。这种继承，就像中国古代文论说的那样，"作者未必然，读者未必不然"，后人曲解（或有意忽视）了《道德经》的核心，不再从政治哲学上进行解读，反而赋予了它更强大的哲学生命力，使得这短短的五千言，至今仍被人们所阅读、思考，这并不是一件坏事。但是，从它的本意来说，痛恨现实政治的庄子与这种思想完全沾不上边。说庄子为学无所不窥，他研究过《道德经》，接受了《道德经》里有的一些思想术语（这些术语恐怕也未必是《道德经》才发明出来的，可能有很多是沿袭已久的名词），并且改头换面融为己用，这是可靠的，我们也能够发现很多显证；但认为《道德经》到《庄子》一脉相传，则是后世对于《道德经》和《庄子》两部奇书的误解了。而在这种误解之下，"黄老之学"变成了我们今天更加熟悉的"老庄之学"，甚至进而变成了太上老君和南华真人的道教。

除此误解以外，学者往往只看到《庄子》一书中批判儒门观念，甚至矮化、丑化儒生，因此认为庄子是反儒家的。受到这种表

---

① 钱穆《庄子纂笺》，第90页。

面现象的蒙蔽，就往往忽略了庄子背后的本质——即庄子也是一个深受儒家思想影响的学者。这个问题，唐代的韩愈自负继承儒家"道统"，他经过分析，论述说"子方之后流而为庄周"，子方是田子方，他是子贡的学生。子贡是"孔门十哲"之一，被孔子称赞是"瑚琏之器"。子夏也是孔门十哲之一，学术水平比较高，在"文学"科排名靠前。子夏在孔子死后，来到魏国讲学，培养了大批人才，魏文侯拜他为老师，同时又拜田子方为老师，可见田子方虽然辈分比子夏为小，但学术地位恐怕并不相差太多。他对于庄子的思想是有影响的。宋代苏东坡精通三教，学问深湛，他也说："庄子盖助孔子者……实予而文不予，阳挤而阴助之"①，用近代的俗语戏谑来说，也就是"小骂大帮忙"，表面上庄子一直在批评儒家的末流，但从实质上是将儒家学说、孔子思想发扬光大。毕竟，儒家是一个庞大的学派，而且在传承中"儒分为八"，自己内部的争论也非常激烈。庄子所批评的，是其中他认为末流的派别，而又将他欣赏的派别发扬光大了。近代学者钟泰写作《庄子发微》，就是从这个角度来谈问题，虽然不免有的地方过于穿凿，因而被人质疑，但大的路数却是打开了研究庄子思想的新角度，值得我们借鉴与思考。

"天不生仲尼，万古如长夜。"孔子创立的儒家学说，代表了中国人的信仰。儒家思想一方面是一种政治哲学，另一方面也是生活哲学，是关于人的生命成长和自我完善的哲学。只有控制了自我，完善了自我，才能够向外发展，才谈得上齐家治国平天下。学者为己，只要自我得到了完善，就是一个有价值的人，而不必汲汲谋求

---

① 《庄子祠堂记》。

用世，更不必为了各种目的向别人屈尊。孔子说："不得中行而与之，必也狂狷乎！狂者进取，狷者有所不为。"孔子眼中，最高的境界是"中行"。"中行"也就是中庸，也就是孔子晚年达到的"从心所欲不逾矩"的生命状态，即精神自由境界。敢作敢为，但又不做出不应该干的事情，这就是中庸。孔子的人格就像天上最亮的北极星，让人只能瞻仰；孔子的学说博大精深，让人难以全部了解。孔门的贤弟子，"孔门十哲"之一的子贡说过："夫子之文章，可得而闻也；夫子之性与天道，不可得而闻也。"[1] 孔子并非不懂形而上的哲学，只是面对诸弟子，他认为多不是受其衣钵者，故而"因材施教"，不谈这些内容罢了。连子贡这样的"瑚琏之器"尚且不能了解孔子思想的全貌，孔子的精深博大可见一斑。因此孔子死后，他的诸位弟子对很多观点都有分歧，从而分化成不同的派别，有"儒分为八"之说（实际上应该更多）。其中最著名的一派，是孔子的弟子曾子所传。曾子传子思，子思传孟子，这一派到宋代以后，成为官方承认的学说，这种思想传承也被确定成为"道统"。思想分裂是一件好事，标志着孔子思想被不断阐释，越来越光大繁荣，桃李天下；但也是一件坏事，"道术将为天下裂"，孔子思想在各家学者的分解中，也失去了博大中正的品格，或许在某些方面变得深刻，但也会变得偏颇，如同盲人摸象，越拆分，越深入，反而越远离本质。而庄子虽然师从子夏后学，在博学一面有所接受，同时又私淑孔子最得意的弟子——颜渊，达到了"天道"的境界。这点我们从《逍遥游》中可以看得非常明显。

---

[1]《论语·公冶长》。

庄子貌似超脱，说"道通为一"，物是齐的，所以写下了《齐物论》，但仔细想来，又发现这种超脱是假的，庄子实际是一个非常激愤的人。清代学者胡文英在《庄子独见·庄子论略》中说："庄子眼极冷，心肠极热。眼冷，故是非不管；心肠热，故悲慨万端。虽知无用，而未能忘情，到底是热肠挂住；虽不能忘情，而终不下手，到底是冷眼看穿。"① 确实，倘若庄子逍遥物外，对一切无所萦怀，那么又何必在百家争鸣之外又独树一帜，批判各家学说呢？如果按照《齐物论》的说法，物是齐的，那么从这个前提，我们可以推理得出结论，庄学与非庄学、儒家与非儒家都是齐的，又何必再辨？庄子在叙述中隐隐透着一种信息，即：现有的百家争论，都是盲人摸象，是"道术将为天下裂"之后的产物，各得一面，各有偏颇，因此不能抓住事情的本质，所以是齐的，没有意义的；但我的庄学则不然，如果百家争鸣是"地籁""人籁"，是盲人摸到的象；那么庄学就是超越了你们的"天籁"，是"地籁"和"人籁"抽象得出的共同本质，也就是本来的大象。这样，庄学就抓住了最原本的"天地境界"，可以在天空中俯视其他学说，具有完满的超越性。

这种自信的态度在《逍遥游》中体现的最为明显。逍遥游，这个词在先秦并没有"自由"的意思，如果白话翻译的话，可以叫做"随意地走"。庄子在写作中，应该就是让思想随意漫游，这种方式类似于"漫谈"、"随笔"，是《庄子》中最习用的手法。文章的开头，庄子就提到"北冥有鱼，其名为鲲"。他以鲲鹏自比，然后大谈"小大之辩"，其言外之意是，我是处于高层次的学者，不被低

---

① 胡文英《庄子独见》，华东师范大学出版社 2011 年版，第 6 页。

层次的理解非常正常，读者必须上升到庄周（鲲鹏）的境界，才能
体会到"道通于一"是什么含义。而低层次的人，就像猫头鹰一
样，以腐鼠为人间至味，遇见扶摇千里的凤凰和鲲鹏，只害怕它们
来抢夺自己手中的死老鼠，丝毫想不到在这个世界上，还有更加重
要的价值值得追求。《秋水》讲到河伯望洋兴叹的故事，感慨自己
"见笑于大方之家"，见识太小，不知道大海的博大。所以庄子并非
认为一切价值都虚无，而是承认有一个"通于一"的最高价值，而
在此以下的各种断裂的价值，因为境界都不高，故而"五十步笑百
步"，是没有什么意义和价值的。由此可见，在超脱的表象之下，
是庄子的愤激，庄子愤激的本质是对低境界的不屑，同时是对自己
思想境界的极端自信，认为自己的思想境界是和鲲鹏一样的，具有
完整性。这与屈原对自己人格的自信何其相似！一位思想的鲲鹏，
一株文学的香草，在本质上，都同样有着对完满的追求。

不过，完满岂是那么容易得的？正如当代哲学家张志扬所说：
"完美如上帝一样，是人对自己的缺陷和暂时性的一种自我补偿，
或不如说自我欺瞒。……是后者因为惶惑于自身的虚无而创设出的
理想。"① 追求完满，抱有完美主义，就与充满缺憾的人生相抵牾，
必然会在现实中碰壁。有的人因此而退缩，而改变，但庄周和屈原
则没有这样做，他们选取了不同的路，来保持自己的完满品行——
或对完满的向往。庄周毕竟是无国可归的人，他退回到自己的思想
领域，在想象的寓言中维护着自己的体系。恰如俄国小说《金蔷
薇》里说的："只有在想象中爱情才能天长地久，才能永远围着一

---

① 张志扬《门》，上海人民出版社1992年版，第101页。

圈闪闪发亮的诗的光轮。"① 可惜，如爱情一样，这种存活在想象中的、理想中的"道"，在现实中是脆弱的，不但难以改变现实，发挥作用，甚至很难被人理解，最终往往只得被现实所摧残。这就是《道德经》里面所说的："上士闻道，勤而行之；中士闻道，若存若亡；下士闻道，大笑之，不笑，不足以为道。"世界上的"上士"甚少，"中士"稍微增多，但以"下士"最多。这与社会的"平等"或"不平等"无关，而是自然规律，就像考上清华北大的"高材生"、政商各界的成功人士总是少数一样。因此，大部分人是赶不上"上士"的水平的，所以能够被大多数人轻易理解的，往往也就不会是特别高深的卓见。所以，自从庄子辞世以来，甚至连能传其衣钵的弟子都没有留下，于是庄学始终湮没不彰，几乎数千年来罕有能光大其学者，反而有了无数的曲解。这一方面因为他独特的表达方式，难以被人理解；一方面也因为庄学本身就是高层次的，而高境界的思想者在任何时代都是少数派，像庄子一样的天才思想家更是百年难遇，甚至千年不出。中士读到《庄子》，或许能稍有感悟，但终究理解不会太透彻；下士读《庄子》，就只有望洋兴叹，乃至横生议论而已了。因此，庄子的影响，比起孔子、孟子、荀子、韩非子等人来说，就可以算是湮没不彰了。正如同英国政治哲学家穆勒（一译密尔）说的那样："思想家天才的火花只能在小范围内悄悄传播，并自生自灭，而永远不能以其光辉照亮社会的一般生活。"

但不管怎么说，庄子毕竟是找到了一条路，这条路虽然不能完

---

① ［俄］帕乌斯托夫斯基《金蔷薇》，上海译文出版社，第246页。

全化解他的痛苦，更难说可以救世，却让他能够在俗世中坚持自己的理想，最终高龄而终。这条路的名字就叫做"坐忘"。什么是坐忘呢？《庄子·大宗师》云："堕肢体，黜聪明，离形去知，同于大通，此谓坐忘。"[1] 也就是说，要忘却世俗社会的挂碍，直接用直觉来体验宇宙，从而达到一种超越性的境界，实现真正的自由。正如阿克顿所说，"自由的本义：自我驾驭。自由的反面：驾驭他人。"[2] 这十八个字，字字珠玑，无比精确。自由是人类文明的最高价值，自由之思想，也就必然"历千万祀，共三光而永光"。

庄子找到了一条可以曳尾于泥中的自适之路，他可以忘却现实，通过写文章来打发自己的天才，消磨人世生活的时间，而在幻想的精神境界中进行无穷的遨游。可惜的是，屈原则不能。庄子不过是一个普通的"知识分子"，一个曾经的小官（后来辞职或者退休了），他并不是重要的贵族高官，不必对政治负过多的责任——更何况，他的家族已经背井离乡，他是连国家都没有的遗民，政治理想更是无从谈起。而屈原是不一样的。他是楚国的贵族世胄，与楚王有着血缘关系；他曾经进入过楚国的权力中心，担任过重要官职，而且，当时的楚国虽然衰败，但还是一个强国，在中国的政治、军事中都有着重要的地位，不仅影响自己，更影响着整个中国的形势。因此，他出于各种责任感，对现世远不能如庄子那样超然。或者说，当局者迷，他进入了现实，参与了政治，曾经"在其位"，就要"谋其政"，虽然知道自己的政治表演已经落幕，但比起从来

---

① 钱穆《庄子纂笺》，第69页。
② 阿克顿《自由与权力》，侯健、范亚峰译，商务印书馆2001年版，第308页。

没有登台演出过的庄子，他就更难退出，更难忘情。在《离骚》中，屈原已经拔腿要走，在《远游》中已经完成了精神上的周游四方，但故乡仍然无法忘怀，他并不能走；政治理想终究不能实现，他也难以留。"司马春衫，吾不能学太上之忘情也。"所以，庄子的完满可以通过遗忘现实而实现，屈原则做不到。在这种去留两难的窘境下，屈原时时陷入痛苦之中。无法遗忘现实，就只有终结现实。于是屈原为了结束生命之痛苦与无奈，就不得不投水自杀。"只有终结才会完美"，他用终结自己的生命，做到了与现实的两忘，也达到了真正的解脱。

天才必有"病"。有病虽不好，有病加上天才却让人不得不欣赏佩服。往往，正是因为有病，才有天才的诞生。好的文学家本来就是容易心神迷乱的，他们甚至会染上精神疾病。但这种迷乱，这种"有病呻吟"，一旦变成可以打动别人的东西，就会成为不朽的杰作。苏珊·桑塔格说："像克尔恺郭尔、尼采、陀思妥耶夫斯基、卡夫卡、波德莱尔、兰波、热内——以及西蒙娜·薇依——这样的作家，之所以在我们中间建立起威信，恰恰是因为他们有一股不健康的气息，他们的不健康正是他们的正常，也正是那令人信服的东西。"[1] 不周于今之人兮，——抱石投江又何妨！

"有路可走，卒归于无路可走，屈子是也；无路可走，卒归于有路可走，庄子是也。"[2] ——刘熙载《艺概》

或许再也没有比这句话能更深刻地直入两位天才的本质了。是

---

[1] 阿克顿《自由与权力》，侯健、范亚峰译，商务印书馆2001年版，第308页。

[2] 刘熙载《艺概》，上海古籍出版社1978年版，第8页。

148

真天才往往偏激，偏激虽未必好，却必然可见真性情。庄子的偏激使他心死，屈原的偏激使他身死。"孤伟自死，社会依然，四语之中，涵深哀焉。"（鲁迅《摩罗诗力说》）这便是天才不可避免的悲剧命运。

社会如旧，滔滔江水亦如旧。但是两千多年后的我们，重读他们的文章，回想他们挥洒人生的天才风范，不禁会想，他们真的死了吗？为什么在我们的脑海中，他们的形象如此清晰？

三、《九章》：从神游到吟游

《离骚》和《远游》两篇，都是屈原精神上幻想的神游，在现实生活中，他并没有真正地完全去国，走上探访神界的道路——事实上这也不可能。但顷襄王继位以后，屈原受到令尹子兰等佞臣的谗言，遭到顷襄王的放逐，由此他被迫离开楚国国都，过上了流放的生活，这却是实实在在的历史事实。在流亡吟游的途中，他写下了峻切而抒情的多首诗篇，后人加以纂辑整理，成为今天我们读到的《九章》。与《九歌》的泛指不同，由于这是后人汇集成编的，《九章》是"名实相副"，恰恰正好有九篇，它们是：《惜诵》《涉江》《哀郢》《抽思》《怀沙》《思美人》《惜往日》《橘颂》《悲回风》（依王逸《楚辞章句》说）。现代名学者汤炳正先生根据文本内容与屈原生平，将《九章》重加编年，列顺序如下：《橘颂》《惜诵》《哀郢》《抽思》《思美人》《涉江》《悲回风》《怀沙》《惜往日》。此说虽然有值得完善的地方，但笔者认为顺序是大体可从的，比之王逸所见旧本来说，更接近屈原写作的先后顺序。

《橘颂》一篇的写作时间争议较大，这首咏物之诗，虽然有学者认为是顷襄王元年屈原的自白，但主流意见仍倾向于认为这是屈原早年冠礼前后之作，或至少是屈原早年之作。此说如果成立，那么"吟游之始"就应该从《惜诵》开始讲起。现以汤炳正先生《屈赋新探》的观点为主，参酌各家的观点，略排列其余8篇的写作时间及情况如下：

《惜诵》：屈原被顷襄王放逐将行；

《哀郢》：顷襄王十年，屈原在陵阳感慨九年以前，楚国兵败秦国的大事件；

《抽思》：屈原溯江而上，至汉北而作；（或说与《离骚》大体写作于同时同地，此说可参考）

《思美人》：屈原从汉北折而南下，作此篇；

《涉江》：屈原从鄂渚到溆浦而作；

《悲回风》：暂停留于溆浦，此时屈原已有自杀之意；

《怀沙》：由沅水、资水溯江而上，屈原已决定自杀，作此篇；

《惜往日》：屈原在沅湘流域留下的绝笔，可能就是在汨罗江写作此篇，诗未完成，屈原已自沉汨罗江身亡。

由于篇幅所限，我们不能一一分析《九章》各篇的特点，只能选取有代表性的几篇略加概述。诸篇之中，以最接近屈原自杀的《悲回风》《怀沙》《惜往日》三首最值得注意。

《悲回风》，清人蒋骥认为是屈原自杀前一年的秋天所作。由于屈原自杀在夏历五月初五日，属于夏天，而《悲回风》写的内容已与屈原自杀时间接近，却又写的是秋天所见，那么蒋骥所定的时

间，应该说最为近实。屈原看到"回风摇蕙"的景象，感慨万分，产生了悲秋的情绪，从而写作了此篇。虽然刘禹锡曾经有诗说："我言秋日胜春朝"，但是毕竟"自古逢秋悲寂寥"，大部分的中国诗人，都是以悲凉凄婉的眼光来看待秋天。看着飘零的落花与肃杀的落叶，诗人不免想到自己的老之将至。比起天寒地冻、冰封万里的寒冬，肃秋象征着人的将衰未衰，如

悲回风图

此秋景，真是"秋风秋雨愁煞人"，更让人有一种生命的无力感。宋玉在《九辩》里感叹："悲哉，秋之为气也！萧瑟兮，草木摇落而变衰。"唐代诗人吴融，这位相对默默无闻的诗人，也在《楚事》中沉痛感慨："悲秋亦应抵伤春，屈宋当年并楚臣。何事从来好时节，只将惆怅付词人。"更不必说诗圣杜甫，有着"摇落深知宋玉悲""万里悲秋常作客""老去悲秋强自宽""凛凛悲秋意"等等名句了。

但屈子的悲秋，除了后世广泛继承的"老去悲秋"之情以外，又能别抒怀抱，比一般的诗人更高一层。姜亮夫先生《屈原赋校注》评价本篇说："诗中描绘心思，出入内外远近不同之情，上下左右前后之态。而仍不知所止，悲感与思理相挟持，而遂思入眇茫，从彭咸之所居。既至天上，忽又感烟雨之终不可永久浮游上天，遂思追踪介子伯夷。既睹申徒之死而无益，又自回惑不解！"此评深

得本篇三昧。屈原在感情上的悲叹之外，继续着他超越性的追求——进行永恒价值的寻觅。

"岁忽忽其若颓兮，时亦冉冉而将至。蘋蘅槁而节离兮，芳以歇而不比。"秋风卷地，白蘋杜芷枯槁断离；芬芳的鲜花也消歇凋零——就正像步入衰年的屈原那样。于是如同《远游》那样，屈原再次期望上天浮游，寻找他的永恒。屈子扪天观虹，依昆仑，瞰清江，探访隐士介子推、伯夷的居住之处。对前贤寻访的情况如何，屈原没有细讲。但"乱辞"却揭露了他准备投水自杀的心理：

> 吾怨往昔之所冀兮，悼来者之惕惕。
>
> 浮江淮而入海兮，从子胥而自适。
>
> 望大河之洲渚兮，悲申徒之抗迹。
>
> 骤谏君而不听兮，任重石之何益。
>
> 心絓结而不解兮，思蹇产而不释。

我痛恨前人的卑鄙，我哀悼后人的自私，我要浮江淮向那东海，去追随前辈伍子胥。《越绝书》里说：伍子胥死后，归神大海，正是诗里讲的"浮江淮而入海兮"。《淮南子》提到：申徒狄负石自沉于渊。如果说对于彭咸是否投水而死，我们还有疑问的话，伍子胥与申屠狄的故事，明显地指出屈原这时正在考虑投水自杀的问题。不过，这时候的诗人还在迷茫过程中，他心里向往已死的前贤，想要追随他们，但又不免疑惑：谏君不听（伍子胥、申屠狄及屈原都是这样），在政治中无能为力，那么投水自杀又有何用呢？史鱼尸谏，最终感动了卫灵公，使蘧伯玉等贤才得到重用。但君若不听，自杀的现实意义何在呢？难道仅仅是为了维护自己的"皓皓之白"

吗？全诗写完，诗人仍然停留在哀伤与纠结中——确实，死的价值何在？死能有什么用处？

而在接下来的《怀沙》中，可以看出屈原决意就死的情怀。怀沙，一说是指抱沙石而自沉；一说是在水边沙地独立抒怀。但不论作何解释，在"滔滔孟夏"写作此篇的屈原，已经准备坦然面对死亡了。他痛恨这个黑白颠倒的世界：

> 玄文处幽兮，蒙瞍谓之不章。
>
> 离娄微睇兮，瞽谓之不明。
>
> 变白以为黑兮，倒上以为下。
>
> 凤皇在笯兮，鸡鹜翔舞。
>
> 同糅玉石兮，一概而相量。
>
> 夫惟党人鄙固兮，羌不知余之所臧。
>
> 任重载盛兮，陷滞而不济。
>
> 怀瑾握瑜兮，穷不知所示。
>
> 邑犬群吠兮，吠所怪也。
>
> 非俊疑杰兮，固庸态也。
>
> 文质疏内兮，众不知余之异采。
>
> 材朴委积兮，莫知余之所有。

五彩被人暗藏，盲人说五彩是暗的；明察秋毫的离娄闭目养神，人们说他是个瞎子。这就是把白的说成黑的，高的说成低的，把凤凰囚禁起来，却说鸡鸭善于奋飞。美玉跟石头混合在一起，这些人真卑鄙啊，不知道我的独特与高贵，我怀瑾握瑜，却不知道向谁展示。我文质彬彬，鸿才博学，但却没有人能知道，反而是把豪杰说成怪物，这就像狗见到新的东西就要狂吠一样呵。

"凤皇在笯兮，鸡鹜翔舞" 图

比起《离骚》那样的铺陈与一唱三叹，《怀沙》的语调显得格外紧促，语气也显得严峻，或许这就是王夫之所说的"绝命永诀"之言吧！而更加使得屈原不得不死的，还有他与古圣贤的相违不见：

> 重华不可遻兮，孰知余之从容！
>
> 古固有不并兮，岂知何其故！
>
> 汤禹久远兮，邈而不可慕。

曾经陈词的对象——重华（大舜）；仰慕的贤君——汤、禹，至今与屈原不再有交流，这更令诗人的理想无处寄托。这种痛苦，远比陈子昂所谓"前不见古人，后不见来者。念天地之悠悠，独怆然而涕下"的感情要深邃（虽然后者的感情同样真挚而动人），同时亦是哲人生命终点的自我预警。孔子暮年，感叹道："甚矣吾衰矣！久矣吾不复梦见周公！"[①] 孔子平生以"吾其为东周乎"自居，希图继武周公，成就复兴礼乐的事业。日有所思，夜有所梦，想必他常常在夜晚"见周公"，与周公共同商讨如何"克己复礼"的政治哲学问题。但周公的生命早已消逝，实际上不过是孔子梦中的自我期许而已。一旦梦中不再有周公为他指导，实际上不啻于他的理想明灯由于个人年岁的衰竭而宣告破灭，即使"不知老之将至"如孔子，也难免有"甚矣吾衰矣"的感慨了。而屈原也是如此，一旦

---

① 《论语·述而》。

失去了重华的指引，他的理想也就无从舒展，没有理想的屈原，又如何在这个污浊的社会生存？于是屈原只有自沉一途。《怀沙》的"乱"曰：

> 浩浩沅湘，分流汨兮。
>
> 修路幽蔽，道远忽兮。
>
> 曾唫恒悲兮，永慨叹兮。
>
> 世既莫吾知兮，人心不可谓兮。
>
> 怀质抱青，独无匹兮。
>
> 伯乐既没，骥焉程兮。
>
> 民生禀命，各有所错兮。
>
> 定心广志，余何畏惧兮！
>
> 曾伤爰哀，永叹喟兮。
>
> 世浑浊莫吾知，人心不可谓兮。
>
> 知死不可让，愿勿爱兮。
>
> 明告君子，吾将以为类兮。

沅水、湘水浩荡，翻波涌浪，正衬托出未来前途的渺渺茫茫。诗人吟咏着悲伤，慨叹着凄凉，世上没有知己，又向谁倾诉衷肠？诗人自认为独有高洁的品行，有千里马之能，但又有谁能够识别他的才华与抱负？不过，即使这样，他仍坚定保持自己的志趣，不会贪生怕死。——死既然不可回避，那么又何必爱惜生命呢？诗人愿意与高贵的前贤一样，步他们的后尘了！

君不见，屈原已经发出明告，他要按照命运的安排，终结自己的生命了！比起《悲回风》的欲自杀而不忍，屈原在痛苦之后终于变为平和，他即将坦然面对自己的死亡。"慷慨赴死易，从容就义

难。"屈原的自杀，绝不是一股热血，一时冲动导致的，他经过了反复的思考，反复的谋划，最终决定坦然面对命运，用死亡来迎接永恒。——面对宵小云集、颠倒黑白的世界，这是无力改变这一切的诗人，做出的最终抉择。

惜往日图

死亡不是为了什么，死亡就是为了死亡。李泽厚先生说得好："死亡构成屈原作品和思想最为'惊采绝艳'的头号主题……尽管屈原从理智上提出他之所以选择死亡有某些理论或伦理上的理由……但他不愿听从'渔父'的劝告，不走庄子、孔子和'明哲'古训的道路，又说明这种死亡的选择更是情感上的。这种情感上的'决不能活'不是某种本能的冲动或迷狂的信仰，而仍然是融入了、渗透了并且经过了个体的道德责任感的反省之后的积淀产物。"①

屈原之自沉，相信他是从容不迫的，而非出于一时的冲动。而从屈原最终绝命的《惜往日》里，可以看出屈原死前的最后心理活动。这首诗从"往日之曾信"开始写起，明确追叙自己当年为楚怀王所信任，主持立法活动，尽职尽责地为楚国的富强出力。那时候，楚怀王与屈原谋变法，是较为秘密的活动，所以上官大夫诬陷说

---

① 李泽厚《美学三书·华夏美学》，商务印书馆2006年版，第194～195页。

"众莫不知"的时候，屈原就遭到了楚怀王的疏远。至此屈原方重新提出这个秘密的政治活动，也是因为他立志自沉，而无所畏惧的缘故，这是其他篇目中含蓄表达，而在本篇中说得较为明显的内容，也是屈原生平最重要的政治活动之一。接下来写到"何贞臣之无罪兮，被离谤而见尤"，是被小人进谗言之后，最终遭到放逐的命运。接下来，屈原写到了当下，"临沅湘之玄渊兮，遂自忍而沈流"。这就明确讲到了将要自杀之事。他感慨伊尹、姜太公、百里奚这样的名臣得遇明君，从而被从山泽在野之地发掘出来，建立了不朽的功业，立德立功。但若是没有明君，这些贤臣又如何发挥他的才能呢？不也是默默无闻地度过一生吗？那就如同介子推、伍子胥那样，作为忠臣，却被君主排斥而死。"铸九州之铁不能为此错"，面对亡国灭祀的时候，再想后悔，那就来不及了。以史为鉴以后，屈原又恢复到他习用的香草譬喻之法，一大段"芳与泽其杂糅兮，孰申旦而别之。何芳草之早夭兮，微霜降而下戒"的感慨，犹如"隔着烟雾舞剑"，不明言到底是指斥现实，还是感慨历史，但却让读者有"项庄舞剑，意在沛公"之感，余味无穷。最终，屈原以四句沉重的诗句猝然结束全篇，随之，也结束了自己与世格格不入的一生："宁溘死而流亡兮，恐祸殃之有再。不毕辞而赴渊兮，惜壅君之不识。"他预见到楚国已经必然衰败乃至灭国，而且已经在顷襄王元年见到《哀郢》中的种种情状，不忍心在有生之年，垂暮之日，再次见到这种令人伤心的景象，于是决定以一死来作为解脱。不过，即使是在死前，他仍然难免对楚国有着期望，"惜壅君之不识"，岂是仅仅痛惜壅君不知道自己的贞节与忠诚而已？更是痛惜壅君在治国方面不分贤愚，从而将有着几百年悠久

历史的楚国断送在手中，他的毫无器度、毫无见识，将秦国引狼入室，却还茫然不知，这是让千年以后的我们读来都痛恨不已的，何况是对楚国感情深厚，生于斯老于斯，亲眼目睹这一段悲剧的三闾大夫屈原呢？

实际上，《惜往日》与其说是绝笔辞，毋宁说是一篇自我祭奠的祭辞。屈子用诗的手法，以"自传"开头，追述了自己一生的政治生活；以"自比"居中，将自己与历史上的前辈贤臣相比，不但自哀，兼对古人加以感慨和叹息，已经隐然将自己置入历史长河中加以评判了。以"自赞"结束，自己对自己加以盖棺论定。由此也可以看出，屈子死前是何其坦然自若，在写下三首绝命诗的时候，不仅有死前绝命的自述，更有预先自拟的祭文。这样的从容就死，结束了屈子一生的行吟，却使他的灵魂寄托在诗篇之中，在三千年来的读者心中不断流传。正如梁启超先生说的那样："汨罗一跳，把他的作品添出几倍权威，成就万劫不磨的生命，永远与我们相摩相荡！呵呵！'诚既勇兮又以武，终刚强兮不可凌。'呵呵！屈原不死！屈原惟自杀故，越发'不死'！"①

就算文学能将人撕碎，也不能消灭于深深铭刻于人心中的文学精神，文学的魅力正在于此。屈原的死是最值得关注的研究起点，但他却将我们引到永恒的生上去，那是不灭的文学之光。

四、爱国主义者与同性恋？屈原的两大迷思

英文的 myth，可以翻译成"神话"，但在社会学研究里，还有

---

① 梁启超《屈原研究》，1922 年 11 月 3 日南京东南大学文哲学会讲演，刊1922 年 11 月 23 日《晨报副镌》。

一个更加传神，音译、意译俱备的译法——迷思。神话是原始社会中流传的英雄与神的事迹，将其进行引申到现代社会里，就产生了"迷思"。这个词的意思指的是，现代社会里，那些在大众文化中很普遍的共享的不靠谱观念。这些观念几乎被所有人承认，并影响着人们的认知和思考，但实际上却是没有事实依据的。迷思之所以成为迷思，正是因为这些不真实的东西被人信以为真，也就迷惑了人们的思考。

现代法国学者，著名人类学家、哲学家列维·斯特劳斯认为，迷思是人们为了应对社会生活中难以完全解决的冲突而编出的故事。迷思最开始很可能起源于真实或某种真实的事件，但在传承和转述之后，就逐渐变得失去真实性，而产生了新的意义。上个世纪以来，后现代主义思潮膨胀，认为这种"迷思"有着重要的积极意义，而且也是必然产生的。后现代主义者们认为，世界上没有所谓的"客观事实"，事实只不过是某种主观倾向所表达出来的话语，是人为造出来的。因此他们认为，"客观事实"不但是没有可能还原出来的，更是没有必要的。

这种说法有一定的道理。因为历史事件早已经过去，当事人不在人世，现场也无法再还原了，后来人只能从一些文字记载来推测某些端倪，而这些文字记载都是由人书写的，难免具有主观性，也难免对客观事实有所歪曲。从这个角度上看，客观事实确实无法还原，那么迷思的产生也就是必然的了。在此基础上，中国的后现代主义者奉庄子为中国的后现代学说之祖，大量接受庄子的"三言"（重言、寓言、卮言），致力于会通后现代主义（如海德格尔等）和庄学，为后现代思想注入了一些新的活力。历史毕竟不是科学，哲

学则与科学距离更远。所谓纯粹的客观历史，在任何时候都是不可能存在的。因此，不论是哲学玄想，还是实际的研究考据，我们都应该承认，"还历史本来面目"不过是一句口号，历史终究是一种有原则的前提下的书写。

但是，虽然是具有主观性的书写，但不代表可以随便乱写。正如我们不能接受"纸馅包子"这样的假新闻一样，假的历史我们也应该拒绝。当然，由于历史事件发生较远，我们不可能完全还原历史的真实，但这不代表我们不能批判虚假的历史。没有证据的猜想，或者主观成见导致的臆断——以上我们统称为"迷思"，这些我们在严肃的阅读中都应该加以辨析，并严词拒绝。屈原，作为中国文学史上才华横溢的天才，在他的历史地位不断提高的同时，也因为历史资料的匮乏，不可避免地同时产生了与他相关的迷思，这就需要我们认真思考，走出迷雾，做到不虚美，不隐恶。

第一个迷思是爱国主义。现代人提到屈原，最喜欢说的就是："屈原是爱国主义的大诗人"。事实是这样吗？实际上，这是个值得进一步研究讨论的课题。首先我们要正本清源，明了"爱国主义"到底是什么意思。首先要辨析的是，"爱国"与"爱国主义"是不能划等号的。"爱国主义"（patriotism）是西方舶来的政治学名词，直到18世纪才开始产生，指的是以激发爱国情绪来进行集体行动或政治动员的意识形态，往往和世界主义（globalism）对立。而爱国情怀则没有这么多的限制，更多的接近一种感情，很难说是一种意识形态。从时间上看，屈原在前，"爱国主义"的说法在后，屈原自然不可能是"爱国主义者"，或者说，绝不可能是我们现代意

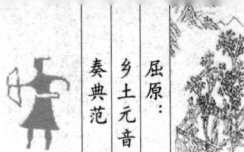

上的"爱国主义者"了。但有人或许会认为，虽然"爱国主义"的理论后出，但是屈原的所作所为，确实符合了爱国主义的相关定义，所以也不妨称他是一位爱国主义者。对于这个问题，我们还应该继续深究。

在美国人利昂·P·巴拉达特的《意识形态起源和影响》一书中，对"爱国主义"有着相关的叙述，将其放在第三章"民族主义"中阐述。他认为，爱国主义是民族主义概念中的一个基本的、不可或缺的概念，是一种忠诚于或效忠于民族国家的行为和态度，是效忠于民族主义所表述的制度（即民族国家）的一种情感表现，是一种以民族国家为崇拜对象的世俗信仰。所以，问题的关键是，屈原效忠的是什么？他是否效忠的是民族国家？很明显，"民族国家"一词还是西方近代以来的观念，在屈原生活的时代，不管是他的故乡——楚国，还是作为"天下"的中国，都不能说是民族国家，因此这个说法依然不能成立。

那么如果我们再退一步，就不妨把问题改成，屈原效忠的是否是楚国这个"集体"（为了进一步讨论，姑且得过且过，不讨论楚国的"国"是否是"民族国家"的"国"，只在字面上寻求解读），这样又是否能够成立呢？

　　爱祖国高于一切。——肖邦
　　爱国主义是一种生动的集体责任感。——奥尔丁顿

不仅仅是当代人认为，屈原爱楚国胜过别的一切，就连古人也多这么认为。但是前人的成说不是我们偷懒的理由，还是要"打破砂锅问到底"，问一问屈原爱的楚国，这个"集体"的代表是什么？

有的学者认为楚国的代表是楚国人民。屈原在诗里多次提到他的忧民情怀，比如《离骚》里的"哀民生之多艰"，至今还脍炙人口；"相观民之计极"（《离骚》），"览民尤以自镇"（《抽思》）等等句子也可以作为佐证。但先秦的"民"，并不是"全民"，也并不等于现在的"人民"，奴隶是排除在"民"之外的。甚至很大程度上说，"民"有时候就是指的贵族阶层，连平民都不包括。所以我们说屈原"爱民""忧民"，绝没有错，但认为他具有现代的"爱人民"思想，则完全没有依据。

也有人认为，在古代，王国或帝国的象征就是君主，忠君爱国往往统一在一起，而屈原正是忠君乃至"愚忠"楚国的典范，所以说他具有爱国主义，虽然与当代讲的爱国主义不太一样，但也是一种形式。法家所讲的忠君，是君权至高无上，臣子只能以君王的意志作为自己行事的最高准则，要绝对服从，无论君主是贤明还是暴虐，都不能反对。这种忠君正是现在我们极力批判的"愚忠"，甚至"大奸似忠"。屈原则显然不是如此，他任职左徒期间，对于楚国的外交政策不满，极力向楚怀王进谏，最终遭到疏远；楚顷襄王继位以后，他又更激烈地进谏，竟导致被放逐在外的悲剧命运，这显然不是法家式的忠诚，也不是当代人理解的"忠君"。

但除此以外，中国士人还保留着另一种忠君的方式，那是儒家式的忠诚。春秋时期，忠君观念已经形成，当时人认可的是"君明臣忠"的观念，只有君主知人善任，施行良政，臣子才会忠诚，否则就没有忠诚的必要。孔子说："君使臣以礼，臣事君以忠。"孟子则说的更加激烈，他对齐宣王说："君之视臣如手足，则臣视君如腹心；君之视臣如犬马，则臣视君如国人；君之视臣如土芥，则臣

视君如寇仇。"[1] 也就是，儒家主张，虽然君高臣低，但是君臣之间互有义务，在君臣各安其位之外，臣子仍可以保留自己的人格独立，令是非对错高于君主利益。在特定情况下，臣子甚至可以废掉君主，并不提倡无原则的"愚忠"。屈原大体是符合这个条件的，从"尽心为忠"的角度看，他无疑做到了对楚国的尽心，但这种"忠君"，虽然同样充满了爱国情怀，但是否即等同于"爱国主义"，近来学者多认为值得进一步商榷。

须知道，这种忠君的出发点并不是集体主义，而是忠于个人尊严的"个人主义"。正如我们前面所说的，屈原所忠于的是自己的世界观，自己的价值体系，而不是放弃自我个性，完全投入到"国家"这个集体中去。虽然屈原的表现一样爱国忠君，但却在定义上与爱国主义有区别，而是"诚己与诚物"的人生观，对一切都达到了圆满的境界。诚然，屈原的思想或许有其局限性，但近代以来，用"爱国主义"来衡量屈原，与其说是误解，毋宁说是玷污。屈原爱国，也曾投入大量感情，为其失去理智，但绝没有"爱国主义"过。在《离骚》和《远游》中，他都离去故乡，进行精神上的远游，渴望寻求真正能够了解他的人。最终临睨旧乡，不忍离去，只不过是因为情感上的"不忍"而已，并不是爱国主义和什么"忠君爱国"，他所爱的是自己那高洁不染的品行，爱的是楚国先王的英雄功业，爱的是家乡的故土与人民，而不是虚无的"国家"二字。

屈原是一位受命不迁的政治家，他与苏秦、张仪那样的政客完全不可同日而语。后者游说诸侯，只不过是为了自己的功名利禄，

---

[1] 《孟子·离娄下》。

不但不考虑什么仁义道德，连他服务的诸侯国的利益都不考虑在内。屈原则与之完全相反。他的志向是实现他心目中的美政，这个美政不仅限于楚国境内，屈原希望这会是全中国的美政。他在《大招》里面畅想："北至幽陵，南交趾只。西薄羊肠，东穷海只。……发政献行，禁苛暴只。"从地理来看，正如《天问》等诗中叙述的那样，不仅仅是楚国一国一地，而是当时的整个华夏大地。列国之际，是为国际。普天之下，名为天下。在当时人的眼中，还没有现代的地理学知识，更不清楚欧洲、非洲、美洲，在他们看来，中国就是整个世界——或者说，整个文明的世界。屈原是否认为，楚国应该统一全中国，似乎难以下明确的定论。但屈原一定是在坚定地认为，整个中国——也就是整个世界，都应该实行美政，"田邑千畛，人阜昌只"，达到天下大同的境界。他的关怀，从楚国一国出发，但哪里仅限于楚国一国呢？如果拿现代政治学的理论来套，恐怕屈原应该属于"世界主义者"吧！虽然实际的政治思想大有不同，但跨越国界的博爱与理想，应该是他们共同的出发点。

如同罗兰·巴特说得那样："以神话的态度看待世界，人们对于这个世界就不会有任何质疑，对于自然真实的东西就会变得熟视无睹。"爱国主义并非一个贬义词，但从学理上看，爱国主义与爱国情怀在定义上仍有比较大的差别，在对屈原的解读过程中，我们是否应该注意，不要将一切都披上爱国主义尤其是"主义"的外衣？这个问题仍有进一步讨论的空间。屈原的爱国情怀与他的大同理想共存，超越了一城一国的局限性，而有着世界性的关怀；而这种大公的精神又与屈原高洁的人格形成了有机的统合，对此应该如何精确定位，才能全面表达出屈原思想的全貌，值得我们深入探索。

与屈原相关的第二个迷思是他的同性恋情调。中国古代的男风极盛，同性恋故事层出不穷，还留下了"龙阳""断袖"这样的成语典故。但把屈原与同性恋者联系起来，还要追溯到近代。"著名的古典文学专家"孙次舟1944年在成都发表《屈原是"文学弄臣"发疑》一文，他认为屈原是《荀子》中所说的"今世俗之乱君，乡曲之儇子，莫不美丽姚冶，奇衣妇饰，血气态度，拟于女子"一类的人物，他写的《离骚》，也不过是"充满了富有脂粉气息的美男子的失恋泪痕"而已。他认为，屈原之所以为屈原，完全是"因为屈原和怀王有一种超乎寻常君臣的关系"。

孙次舟是何许人也？相关的生平资料检索不到太多，只知道他曾经在四川大学任教，1958年院系调整转入南充师范学院，平生著作不彰，就连他这篇一波激起千层浪的《屈原是"文学弄臣"发疑》，也非常难以找到原文，只能根据闻一多先生回应的《屈原问题》加以引述。在现有条件下，我们难以评判他的真实学问到底怎么样，但说他是"著名的古典文学专家"，恐怕还不足服人，至少"著名"二字，便算名不副实。

当年，孙次舟的文章发表以后，引起了舆论和学界的一片哗然，不过朱自清、闻一多两位古典文学名家都表示同情他的观点，闻一多虽然提出了一些看法，但专门撰文，总体上并没有否定"文学弄臣"说，可以说是在调停孙次舟及其批评者之间的矛盾。我们这里无意讨论"文学弄臣说"的全部内容。此说如果成立，楚王与作为左徒（外交部长）的屈原有某种不正当关系，也显然是惊人之至了。不过，就算如二人所说，当时的纯文学家没有独立的社会地位，"固主上所戏弄，倡优所蓄"，但这并不代表主上就以男宠待

165

之，文学家也以男宠自居。倡优是什么？倡是乐人，优是艺人，也就是"文艺工作者"。文学家们为音乐写词，如屈原写下《大招》和《招魂》，并改编了《九歌》。从这个角度上说，确实与文艺工作相近，但与女字旁的"娼"完全不是一回事。民国学者并没有明确指出屈原就是同性恋者，所说的话多隐约含糊，在模棱两可之间。但近几年来，一些学者或作家，甚至没有看过孙次舟的文章，进而曲解闻一多的辩护（当然对闻先生的文章也没有细读过），将两人绑到了自己立论的大车上，为"屈原是同性恋者"的说法作挡箭牌，在网络上引起了很大反响。实际上，当代的立论"研究者"完全无意研究历史真相或文学价值，他们只是出于猎奇的心理，或者某种政治需要来随口评骘古人。他们的立论完全根据《离骚》中的"香草美人"。——我们不妨还是以孙次舟的观点为例（原文皆引自《离骚》，破折号之后是孙次舟的评价）：

"众女嫉余之娥眉兮，谣诼谓余以善淫。"——后宫弄臣姬妾争风吃醋。

"初既与余成言兮，后悔遁而有他。"——男女情人相责的口吻。

"余即不难夫离别兮，伤灵修之数化。"——眷恋旧情，依依不舍。

"汩余若将不及兮，恐年岁之不吾与。……惟草木之零落兮，恐美人之迟暮。……老冉冉其将至兮，恐修名之不立。……及年岁之未晏兮，时亦犹其未央。"——顾惜青春，惟恐色衰。

"心犹豫而狐疑兮，欲自适而不可。"——旁人劝他自动回宫。他依然负气，不肯服软。

"苟中情其好修兮，又何必用夫行媒？"——自想请人疏通，恐怕也是枉然。

"会歔欷余郁邑兮，哀朕时之不当，揽茹蕙以掩涕兮，沾余襟之浪浪。"——但知自伤命薄，做出一副女儿相。

"闺中既已邃远兮，哲王又不寤，怀朕情而不发兮，焉能忍与此终古！"——终以热情难制，决定自杀。

这种曲解是令人费解的，颇有深文罗织，给政治反对派安排罪名的感觉。为何一位"著名的古典文学专家"，竟至于见识如此？因此闻一多先生虽然在大方向上对他有所倾向，但对于这种蓄意扭曲原诗的做法也完全不能赞成，对孙氏的论述进行了严厉地批评。闻先生撰文认为，屈原是弄臣中站起来的杰出政治家、文学家，而不是孙次舟所说的"先有文人，而后变成弄臣"。当然，闻先生治古典学素以大胆著称，他的看法只属于一家之言，其中也会有不能自圆其说之处。但他毕竟是诗人出身，对于屈原的"火气"，有着清楚的认识，对这位"他自己的时代之子"，也有着相当高的历史评价。而且，他的观点出于自己的学术思考，与孙次舟乃至当代的同性恋论者，不啻有着天壤之别。归根到底，当代的那些"学者"或"写手"，只不过是通过娱乐屈原，来达到炫人耳目的目的，并没有提出——也无力提出有力的证据来，所以不足为训，只能算是笑柄而已。正如歌德说的那样，不懂得尊重卓越人物，乃是人格的渺小，这种污名并非屈原的耻辱，而是娱乐家及其拥簇者的悲哀。

"无知是可以补救的，但如果我们把无知当成是知识，我们该怎么做呢？"在这个"娱乐至死"的年代中，有理性的读者是否应该更多地动动脑筋，独立思考，走出大众娱乐和民粹主义给我们制

造的迷思。

五、香草美人之喻

既然说到"同性恋"的迷思，那么为了进一步扫清其阴霾影响，就要略微知道屈原最习用的"香草美人"之喻。汉代王逸《离骚章句序》说："《离骚》之文，依《诗》取兴，引类譬喻，故善鸟、香草，以配忠贞……灵修、美人，以譬于君。"他认为，屈原在写作中就是把君比成"美人"，自己则是向美人示爱的"求女者"。南宋大儒朱熹晚年政治不得意，退而撰写了《楚辞集注》，他有感于赵汝愚罢相，左相韩侂胄飞扬跋扈，掌握南宋朝廷大权的现状，借屈原之块垒，来写自己悲愤感慨的心理状态。同时，作为理学大家，他在楚辞上"增三纲五典之重"，将楚辞与儒家伦常结合起来，以此来提高屈原诗作的神圣地位，于是就比附屈原的美人之喻为夫妻关系。朱熹认为，屈原又自比美人遭弃，以此作比君王疏远臣子，楚怀王就像丈夫，屈原就像妻子，这种夫妻的比喻关系恰好与君臣之间有相近的地方。

朱熹的这种说法总结了汉代经师解读《诗经》的"比兴寄托"方法，对后世影响也很大，读者，尤其是古典功力深厚的学者，在阅读诗篇的时候，虽然被屈原的深情所打动，有着纯粹感性的阅读体验；但一旦落成文字，进入学术讨论的理性领域时，就不可避免地受到朱熹的影响，乃至承袭其说，奉为圭臬。平心而论，朱熹的观点显然是过于深求了。正如赵逵夫先生在《屈骚探幽》中分析的那样，"男女君臣"与"夫妇君臣"之说，都更多地出于后来人的主观臆断，学者们认定的很多论据都并无说服力。事实上，《离骚》

中屈原的形象是非常明显的，"高余冠之岌岌兮，长余佩之陆离。芳与泽其杂糅兮，唯昭质其犹未亏。忽反顾以游目兮，将往观乎四荒。佩缤纷其繁饰兮，芳菲菲其弥章"，一位峨冠博带，衣佩缤纷的高贵诗人，跃然纸上。从哪里能读出这是"女子形象"呢？有人说，"众女嫉余之蛾眉兮，谣诼谓余以善淫"，这里出现了女子形貌的象征。不错，但这只不过是借女子的比喻，来说明当时奸佞群小对屈原的嫉妒而已，古时这种比喻非常多，不足为奇。总结上下文看，除了屈原自己描写自己的美貌以外，再也没有其他的含义，更没有"女子"自怜的柔弱之态。"唯女子与小人难养也"，这句话虽然未必足训，但或许某种程度上正是屈原文学灵感的来源吧！而楚怀王宠姬郑袖多次收贿而进谗言，恐怕屈原在这里也具有某种隐喻她的成分在焉。

《离骚》中多次讲到"求女"之事，于是又有学者认为，"求女"正是"求君"的过程，是寻找"恐美人之迟暮"的君王。我们确实容易想到这种理解，但这同样也有过度解读的嫌疑，未必符合屈原的原意。相比之下，赵逵夫先生的说法较有分寸，他认为，"求女表现了寻求知音的心情而不是求君"，并举出同时期楚国政坛的几位贤臣（令尹昭阳、景翠、昭滑、陈轸、范坰），来说明他们与屈原的渊源关系，认为屈原作《离骚》，或许有对他们表白，寻求他们的理解与支持的意思。这种新见发前人所未发，颇有道理。但我想，如果不是专门做研究，在一般阅读过程中，我们只要知道，屈原是在追求能与他"为美政"的知音就足够了，至于这个知音是楚怀王，是当时的贤臣，或者是屈原幻想出来的人物，都无关紧要，这是用的修辞中象征的手法，未必便实有一个确定的人。诗人爱默生说："To be great is to be misunderstood." 做伟大的人，就是做被误解的人，屈原求知音而不得，空有高山流水，却无人能赏的感情，才是《离骚》中值得我们一唱三叹的。

前有古人，后有来者，这种托喻美人的写作方法不但被后来的诗人所袭用，在汉魏以来，文学家们更是上升到以男女私情寄托政治的高度，成为中国文学史上具有代表性的一种象征手法。我们不妨选一些名篇来赏读吧，先来看几首以美人比君王的诗：

张衡纪念邮票，1955 年

东汉的张衡是一位著名的天文学家、地理学家，他发明了指南车、浑天仪、地动仪等有着重要影响的工具，显示出非凡的才能，后人称他为"科圣"，并且将月球背面的一个环形山命名为"张衡环形山"，将小行星1802命名为"张衡星"，以表示对他的纪念。但是现在似乎很少有人知道，除了理工科成就很高以外，张衡还是一位著名的文学家兼学者，正如郭沫若评价的那样："如此全面发展之人物，在世界史中亦所罕见，万祀千龄，令人景仰。"在张衡生活的东汉安帝、顺帝时代，国家政局已经渐渐走向衰落腐朽，"天下渐弊"，外戚专权，宦官干政，种种乱象举不胜举。张衡作为当时的一位士大夫，对现实有着深深的关怀，只可惜，他只是专掌天文星象的太史令，并不能参与到政治中心，进行一番作为（与司马迁时期不同，东汉以后太史令不再负责撰史，只掌管天文星象）。张衡空有青云之志，却畏惧群小谗言，无以表达。

到了汉顺帝永和二年（公元 137 年），张衡在长期郁郁不得志的情况下，写下了有名的《四愁诗》：

我所思兮在太山，欲往从之梁父艰。侧身东望涕沾翰。美人赠我金错刀，何以报之英琼瑶。路远莫致倚逍遥，何为怀忧心烦劳？

我所思兮在桂林，欲往从之湘水深。侧身南望涕沾襟。美人赠我琴琅玕，何以报之双玉盘。路远莫致倚惆怅，为何怀忧心烦伤？

我所思兮在汉阳，欲往从之陇阪长。侧身西望涕沾裳。美人赠我貂襜褕，可以报之明月珠。路远莫致倚踟蹰，可为怀忧心烦纡？

我所思兮在雁门，欲往从之雪纷纷。侧身北望涕沾巾。美人赠我锦绣段，何以报之青玉案。路遥莫致倚增叹，何为怀忧心烦惋？

全篇较长，我们不妨只翻译第一段，来增强对这首诗的理解："我日夜思念的人远在东方海边的泰山之巅，但泰山脚下的梁父山太艰险了，把我们这对有情人隔开不得相会。我总是侧身向东遥望着、思念着心上人，伤心的泪涕夺眶而出，湿透了我的衣襟。美人送给我一柄金的佩刀，就拿我随身携带的美玉来回报她吧，可是，路这么远，叫我怎样给她呀？真是令我苦闷而忧愁。"

其余三段，除了方位、赠送的物品不同以外，基本没有太大差别，采用复沓回旋的修辞手法，来加深感情。从外表上看，这是一首典型的情诗，但如果当我们"解码"这首诗，力图还原作者的本意时，就会发现这首诗有着深深的政治寄托。张衡所思之处何在

呢？在太山（泰山）、桂林、汉阳、雁门，四个地方距离极远，不像一个女子所能同时所在之处，解释为诗人以女为喻，暗含寄托，似乎更加圆通。泰山，在中国政治史上有着重要的地位，凡是希望有所作为、成就功业的帝王，没有不在泰山封禅，祭祀岱宗的。张衡首先提出泰山来，正是希望皇帝也能以先王为目标，振作起来，成就一番功业。后三段的桂林、汉阳、雁门，都是当时民族矛盾频发的边疆地区，少数民族多次向汉朝掠夺与骚扰，构成了巨大的损失。张衡也正是希望汉顺帝能平定这些问题，做到"四夷宾服"。对于这种象征与寄托，萧统——《昭明文选》的主编，南朝时期才华横溢的文学家对此有着清醒的认识："依屈原以美人为君子，以珍宝为仁义，以水深雨雾为小人。思以道术相报，贻于时君，而惧谗邪不得以通"。真是再贴切不过的评价了。

苏轼在"乌台诗案"中被认定诽谤朝廷，险些失去性命；后来虽然逃过此劫，但还是被贬谪黄州，过着半软禁的生活。这种痛苦的日子，令旷达如东坡者也不免苦闷，于是他写诗撰文，来抒发、调节自己的情感。在《赤壁赋》中，东坡化用楚辞，唱出了四句诗：

"桂棹兮兰桨，击空明兮溯流光。渺渺兮予怀，望美人兮天一方。"这里化用《九歌·湘夫人》"帝子降兮北渚，目眇眇兮愁予"，及《湘君》"桂棹兮兰枻，斫冰兮积雪"，其中的政治寄托，大概也是从楚辞中得来的吧！东坡的诗词，往往含有寄托之意，如他的《水调歌头》（明月几时有）、《贺新郎》（乳燕飞华屋）乃至《卜算子》（缺月挂疏桐）等名篇，都在极高的文学价值之外，给人以怀才不遇的寄托与联想，从而兼具有思想性价值。

而以美人自比的诗，在中国文学的宝库中也是层出不穷的。"众女嫉余之娥眉兮，谣诼谓余以善淫。"屈原曾经运用譬喻，自比被诬陷的美人，终于陷入迟暮的年华，这种痛心尽在《离骚》之中。而同样采取这个象征方式，而婉转凄恻甚至过之的，是被誉为"两宋第一词人"的辛弃疾。他的《摸鱼儿·淳熙己亥，自湖北漕移湖南，同官王正之置酒小山亭，为赋。》这样写道：

> 更能消、几番风雨，匆匆春又归去。惜春长怕花开早，何况落红无数。春且住，见说道、天涯芳草无归路。怨春不语。算只有殷勤、画檐蛛网，尽日惹飞絮。

> 长门事，准拟佳期又误。娥眉曾有人妒，千金纵买相如赋，脉脉此情谁诉？君莫舞，君不见、玉环飞燕皆尘土。闲愁最苦。休去倚危栏，斜阳正在，烟柳断肠处。

辛弃疾力主抗金，希图恢复中原，是南宋朝廷不多见的主战派的杰出代表。但他"生平刚拙自信，年来不为众人所容，恐言未脱口而祸不旋踵"（《论盗贼劄子》），难免被奸佞群小所忌恨、贬斥。当他连续被贬，不能带兵，只能管理钱粮事务的时候，他便感觉春意阑珊，前途渺茫，发出了"烟柳断肠"的慨叹。在这首词中，他自比为"娥眉曾有人妒"的陈皇后。传说中，汉武帝的皇后陈阿娇（也就是"金屋藏娇"的主人公），早年得到宠幸，后来失宠被废，谪居长门宫中。后来陈皇后听说司马相如的文章最好，送去千金的润笔费，求得一篇《长门赋》，描写自己的凄苦心情，但却并没有打动汉武帝。

在传说的基础上，辛弃疾大胆猜想，他认为没有打动武帝的原因是"娥眉曾有人妒"，赵飞燕、杨玉环一类的女子蒙蔽了君王。

这些妒忌之人，正是现实政治中的奸臣小人。辛弃疾诅咒痛斥他们说，"君不见、玉环飞燕皆尘土"，即使是真的杨贵妃和赵飞燕，也一样命运悲惨，你们这些小人也会有同样的命运。骨子里面，这首词真是愤恨不平，感情激烈，但却用美人作为象征，表面上又像是惜春的情诗，使得文学意味更加浓厚，更加值得反复欣赏。正如现代词学名家夏承焘先生所说的："肝胆似火，色貌如花。"辛弃疾出色地效仿屈原，他在词里寄托的愤怒比屈原更多，但表达的形式更加辗转凄婉，让对政治不感兴趣的读者，也能够欣赏到文学的独特魅力。

像辛弃疾这样的愤慨并不在少数。每逢乱世、衰世，就自然会有"国家不幸诗家幸，赋到沧桑句便工"的诗人站出来。唐玄宗天宝十四年（公元755年），安禄山在范阳起兵反唐，标志着唐代由盛转衰的"安史之乱"爆发了。次年六月，重镇潼关失守，玄宗带领群臣百姓，放弃都城长安，仓皇西逃。七月，太子李亨在灵武自行即位，是为唐肃宗。这时，忧国忧民的大诗人杜甫正在羌村避难，他听说了肃宗即位，立即在八月只身北上，投奔灵武，途中不幸为叛军俘虏，被严加看管起来。至德二年（757年），杜甫冒险从成西金光门逃出长安，到凤翔投奔唐肃宗，被肃宗授为左拾遗。不料杜甫很快因营救房琯，触怒肃宗，被贬官任华州司功参军。很快，他弃官漂泊，拖家带口，客居秦州，并在那里写下了有名的《佳人》：

> 绝代有佳人，幽居在空谷。自云良家子，零落依草木。关中昔丧乱，兄弟遭杀戮。官高何足论，不得收骨肉。世情恶衰歇，万事随转烛。夫婿轻薄儿，新人美如玉。合昏尚知时，鸳鸯不独宿。但见新人笑，那闻旧人哭？在山泉水清，出山泉水

浊。侍婢卖珠回，牵萝补茅屋。摘花不插发，采柏动盈掬。天寒翠袖薄，日暮倚修竹。

诗中写的是，一个乱世佳人被丈夫遗弃，幽居空谷，艰难度日。本来是良家女子，绝代佳人，却被喜新厌旧的丈夫所抛弃，在天寒日暮的环境下，真是令人落泪。这首诗表面上写的是女子的不幸遭遇，但实际上杜甫是借用他人之酒杯，抒发自己的块垒。杜甫一片忠心，投奔流亡政府，却最终因为不被皇帝重用而弃官，客居秦州，生活困难，不正是与诗中的佳人有着一样的遭遇吗？

上面几首，都是诗家对屈原寄托手法的主动学习，并形成了中国文学的一大传统。男女之间的情爱，与君国盛衰的忠爱，同样地热情而真挚，其倾诉的对象虽然不同，但从感情的浓烈度上，倒有着相同的风味。甚至，越是香艳的儿女体式，越具有隐喻深层信仰的可能性。《诗经》里面的草木虫鱼，爱情"淫奔"之作，无一不被理解为比兴寄托，进行道德上的诠释。不说中国，西方的《圣经》，其中的雅歌不就是最好的证明吗？与宗教神学的讲述不同，《雅歌》不但根本没有提到宗教的名词术语，反而是一首描写男女之间爱情与相思之情的歌剧。这首诗文字秀丽，通过谈论人间爱的美与善，进而使教徒能够认识到背后的神的根源，有着《旧约启示录》的美称。这种手法，与中国传统的诗学诠释方式是可以相通的。

在此影响之下，很多文学评论家不免犯了过分穿凿的毛病，把所有美人相关的作品都认为有着政治上的寄托。比如在阅读著名的《花间集》时，清代常州派名词人张惠言就读出了很多别的意味。温庭筠的《菩萨蛮》是这样写的：

小山重叠金明灭，鬓云欲度香腮雪。懒起画蛾眉，弄妆梳

洗迟。照花前后镜，花面交相映。新帖绣罗襦，双双金鹧鸪。

张惠言读了以后，评价说："'照花'四句，《离骚》'初服'之意。"也许，他是从上阕的"娥眉"，联想到了《离骚》的"娥眉"，进而认为温庭筠与屈原一样，"进不入以离尤兮，退将复修吾初服"，由于在政治上没有进展，只能退而修身，穿上"制芰荷以为衣兮，集芙蓉以为裳；高余冠之岌岌兮，长余佩之陆离。……佩缤纷其繁饰兮；芳菲菲其弥章"的衣服。从西方符号学的角度来看，他的观点不无道理。这首词的文字确实会给读者类似的想象。在文化历史悠久的中国，你写下了一个语码（code），就容易导致读者对相关内涵的联想，而不论作者是否有这样的本意。在接受美学的概念中，认为文本具有潜能（Potential Effect），能够激发文化中的潜意识，使得读者产生联想。王国维谈到人生的三境界，就激发了对宋代词家名作的联想，他在《人间词话》里这样写道："古今之成大事业、大学问者，必经过三种之境界：'昨夜西风凋碧树。独上高楼，望尽天涯路。'此第一境也。'衣带渐宽终不悔，为伊消得人憔悴。'此第二境也。'众里寻他千百度，蓦然回首，那人却在灯火阑珊处。'此第三境也。此等语皆非大词人不能道。然遽以此意解释诸词，恐为晏欧诸公所不许也。"① 将原本是书写歌颂爱情的词句，改变成描述悬想——苦思——顿悟的治学境界，虽然"恐为晏欧诸公所不许也"，但也别有一种趣味。

但读者的思绪不妨"逍遥游"，也不妨直承对作者原文进行了有意无意的曲解，乃至如王国维那样进行丰富的联想，创造出新的

① 《人间词话》第二十六则。

思想意义。但应该承认的是，作者却未必有如此的出发点，读者的"主观能动"不能代替文本的"客观事实"。温庭筠与屈原不同，他并非传统的那种有着拳拳爱国之心的士大夫，而是一个放浪不羁的文士。史书记载，他"士行尘杂，不修边幅，能逐弦吹之音，为侧艳之词"。他的性格是如此的。尽管在他不得志的遭遇中，或许偶然会有屈原那样的感慨，但认为他这首词效仿《离骚》，表达了屈原式的高洁与理想，显然是没有什么根据的，温庭筠不可能是屈原。知人论世，知人论诗，阅读中国古代文学，如果不知其人，就很容易像张惠言这样，掺杂了过多的"解码"。正如孟子说的那样，"颂其诗，读其书，不知其人，可乎？"① 文学本来就具有开放性，尤其是中国古典诗词，更以言不尽意、余味无穷作为主要艺术特色。因此，为了更好地理解作者，避免误解与曲解，应该结合当时的各种情况，进行综合分析，才能给出较合理的解读。

上面先看了后人的学习之作，我们现在或许应该转回主题，读一读屈原的创作，毕竟，这种手法是在他的手中发轫的。

《九章》中的《思美人》，文思发扬，依诗取兴，引类譬喻，表达自己对于重归楚国中央政权的最后努力和希冀。诗一开始就开门见山：

思美人兮，揽涕而伫眙。

媒绝路阻兮，言不可结而诒。

蹇蹇之烦冤兮，陷滞而不发。

申旦以舒中情兮，志沉菀而莫达。

① 《孟子·万章下》。

　　清人钱澄之的评价妙极："屈子之文，如寡妇夜啼，前后诉述，不过此语，而一诉再诉，盖不再诉，不足以尽其痛也。"此语生动形象，令人会心，不知道在钱先生写下这句评论的时候，脑海里面有没有"美人香草"的影子？屈原在这里思的美人，是知音或是君王已经并不重要了，只不过是他理想的一个寄托而已，但在后人眼里，这就成了一个足以效法的写作范式，被反复地学习与运用。

　　我们不妨再举一个《九歌》里的例子。出于巫歌的《九歌》，男女情爱之情更浓重。《九歌》里面的《湘夫人》，是祭奠湘水女神（一般认为是尧的女儿、舜的妻子娥皇女英二人）；而《湘君》则是祭奠湘水男神（大舜）的歌曲。作为一般读者，我们不必斤斤计较湘君与湘夫人到底原型是谁，只要阅读屈原的诗作，体味其中"求女"的感触与写法就可以了。在这两篇诗中，屈原汲取了楚国民俗中祭祀的相关因素，同时用男女对歌的方式来配合，独抒怀抱，表达寄托。《湘君》的开头，就模拟湘夫人（由巫女来扮演）之词来对湘君表达怨怼之情：

　　　　君不行兮夷犹，蹇谁留兮中洲？

　　　　美要眇兮宜修，沛吾乘兮桂舟。

　　　　令沅湘兮无波，使江水兮安流。

　　　　望夫君兮未来，吹参差兮谁思？

　　湘君犹犹豫豫，迟迟不来，到底是为什么？你停留在中洲，吹着排箫，又是迷上了哪位女子？

　　"心不同兮媒劳，恩不甚兮轻绝。……交不忠兮怨长，期不信兮告余以不闲。"两心不相同，情爱不深，终究是容易断绝的吧。交往不忠诚，让我怨恨悠长；言而无信，不来约会，却说没有时

间。——罢了，"时不可兮再得，聊逍遥兮容与"，还是自己打发时间，自己寻求解脱吧！

而《湘夫人》则是男巫代湘君立言的感慨歌唱。"帝子降兮北渚，目眇眇兮愁予。"湘夫人已经来了，而我湘君早就望眼欲穿。"沅有芷兮澧有兰，思公子兮未敢言。"眷恋湘夫人不敢明言，与她约好了盛大的晚宴。晚宴极度的繁华啊，装修精美华贵，九嶷诸神纷纷来贺。可惜湘夫人终究是没有来。"捐余袂兮江中，遗余褋兮澧浦。搴汀洲兮杜若，将以遗兮远者。时不可兮骤得，聊逍遥兮容

湘君湘夫人，门应兆绘。

与。"把定情物弃在江边，却还是不忍心，终究还是采摘香草杜若，等着未来送给心上人。心上人短期不会来了，那就这样等待着吧！

从诗的字面上看，《湘君》与《湘夫人》讲述了男女神双方等待心上人而不得的爱情悲剧，令人慨叹不已。但本质中看，如历代学者解释的那样，屈原实际上也在以之自况，不管是君子望美人而不得，还是美人望君子而不得，都不妨认为是屈原的人生自白，他在以此自比高洁，同时感叹时间之"不吾与也"。——至于是否影射了政治，我们不妨在此处"留白"，不作过多的阐释。

但"美人"不管是自比还是喻人，总归是一个抽象的概念。如何表现自己配得上美人之美呢？如果用同样的手法来铺写外貌，不但落入公式化，更不免陷入"小我"之中，有所局限。而屈原从楚

地自然风俗出发，又加入了香草的因子，可称别出心裁。楚国在沅水和湘水的交界处，是一个多山多河流的国家，气候湿润，利于香草植物的生长。不过，佩戴香草的习俗，似乎并非民间的习俗。一般说来，视觉的作用往往高于嗅觉，所以民间选择佩戴花草，更注意其视觉美感而不是气味。

比如《诗经·唐风·椒聊》写道："椒聊之实，蕃衍盈升。彼其之子，硕大无朋。椒聊且，远条且。椒聊之实，蕃衍盈掬。彼其之子，硕大且笃。椒聊且，远条且。"

花椒虽然具有香气，但诗里却只描写其硕大无朋的形状及其带给人的感受，并没有写到嗅觉。而屈原在《离骚》中写到的椒就完全不一样了。"昔三后之纯粹兮，固众芳之所在。杂申椒与菌桂兮，岂惟纫夫蕙茞！""苏粪壤以充帏兮，谓申椒其不芳。"与《椒聊》相反，这里只写了花椒的香气，而没有写到视觉看到的形状。

德国哲学家黑格尔说："艺术的感性事物只涉及视听两个认识感觉，至于嗅觉、味觉和触觉则完全与艺术欣赏无关。"[1] 这是来自西方哲学的思索，而屈原用其瑰奇的诗篇否定了这一观点。《离骚》及屈原诗赋中大量的香草意象，成为了一道亮丽的嗅觉风景线，香气袭来，给人以高洁不群的感觉。据统计，在屈原的诗作中，先后吟咏香草、香木一共三十四种，分别如下：

香草：江离（蘼芜）、白芷、泽兰、蕙（九层塔）、茹（柴胡）、留夷（芍药）、揭车（珍珠菜）、菊、杜若、胡（大蒜）、绳、荪、蘋、襄荷（野姜）、石兰、大麻、三秀（灵芝）、藁本、芭蕉、

---

① 黑格尔《美学》第一卷，朱光潜译，商务印书馆 2009 年版，第 48 页。

射干、撚支（红花）。

香木：木兰、椒（花椒）、桂（肉桂）、薜荔（木莲）、椒（茱萸）、橘、柚、桂花、桢、甘棠、竹、柏、杜蘅（杜梨）。

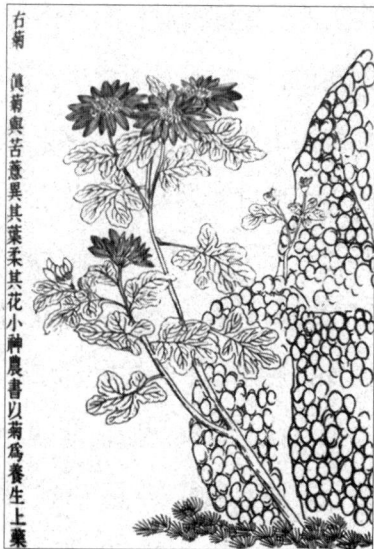

与《诗经》各篇歌咏的植物不同，可以看出屈原辞赋中所提到的香草香木，很少有粮食作物和经济作物，即使有也往往不是赞美的主要对象。香草香木大多数都是南方特有，具有楚国的地方特色，具有纯粹审美意义，超越了食用乃至实用的眼光。

这或许代表着屈原正在超越《诗经》的民间立场，不仅仅将目光放在日常人家的生活，而是像士人阶层、贵族阶层一样，形成了超越物质的精神审美，追求更高的品味与精致的生活。《诗经》各篇虽然经过当时的贵族知识阶层修改，使之雅化，流于四方，但其《国风》的底本，根本上还是来源于民间的传唱，所以记叙平民劳动的内容居多。而屈原的香草象征，无疑知识分子、士大夫的特点更强，就超越了饮食温饱的基本要求，上升到精神满足的层面上去。

所以，屈原的香草象征注定是雅化的，在知识阶层中的影响远比在民间影响要大得多。而这种雅化，最基本的一个标志就是屈原人格的"苏世独立，横而不流"。在恶草丛生的环境中，香草能够芬芳依然，出污泥而不染，实在是不容易做到的。"入鲍鱼之肆，久而不知其臭；入幽兰之室，久而不闻其香。"环境对人的影响是

巨大的。在浑浊腐朽的世俗社会中，屈原依然保持住自己精神人格的高洁，真的是难能可贵，这种人生观也正是贵族士大夫所坚守的底线，虽然不能闻达诸侯，兼济天下，但是可以永远地独善其身，无论环境再怎么艰难，仍然坚持修身洁己。这正是屈原的"香草精神"，在恶草恶木中，完全不为所动。香草不仅仅因其气味而香，更因为屈原所代表的高洁精神，而对后世的诗人、士人影响巨大。比如，屈原笔下的橘树，在唐代诗人柳宗元的笔下，又产生了新的意蕴。他的《柳州城西北隅种柑树》写道："手种黄柑二百株，春来新叶遍城隅。方同楚客怜皇树，不学荆州利木奴。几岁开花闻喷雪，何人摘实见垂珠？若教坐待成林日，滋味还堪养老夫。"柳宗元自称与屈原一样，喜爱橘树的高洁品行，故而不会像李衡那样用橘树来谋利。可惜，他却不得不被贬谪在柳州之地，恐怕将与芬芳的橘树终老了。又如兰，张九龄在《感遇》中写道："兰叶春葳蕤，桂华秋皎洁。欣欣此生意，自尔为佳节。谁知林栖者，闻风坐相悦。草木有本心，何求美人折。"兰桂正如君子之节，洁身自好，但这只是他自己所尽的本分，并不一定非要求得外界的称誉。这首诗被选入《唐诗三百首》的第一篇，千年来脍炙人口。

事实上，不宁唯是，屈原的香草象征不但超越了温饱这样的"人之大欲"，甚至进而超越单纯的审美，而上升到灵魂归宿的形而上层面。在《九歌》中，巫者手持香草，进行迎神和送神的活动，代表这是宗教中的"圣物"或"洁物"，能够通神。楚文化是重巫重神的，或许屈原也在这样的神圣仪式之中，给自己增添了无穷的力量吧！香草，或许除了芬芳的气味，也具有通灵神性的象征了。

六、从神到人，即人即神

《九歌》在屈原的诗作中具有特殊性。它渊源于沅湘巫歌，是楚国民间在祭神时演唱和表演的艺术，属于宗教性的歌舞剧。但经过屈原的改编与创作，从内容上仍然具有迎神送神的传统形态，清代陈本礼在《楚辞精义》中就指出："《九歌》之乐，有男巫歌者，有女巫歌者，有巫觋并舞而歌者，有一巫唱而众巫和者。"主唱者不一样，扮演的角色也不一样，有的是巫者扮演神，男巫扮男神，女巫演女神；有的是巫者迎神，男巫迎女神，女巫接男神，总体上都是娱神的歌舞，就如同王逸《楚辞章句》"昔楚国南郢之邑，沅、湘之间，其俗信鬼而好祠。其祠，必作歌乐鼓舞以乐诸神"的评价一样。这种歌、乐、舞合二为一的形式起源甚早，在远古蒙昧时代就有相关的传说流传下来。"昔葛天氏之乐，三人操牛尾，投足以歌八阕。一曰'载民'，二曰'玄鸟'，三曰'遂草木'，四曰'奋五谷'，五曰'敬天常'，六曰'建帝功'，七曰'依地德'，八曰'总禽兽之极'。"[①] 葛天氏是三皇时期的贤明君主，陶渊明在《五柳先生传》中写五柳先生（也就是陶渊明自己）志趣高洁，有古人之风，就在"赞"中叹道："无怀氏之民欤？葛天氏之民欤？"司马相如更在《上林赋》中写道："奏陶唐氏之舞，听葛天氏之歌，千人唱，万人和，山陵为之震动，川谷为之荡波。"这是一幅何其美妙的景象？葛天氏，这位传说中乐舞的发明者，给人以多少遐想！

《九歌》也是一种传说中的古老乐歌。但是，文学表现手法则

---

① 《吕氏春秋·古乐》。

变成了纯粹屈原个人的。《尚书·大禹谟》里面说："德惟善政，政在养民。水、火、金、木、土、谷，惟修；正德、利用、厚生、惟和。九功惟叙，九叙惟歌。戒之用休，董之用威，劝之以《九歌》，俾勿坏。"这里的《九歌》是大禹歌颂成就，劝励教化人民的一种"乐教"的乐歌。《大禹谟》出自东晋的《伪古文尚书》，多出后人附会，不足为坚强的史料，那么就不妨再看看屈原自己的引述。在《离骚》里，屈原自己便两次提到《九歌》：

"启《九辩》与《九歌》兮，夏康娱以自纵。"这里所说禹的儿子夏启与《九辩》与《九歌》很有渊源，似乎便暗示《九歌》始创于夏启。后来屈原在《天问》里也同样提到："启棘宾商，《九辩》《九歌》。"朱熹在《楚辞集注》里解释"启棘宾商"四字说："窃疑棘当作梦，商当作天，以篆文相似而误也。盖其意本谓启梦上宾于天而得帝乐以归。"朱熹的理解，认为这句讲的是：启到天神那里作客，得到了《九辩》《九歌》两种帝乐。这种观点应该是接近事实的。《山海经》里说："夏后启上三嫔于天，得《九辩》与《九歌》以下。"清代学者郝懿行《山海经笺疏》认为，宾、嫔二字古相同，"上三嫔于天"，与《逸周书·王子晋篇》"吾后三年将上宾于帝"讲的是同一件事。这样，上古时期的传说记载可以连缀起来，形成自圆其说的观点，即夏启到天神处作客（应该是根据夏启主持的某次祭祀而神化），得到了天上的《九辩》《九歌》之乐。那么，至迟到夏代，《九歌》应该就已经产生了。

"奏《九歌》而舞《韶》兮，聊假日以偷乐。"《韶》是孔子口中所说"尽美矣，又尽善矣"的乐舞，是贤君尧所作。《九歌》与之相提并论，应该是一种类似的乐歌。《大禹谟》里"九功惟叙，

九叙惟歌。戒之用休，董之用威，劝之以《九歌》，俾勿坏"的解释，虽然恐怕是后人附会的说法，但或许与《九歌》的本质有某种相近之处，也就是说，《九歌》是鼓吹"善"的乐歌。而从"聊假日以偷乐""夏康娱以自纵"来看，《九歌》又具有娱乐的用处，应该具有"美"的特点。我们考虑到《九歌》本来是"此曲只应天上有"的"天乐"，具有这些特色，令人迷醉，那就是自然而然的了。

在夏代的《九歌》之后，又有周代和楚国的两种《九歌》，性质应该大体相近。屈原所作的《九歌》，应该就是根据楚国的《九歌》加以改造与重新创作，而成为叙事抒情组诗，而从表现的情景来看，其原型很可能是原始戏剧的唱词也说不定（如闻一多先生说）。屈原所作一共有十一篇，分别是《东皇太一》《云中君》《湘君》《湘夫人》《大司命》《少司命》《东君》《河伯》《山鬼》《国殇》和《礼魂》。

　　为了将这些诗篇与"九歌"的总名做到名实相符，清代蒋骥在《山带阁注楚辞》里认为，《湘君》、《湘夫人》，《大司命》、《少司命》分别是一首歌的上下阕，可以合二为一，这样就符合"九歌"的数字了。近代学者闻一多、郑振铎等先生则认为，《东皇太一》是迎神曲，《礼魂》是送神曲，中间九首是正文，所以叫"九歌"。但更多的学者，如明代的汪瑗、王夫之等，都认为"九"只是一个虚数。正如清代大学者汪中在《释三九》里说的那样，"凡一二之所不能尽者，则约之三，以见其多。三之所不能尽者，则约之九，以见其极多"。我们今天成语中的"九牛一毛""愁肠九转""九死一生"等，都是类似的意义。姜亮夫先生则认为，九便是纠，是将这些歌词纠合、集合起来。这些问题有关学术，有关历史客观真实的讨论，学者的不同说法也各有其道理，但似乎看上去与对屈原作品的主观体验关系并不很大，我们不妨暂且放下这样"各是其是"的争论，直入文本，来与屈原一起探索人与神之间的关系。

　　《九歌》的第一篇是《东皇太一》。由于《西游记》的影响，当代人对昆仑仙境的西王母（王母娘娘）比较熟悉。《山海经》里说，西王母是先天阴气凝聚而成的；她是中国古代月亮崇拜的最高

神，也是太阴文化的最高神。而东皇太一则恰好与之相对应，是中国古代的太阳神，代表着"阴阳"中的"阳"。《吴越春秋》记载，越王勾践"立东郊以祭阳，名曰'东皇公'；立西郊以祭阴，名曰'西王母'。"东皇公也就是东皇太一。而"太一"则是至上之意，又叫"泰一"，是"天神之最尊贵者也。"，而楚文化的哲学家更用"太一"来指代"道"，"道也者，至精也，不可为形，不可为名，强为之名，谓之太一。"（《吕氏春秋·大乐》）所谓东皇太一，就是至高无上的太阳神，与无形无名、代表"道"的混沌"太一"结合起来的一种神，是楚人眼里地位最高的神祇。因此，对他的祭祀就需要格外虔诚："吉日兮辰良，穆将愉兮上皇。抚长剑兮玉珥，璆锵鸣兮琳琅。"巫者选择良辰吉日，抚按玉质的长剑，佩戴琳琅作响的玉佩，恭谨地娱乐东皇太一。

其下祭祀者为云中君，是古代的云神兼雷电之神。再下是湘君与湘夫人两位湘水的自然神、大司命（主寿命的神）与少司命（主管子嗣的神）、东君（日神之御）、河伯（河神）、山鬼（有鬼气的山神，或说是巫山神女）、国殇（楚国战死将士的魂魄）。最终以《礼魂》为结束，完成送神的仪式。

《招魂》和《大招》在楚辞中具有重要地位，而对其作者、题旨等的争议也相对比较大。王逸在《楚辞章句》中认为《招魂》是宋玉所作，《大招》是屈原所作。但司马迁在《屈原列传》里，特意提到"读《招魂》，悲其志"，那么《招魂》应该也是屈原的作品了。此说由明末黄文焕及清代林云铭两人加以发明解说，今人郭沫若、陈子展等推波助澜，至今质疑者并不很多。但这毕竟仍是揣测之辞，没有严格的文献依据，我们只有继续探问：这两首诗何为

而作？这两首诗所写的内容，皆华贵富丽，甚至令人感到有奢侈无度的倾向，显然不会是屈原自招或旁人招屈原，只能是招楚王之作。

何为招魂？古人认为，死者，尤其是客死在他乡的死者，灵魂找不到归途，就会永久停留在异乡，受到无穷无尽的苦难。除非他的家人替他"招魂"，使他听到亲人呼唤他的声音，他才能够循着声音归来，寿终正寝。这是灵魂信仰时代的一种巫术仪式，起源于原始文化时期，而在中国有几千年的传承历史，至今一些农村地区还沿用了这一风俗，作为丧葬风俗中重要的环节，代表了古人对死者灵魂安宁的最后祝愿。

旧说多认为，《招魂》与《大招》皆是招楚怀王之作，然而二诗如果都出自屈原一人之手，那么他何以要写作两篇形制类似，而水平高下又大不相同的诗来呢？这是难以解释的。于是有学者便开始怀疑宋玉是《招魂》的写作者。这样与文献不合的猜测，是为了与情理谋求切合点，证据仍略感不足。因此，另一种推论自然而然地就产生了，即《招魂》与《大招》两首诗都是屈原的作品，但所招的对象却不同。

《招魂》一诗作在楚怀王入秦、顷襄王初立的时候。这时候楚怀王尚没有死，但回国无望，已经成为事实。王逸对此注释说："（怀王）魂魄放佚，厥命将落，故作《招魂》，欲以复其精神，延其年寿。"这样看来，楚怀王当时只是身处险境，但暂时还在人世。在诗中，屈原按照招魂的辞体铺写了东西南北四方的凶险，接下来又以巫师的口吻，谈及楚国的美好，渲染楚王在宫中的舒适生活，表达对怀王回国的衷心期望。他叙写宫室庭院、离宫别馆，希望怀王能够重归王者之位。他既招怀王的魂（精神），又招怀王的魄

（身体），同时也多次写到了讽刺的内涵。他写道："君王亲发兮惮
青咒"，希望君王能够警惕，不仅指代怀王，似乎还提到了不以国
家为事的顷襄王。在仪式唱诗的限制下，能够有此讽谏，也是极不
容易的了。与一般空话平淡的应制之作不同，这是一首真正的文人
诗，所以司马迁才会读到此篇时，哀叹屈原的志向。

楚国的百姓们对于怀王虽然不满，但是比起顷襄王来，觉得怀
王有自己的好处，还是值得怀念的。崔豹在《古今注》里面就讲了
一个故事："楚魂鸟，一名招魂鸟，或云楚怀王与秦昭王会于武关，
为秦所执，囚咸阳，不得归，卒死于秦。后于寒食月夜，入见于楚，
化而为鸟，名楚魂。"这个故事显然来源于民间，可见百姓们总算
还是期待怀王的魂魄回归故里的。而身在高位的顷襄王，恐怕百姓
们反倒期待他赶紧离开楚国吧！

相比之下，《大招》的写作仪式色彩就极强了。赵逵夫先生认
为，这首诗招魂的对象是楚怀王的父亲楚威王。这首诗则只招精神
的魂，不招肉体的魄，可见死者并不是在外地死去的怀王，而是在
国内死去的王者。这首诗盛称楚国之乐，也是因为当时楚国局势尚
好，没有迫在眉睫的危机，而屈原也还年轻自足的缘故。比起来，
这篇的艺术力量比《招魂》为稍弱，更接近仪式唱词，而非一首充
满了个人感情的诗。这时候，屈原正负责着文学与祭祀的工作，这
是他的工作任务。不过，在这首诗里，屈原仍然流露除了他的政治
理想，他希望"发政献行，禁苛暴只。举杰压陛，诛讥罢只。直赢
在位，近禹麾只。豪杰执政，流泽施只。"希望楚国能够选贤与能，
从而以"魂乎归来！国家为只。……魂乎来归！尚三王只"的祝愿
为结，追念楚国先王盛德的同时，又有着一种光宗耀祖的使命感。

这种对政治的看法或许稍有幼稚，但却充满了真诚，与悲愤而歌的《招魂》不同，但都是屈原精神的表达。

七、天意从来高难问？纵横时空说《天问》

"何处招魂，香草还生三户地；当年呵壁，湘流应识九歌心。"

这是清代秦瀛为长沙屈子祠写的一副对联，嵌入屈原的《招魂》《天问》《九歌》三部作品，用语自然，感慨深沉，因此流传非常广。其中下联的"当年呵壁"，就是指的屈原的《天问》。《天问》是一首奇诗。在屈原留下来的作品中，可以将其大致分为三类：

第一类：《离骚》《九章》《远游》《卜居》《渔父》，这些是屈原政治生活、社会生活的记录，是他对自己生活与思想的记述。

第二类：《九歌》十一篇，这是一组取之于楚国巫风中的娱神歌曲。

第三类只有一篇：《天问》。不管是从文体、内容上，《天问》都难以与其他诗作归为同类，而是独树一帜，在屈原本属难读的"楚辞"中，具有特殊的地位。在千百年的传承中，这首诗的争议也最大，许多学者争论终生，却得出了甚至完全相反的解读。

那么，《天问》——这首三百七十多句，一千五百多字的长诗，到底想要讲的是什么呢？

首先要正本清源，从题目入手来分析何为"天问"？我们读过李太白的"青天有月来几时，我今停杯一问之"，读过苏东坡的"明月几时有，把酒问青天"，诗人把酒问天，把酒问月，写出了锦绣妙句，脍炙人口。我们也常读汪洋恣肆的庄子文章，在其《天下

篇》里面有介绍，惠施出使楚国的时候："南方有倚人焉，曰黄缭，问天地所以不坠不陷，风雨雷霆之故。惠施不辞而应，不虑而对，遍为万物说。"① 进行了一番宇宙起源的哲学辩论。这种手法似乎是屈原一脉，师出同门的，但他们都说的是"问天"，而不是像屈原那样说"天问"。汉代王逸作《天问章句》，解释"问天"与"天问"的区别说："何不言'问天'？天尊不可问，故曰'天问'。"这种说法很有趣，王逸把屈原当成了一位"尊天""敬天"的人，提出了严肃的问题，而不敢直言问天，所以用倒装的"天问"为题目。但是，从屈原其他的作品看，屈原虽然也敬神敬天，可他并不是如后世愚夫愚妇那样的诚惶诚恐，或如宗教徒那样的虔诚不苟，他的敬神观念，文学色彩是非常强的，屈原与神的关系，不仅是知己朋友的关系，甚至可以有爱情，甚至还有一些神，他是可以对他们颐指气使的。这种人神不分的感情，会有"天尊不可问"的敬畏心吗？我们不免感到，王逸是把汉儒那种过分谨慎的精神，"以己度人"地加在了屈原的头上吧！

事实上，"天问"不但不是恭谨敬畏的表现，相反，而是屈原桀骜自负之情的彻底表现。天问不是别的，正如同"张三问李四""小明问老师"一样，是天在提问，或者说，屈原在代天提问。

《易·系辞》说得好："法象莫大乎天地。"天何其至高无上，屈原何德何能，他如何能代天提问？而天提问，又是想让谁回答？让我们在质疑或批判屈原的"大逆不道"之前，还是先看看屈原写作的背景，这样才能理解这位文学家如何发出了"天之问"。王逸

① 钱穆《庄子纂笺》，第292页。

的解释分析虽然不免迂腐，往往曲解了屈原，但这毕竟是现存最早的注解楚辞的文本，时间距离也较近，很多内容是可以采信的。我们姑且忘却"天尊不可问"的公案，继续阅读王氏的解题：

"屈原放逐，忧心愁悴。彷徨山泽，经历陵陆。嗟号昊旻，仰天叹息。见楚有先王之庙及公卿祠堂，图画天地、山川、神灵，琦玮僪佹，及古贤圣怪物行事，周流罢倦，休息其下，仰见图画，因书其壁，呵而问之，以泄愤懑，舒泻愁思。"也就是说，屈原见楚先王祠堂的壁画，书而问之，写成了《天问》。由此来推测，《天问》应该是屈原在遭到怀王疏远以后，未被顷襄王放逐以前，在自己的封地——三闾写下的。这时候，屈原确实是"嗟号昊旻，仰天叹息"的，而他还没有成为被放逐的犯人，有资格参观楚国先王先公的壁画——恰好很多就在三闾一带，具有写作《天问》的一切条件。——当然，也不排除屈原并非"呵壁"，而是参观在前，写作在后，并不发生在同一时间的可能性。

屈原参观的壁画是什么样的，我们今天已经无从得知。但同时期壁画的一些情况还是可以了解到的。

东汉王延寿，是楚辞名家王逸的儿子，也是一位有才能的文学家。他的名作《鲁灵光殿赋》，对灵光殿的建筑与壁画都有着生动华美地描写。才女蔡文姬的父亲，东汉末年的大文学家蔡邕，游览灵光殿时，开始正苦思写赋，读到王延寿的这篇赋后，就甘拜下风，"甚奇之，遂辍翰而已"。赋里面对壁画的描写是非常生动的，不妨全部摘录下来：

"神仙岳岳于栋间，玉女窥窗而下视。忽瞟眇以响像，若鬼神之仿佛。图画天地，品类群生。杂物奇怪，山神海灵。写载其状，

托之丹青。千变万化，事各缪形。
随色象类，曲得其情。上纪开辟，
遂古之初。五龙比翼，人皇九头。
伏羲鳞身，女娲蛇躯。鸿荒朴略，
厥状睢盱。焕炳可观，黄帝唐虞。
轩冕以庸，衣裳有殊。下及三后，
淫妃乱主。忠臣孝子，烈士贞女。
贤愚成败，靡不载叙。恶以诫世，
善以示后。"

山东武梁祠西壁画像石

　　丹青壁画，千变万化。这里描写了壁画有山海神灵这样的神话传说中的人物，也有半人半神的人皇、伏羲、女娲等，还有历史上的黄帝、尧、舜等贤明君主，后代的忠臣孝子等等，可以说从神到人的历史都有，与《天问》的内容大体相符合。不过，这里的顺序是按时间先后整理过的，带有后人理性分析思考的因素（可能是绘画者加以理顺，也可能是王延寿在写作中使之条理化）。而不按时间顺序，甚至毫无逻辑，随意为之的画也很多。比如嘉祥墓室的汉画像石……

　　今存屈原时期楚国的类似图画也有很多，比如 1949 年在长沙陈家大山楚墓中出土的龙凤人物画（如图）、1973 年在长沙子弹库楚墓中出土的驭龙图。前者表现龙凤引导人的灵魂升天，后者则是人的灵魂乘龙升天。更令人惊讶的是，后者乘龙的男子，也是高冠博袖长袍，颇类似屈原本身形象。此画为战国中期所作，相当于屈原所处时期甚或更早。所以，屈原观壁画而作《天问》，从这个角度上说，并不是一点没有根据的。不过，骤然认为观壁画与作《天

问》有着直接的关系，不免失之穿凿与武断，但屈原观壁画，或许正是他创作《天问》的一个有意义的契机。

在这种情况下，"三次元"的屈原观看"二次元"的壁画，而也正是因为我们不知道屈原所看壁画的内容与形式，对于《天问》的解读，对于屈原写作时的思想与感情，就都难免有"雾里看花，终隔一层"的遗憾。王逸面对《天问》，他的看法是"楚人哀惜屈原，因共论述，故其文义不次序云尔"。他认为屈原"呵壁"不是一时一地之作，在屈原死后，楚人为了纪念屈原，因此将这些呵壁之作缀合在一起，成为今天我们读到的《天问》。这就把作为一首诗的《天问》拆碎成若干首不成诗的片段了。这种说法实际也不合逻辑，是王逸面对费解诗句时的牵强议论。司马迁在《史记·屈原贾生列传》里感慨道："余读《离骚》、《天问》、《招魂》、《哀郢》，悲其志。"① 这里没有提到《九章》《九歌》这样相对更容易理解的组诗，反而特别提出了《天问》，将其列到与《离骚》同等的高位置上，认为代表了屈原那令人感慨悲叹的志向。这就足以证明《天问》是一首可称屈原代表作的诗，而不是若干资料的杂纂了。

但《天问》又确乎是难以卒读的，如果作为一首诗，为什么会

---

① 钱穆《庄子纂笺》，第 292 页。

具有这样的情况呢？于是很多学者又提出了"错简说"。先秦时期，人们的写作利用一片一片的竹简，然后用绳子编联起来，成为一卷一卷的书籍。但如果绳子磨断了——如孔子读《易经》"韦编三绝"，编书的牛皮绳子多次磨断——而又没有及时整理的话，很可能导致次序错乱。于是学者们就开始怀疑，在流传的过程中出现了"错简"的过程，导致《天问》变得不合逻辑。确实，作为一首诗，句子本身比较短，前后的意义联系又不明显，顺序颠倒是很可能发生的事情。不惟《天问》，《庄子》等先秦典籍也都存在这样的情况。但认为《天问》有较大规模的错简，这种看法始于清代学者屈复的《天问校正》，但影响并不大。近代以来，疑古思潮大盛，楚辞学界的不少名家都纷纷动手，重新梳理《天问》的次序，包括游国恩、郭沫若、唐兰等等名学者都做过相关的工作。而登峰造极的成果，则要首推 1974 年苏雪林的《天问正简》。苏氏的这部书认为，《天问》是"域外文化知识的总汇"，需要根据外国文化进行重新梳理，将其原有顺序全部打乱。在《天问正简》中，372 句的《天问》，不加移动的只有 44 句，其余的都被改变了次序。这无疑是一种再创作了——一种否定了两千多年学者努力的再创作。

我们应该赞赏这些学者的努力，他们在研究过程中付出了艰辛的劳动，以己意来度量屈原的原意，并冒天下之大不韪而加以改动，力图再现屈原作品的原貌。但可惜的是，这些方法本身就缺乏相关的依据，不管是从外证——相关的文献版本资料，还是从内证——屈原创作中的相关思想活动来看，都只能认为是一种有趣的猜想。即使想法是正确的，但也只能是一种猜想，没有佐证来支持其合理性。在这些学者的眼中，好像把《天问》与扑克牌联系在一

起了：只要读者自己洗牌，就能重新排列成一首有趣的诗篇。这种情况倒并非不可能存在，上个世纪50年代，法国第二代新小说派作家马克·萨波塔的《作品第一号》，就是这样的一种著作。这本书就像扑克牌一样，没有页码、没有装订，每一张书稿只有正面有文字，反面是空白的，而且可独立成篇。除了前言与结尾之外，文字任意摆放，没有顺序。读者在每次阅读前可以任意"洗牌"，从而产生不同的故事。这不正是某些楚辞学家解读《天问》的方法吗？爱好新奇的读者或许会喜欢这种形式，但这到底不过是娱乐而已。屈原，他会在三千年前写下这么一部扑克牌式的《天问》吗？正如屈复同时期的学术大家戴震严厉批判的那样，答案恐怕是否定的。

否定，或者说质疑了没有根基、没有证据的"错简说"之后，就难免要寻找其他的思路来解读这首奇诗。早在宋代，洪兴祖就提出"夫天地之间，千变万化，岂可以次序陈哉"，他认为，天地万物本来就千变万化，要想完全按顺序来叙述如此广阔的内容，恐怕是做不到的，所以无序是难免的。实际上，天地的千变万化或许在其次，作为直接诱因的无顺序的壁画，可能在影响创作中起到了更重要的作用。《天问》是一首诗，并不是叙事严密的小说，更不是要求缜密理论的科学教科书，其中具有非理性"意识流"的成分，这并非不可能，也并非是致命伤，强行要求诗具有叙事文体的性质，反而有削足适履之嫌。更何况，中国诗本来就有非理性的特质——"夫诗有别材，非关书也；诗有别趣，非关理也。而古人未尝不读书，不穷理。所谓不涉理路、不落言筌者，上也。"严羽在《沧浪诗话》中，不是明明白白地揭示了这一点吗？当代学者杨义在《楚辞诗学》中，更是用现代的理论进一步来阐释。他说："应

该看到，成功的文体变式中存在着天才，抹煞了变式，就等于抹煞了天才。《天问》不是给你讲一个完整的古老的故事，而是在故事的片断、缝隙之中和投影之外，讲一种独特的哲学。……它在人类诗歌史上不可代替的真正价值和贡献，正在乎它破天荒地创造了高度错乱时空顺序以深化哲学联想的诗歌表现形态，它创造了以时空漫无头绪的对撞以激发语言的意义活力的奇迹。……在浩瀚无垠的天之所问面前，有限的时间空间又何妨作一些别有意味的错乱？"①这种看法是值得我们深思的。当然，如果屈原真的是呵壁而作《天问》的话，那么这种错乱也许是对壁画原貌的"纪实"，而具体情况我们便不得而知了。

天问，顾名思义是天之问，而其核心在于"问"字。对宇宙问题发问，似乎是楚人特别热衷的一件哲学活动。《庄子·天运篇》的开头就是一长段的发问："天其运乎？地其处乎？日月其争于所乎？孰主张是？孰维纲是？孰居无事推而行是？意者其有机缄而不得已乎？意者其运转而不能自止邪？云者为雨乎？雨者为云乎？孰隆施是？孰居无事淫乐而劝是？风起北方，一西一东，有上仿徨。孰嘘吸是？孰居无事而披拂是？敢问何故？"②

此外的断篇残简也很多，正如我们前面所引述的黄缭问惠施"天地所以不坠不陷，风雨雷霆之故"等等，甚至连"杞人忧天"的故事也如此，那个关心宇宙的杞人，其国家杞国最终也被楚国所吞并了。

---

① 杨义《楚辞诗学》，人民出版社。
② 钱穆《庄子纂笺》，第125页。

　　这种对宇宙的关心，实际上渊源于巫的传统。在《庄子·天运篇》的长篇提问以后，由著名的楚国巫师巫咸来对这些问题作出了解答。而从《逸周书·周祝解》里面，我们更可以看出来，通过对自然界的设问，来达到政治生活的劝诫，更是与《天问》有着某种一脉相承的关系。巫负责沟通天上的神与地上的人，通过设问和类比来达到劝诫百姓的目的，是巫的重要政治和文化活动，而屈原，他曾经是管理过祭祀等宗教仪式的一位大巫，对这种技术应该是娴熟的。在楚国这种巫风浓郁的环境之下，他受到巫者的影响（当然并非仅仅受到巫者的影响），写作《天问》就并不奇怪了。

　　实际上，不仅是中国文化、楚地文化如此，根据现代学者研究发现，其他古文明也具有这种向宇宙发问的宗教传统。比如古印度的《梨俱吠陀》，其第一章云："太初无无，亦复无有。其间无元气，其上无苍穹。何所覆之？伊谁护之？何处非水，深不可测？"

　　第六段云："孰知其真？孰穷其故？何所自生？何因而作？明神继之，合此造化。是谁知之？孰施行之？"

　　《圣经旧约·约伯传》也有近似的发问：

　　　　是谁定下地的尺度，是谁把准绳拉在其上？

　　　　地的根基安置何处？地的路标是谁安放的？

　　　　……光明从何而至？黑暗原来位于何所？

　　看来，人类文化的共同心理有如此，发问诗句、文章也层出不穷，但若仅仅是这样，《天问》至多只能算一篇重要的哲学文献，与《离骚》等寄托了深厚情感的抒情诗篇毫无可比性。而《天问》之所以让太史公"悲其志"，更在于其背后有着广阔的关怀与理想。

　　《天问》偶有七言句，但通篇基本都是四言诗，与以"兮"为

主要标志的《离骚》等诗，有着体式上的差别。不过，这似乎也是楚文学的一种形式。汉高祖十二年时，刘邦病重。当时他本想更换太子，立宠爱的戚夫人之子赵王刘如意为新太子，废除吕后之子刘盈（即后来的汉惠帝）。但刘盈听从了张良的建议，请来了传说中的贤人长者，商山四皓来辅佐，从而得到大臣们的支持。刘邦知道废立之事已经无望，于是召来戚夫人，让戚夫人跳起楚舞，自己唱歌相和，来表示安慰。其词曰：

> 鸿鹄高飞，一举千里。羽翮已就，横绝四海。横绝四海，当可奈何？虽有矰缴，尚安所施？

与《大风歌》的七言不同，这样的四言不仅是《诗经》常见，楚歌中也有类似的句式。而《天问》所代表的，正是这样一种写作文体。

虽然《天问》至今仍让人感觉佶屈聱牙，不易理解，但大致来看，还是有一定的脉络可循。前半部分在是问宇宙，发问宇宙起源、天体运行、日月星辰等等的问题。但这不免引起了读者的疑惑：屈原是以天的视角来提问，为什么问的都是宇宙原理，形成了"以天问天"的悖论？这里面的逻辑何在呢？——或许就如同杨义等学者认为的那样，《天问》这首诗是"超逻辑"的文本？或许，我们可以这样来揣度——当然未必符合屈原的本意：《天问》中的提问，虽然是宇宙原理的内容，但归根到底，都是人对于天的猜想和梳理，在天本身，是否有这种条理则甚可商榷。天为混沌之天，世界开辟以前，混沌未分，模糊一团，茫茫渺渺，令人视之不见，听之不闻，对于后来人为的界定自然不会了解。于是天对宇宙问题发问：问的看似是天本身，其实更是人界何以如此给天定位。——屈

子问的不是宇宙原理，不是我们今天的物理学、天文学、地理学这样的科学知识，而是哲学上"不为尧存，不为桀亡"的天道。齐国名相管仲说得好："天道之数，人心之变。"呵而求问天道的原理，进而探索人道的实施，恐怕才是屈原真正想要探寻的内容吧。

"天道远，人道迩"，于是，自然而然的，《天问》的后半部分则是问人间历史，从大禹开始，一直问到春秋战国。发问的核心只有一个，那就是"君臣之道"。上古史疑案纷纭，屈原的所问，也介于神话与历史之间，难以严明判分界限。但神话与历史都不过是表象而已，如同意大利史学家克罗齐所说："一切历史都是当代史"，"历史学绝不是有关死亡的历史，而是有关生活的历史"——屈子关心的，不是朴学家的"考据之学"，而是历史（在当时人的眼中，也涵盖一些神话内容）如何影响生活的问题。他关心的不是吃喝玩乐的日常世俗生活，而是楚国和屈原自己的政治生活。如何做到君臣遇合，成就一番振兴楚国的事业，是屈原对楚国的期待，也是他自己毕生的追求。在他面对的暴君弃贤的现状之下，屈原的志向理想难伸，于是他代天发问，来表达自己的现实忧患。

> 充分地理解过去，我们可以弄清现状；深刻地认识过去的意义，我们可以揭示未来的意义；向后看，就是向前进。——（俄）赫尔岑

屈原做到了这一点。但他只能"独醒"，而无力改变这个举世皆醉的现实。当年呵壁，也只不过留下无尽的感慨而已，正如《天问》的最后所写：

> 薄暮雷电，归何忧？
>
> 厥严不奉，帝何求？

伏匿穴处，爰何云？

荆勋作师，夫何长？

悟过改更，我又何言？

吴光争国，久余是胜。

何环穿自闾社丘陵，爰出子文？

吾告堵敖以不长。

何试上自予，忠名弥彰？

郭沫若翻译这一段诗时，将原文顺序略做了一番调整，其翻译内容如下："藏在岩穴时做了些什么，阖闾终于战胜了我们？公之女异常淫荡，何以又生出了令尹子文？杜敖为什么被弟弟杀了，竟那么地可怜无告？熊恽杀杜敖而自立，何以忠直之名愈高？"

"天已昏黄，雷电交加，我回去有什么可怕？自己的尊严不肯重视，求上帝又有什么办法？为什么好大喜功，要先出兵去攻打邻邦？如肯悔过自新，痛改前非，我还有什么好讲？"

钟敬文先生说的好："诗人是真正的预言家。他的敏感使他预见到人世未来的祯祥或灾祸，而他的诚实使他敢于宣布他。"此语当然不免霸悍，但诗人却应该有这种担当，朝着这种方向努力。而诗人中的王者——屈原对此是当之而无愧的。《天问》是屈原诗篇中唯一的表现理性之作，而这种理性与后代的"唯物主义""科学主义"相比，则又是有诗味的，是不落言筌，象在言外的呵问，是对历史哲学和个人命运的神思与深思。他质问天道、人道的原理，更公然呵问不合理的存在。在《天问》中，屈原涉及了无比广博的内容，表现出了他对古史的熟悉之深。在这样深厚的历史面前，屈原并非如历史考订家一样一一地考据与怀疑，而是致力于将个人、

国家、天下连接在一起，从而表现出诗人胸怀天下的政治抱负。可惜，这种抱负又是不能实现的，从而导致了诗人的痛苦。这就像刘大杰先生所说的那样："（《天问》）篇中虽无放逐之言，流窜之苦，但全文中却表现一个正陷于怀疑破灭途中的最苦闷的灵魂。这一个灵魂，恰好是屈原的灵魂。"

可惜，正如历史上众多的天才之作一样，《天问》一样不免被误解。胡适说，"《天问》文理不通，见解卑陋，全无文学价值"；郑振铎也说，"《天问》是一篇无条理的问语"，这种误解自然颇不足道。不过，即使是被后人认为可比《天问》的柳宗元的《天对》，与屈原原作的境界差距也不啻霄壤之别。柳宗元列于唐宋八大家之一，在文学和哲学领域都有相当高的成就，可以算是"唐代的唯物主义者"。他写作《天对》，将屈原呵壁而问的诸多问题一一进行了解答。从哲学上看，这篇长诗自有超越时代之处；从文学上讲，也有独到精彩的地方，足以称作是一篇大著作。不过，若轻易以为柳河东这首诗"真可以对《天问》矣"（刘克庄语），则未免过于溢美。明代蒋之翘就批评说："《天问》一篇，原屈子不顾其可问不可问，只是矢口而谈，纵笔之所之，以发吾之牢骚焉。故后之读者，亦不必论其言之经与否也。柳宗元不知，乃作《天对》以摅其实，词多附会可笑。试思凡事皆于发难生情，一说出，纵解颐之论，亦觉无味。况所对大不合所问者乎。"① 此语不免有明人随意臧否，妄议古人的地方，但未尝没有道理。唐代诗人李贺曾经评价说："《天问》语甚奇崛，于楚辞中可推第一，即开辟以来，可推第

---

① 蒋之翘《七十二家评楚辞》。

一。"——这样的神作，又如何能轻易"对"得？柳宗元的《天对》，虽然价值也很高，但不免过于着实，而少了屈原笔下的几分诗味和天马行空的思考。

让我们不妨用印度诗人泰戈尔《飞鸟集》里的一首诗，来作为本节和本章的结束吧，这首诗不仅可以指向《天问》，更可以激发我们对于屈原追寻与坚守天道的回想：

> 海水呀，你说的是什么？
>
> 是永恒的疑问。
>
> 天空呀，你回答的是什么？
>
> 是永恒的沉默。

第四章

行吟的传唱

　　钟敬文先生说得好："由于心脏的搏动而咏唱出来的真理，是诗。"① 屈原是中国第一名专门作诗的诗人，他开启了中国诗人独立创作，写成锦绣诗篇的时代。如果说《诗经》还是民间文学、实用文学与贵族文学的混合体，那么屈原的诗篇，则是文人诗的开头。——"文人文学，不得用大众实用之斗筲量之。"（陈子展《楚辞直解》）。后世中国诗的雅正而激烈，艳丽而含蓄，在屈原身上都可以找到传统。在《传统与个人才能》一文中，英国著名诗人T·S·艾略特就提出，一个作家不能脱离传统创作，但能像催化剂那样使传统起变化，这就是作家个人才能之所在。文学批评的功能就是要把读者所未能见到的事实，摆到读者面前，提高读者欣赏和感受的能力。这就恰如中国古典文论中的"脱胎换骨""点铁成

────────

　　① 钟敬文《诗心》。

金"，把原有的材料用更高的艺术水平表达出来，乃成为新的不朽诗篇。而当读者读到后来之作的时候，亦只有了解到诗的语源，洞明其"父子关系"，才能够得到更深入的理解。屈子的诗篇，本来就是字字珠玑的经典，宋代文学天才苏东坡赞赏他说"吾平生所学而不能企其万一者，屈平一人而已"；当代学者陈子展先生也认为屈原远比荷马、但丁、歌德、莎士比亚伟大。放在世界诗学之林中，屈原无疑也是执牛耳者，能与他相提并论者实在少之又少。因而，他也就自然成为了文学创作的典范，成为了后世诗家竞相学习的目标。后世之诗虽然比前代的易懂，但如果不能了解以屈子为代表的创作手法与写作精神，纵然是易懂的文本，也难以曲尽其妙处。

不过，或许有人会问，在这样的文学天才面前，又有谁敢说上个"点铁成金"？

> 然不易其意而造其语，谓之换骨法；窥入其意而形容之，谓之夺胎法。——惠洪《冷斋诗话》

点铁成金是不易的，大体说来，能将屈赋夺胎换骨，也是非名家作手不办，这样的作品便在文学史上足以大书特书；即使是夫子步亦步，夫子趋亦趋，也足以传名后世，卓然自立。因此千百年来，诗人罕有不祖述屈原，宪章《风》《骚》的，原因正在于此——取法乎上。

一、窃攀屈宋宜方驾——文人文学之源头

继屈原而起者，首先要推举宋玉。

宋玉是屈原之后的楚国文学家，一般认为他是屈原的学生，写有《九辩》《登徒子好色赋》《高唐赋》《神女赋》等诗赋作品。相

宋玉像

比起来，某种程度上宋玉比屈原的个性甚至更加张扬，在《对楚王问》中，他的少年意气彰显无遗，不免得罪了很多人。加上他出身寒微，虽然据说他当过楚国的大夫，但在政治上未曾担任过重要职务，显然比屈原更加不得志。他的《九辩》是屈原以后第一篇经典之作，模拟屈原，而又有自己的独创性。《九辩》与《九歌》往往并称，应该都是历史悠久的巫歌，但屈原作《九歌》，还有很多祀神的内容，而宋玉的《九辩》，就完全脱去了巫歌的痕迹，借自然山水与动物来抒发感情，与后世文人山水诗的形貌更加近似，看来是经过了极大的改编。对于这首诗的主旨，王逸认为，这是宋玉悲悯他的老师屈原而作；但这同时也是一篇自我叹息、自我哀怜的诗。

> 悲哉！秋之为气也。萧瑟兮，草木摇落而变衰。憭栗兮，若在远行。登山临水兮，送将归。泬寥兮，天高而气清；寂寥兮，收潦而水清。憯凄增欷兮，薄寒之中人；怆怳懭悢兮，去故而就新；坎廪兮，贫士失职而志不平；廓落兮，羁旅而无友生；惆怅兮，而私自怜。

仅看诗的开头几句，就可以看出宋玉比起屈原，或者说《九辩》比起《九歌》，少了几分"仙气"，却多了几分人情味，他自怜"贫士失职而志不平"，终生坎廪，无限惆怅。这也是古今贤人往往不能躲开的命运。正如杜甫在《丹青引赠曹将军霸》说的那样：

"但看古来盛名下，终日坎壈缠其身。"这一段用写景来先声夺人，
酝酿出来的气势，迸发的热烈情感，也足以动人心魄。如果说，
《离骚》是在忧国，那么，《九辩》就是在忧生。两种境界，没有高
下之别，各是一种伟大的胸怀在背后支撑。

除了自怜之外，宋玉也不免替他的老师屈原感到伤怀："悲忧
穷戚兮独处廓，有美一人兮心不绎。"有美一人，不是屈原又是谁
呢？宋玉感慨道："以为君独服此蕙兮，羌无以异于众芳。闵奇思
之不通兮，将去君而高翔。"香草被弃，将要去君高翔远走。这几
句正是袭用了屈原《离骚》的香草美人之义，更表明了去国独行的
情怀。只是，屈原虽然情似"寡妇"，感情真挚，反复陈明自己的
内心，却有着坚强的心灵。屈子的《离骚》《远游》，皆振翮高举，
能够上窥逍遥游的至清之境，令读者在叹服其恢弘想象的同时，见
到一位"路漫漫其修远兮，吾将上下而求索"的诗人。而宋玉的感
怀则相对柔弱许多。"心闵怜之惨凄兮，愿一见而有明。重无怨而
生离兮，中结轸而增伤。"这种哀怨虽然也同样动人心弦，却略嫌
柔弱，比屈子的大境界要逊一筹。结尾，宋玉化用屈原《远游》中
的意象与感情，他写道："愿赐不肖之躯而别离兮，放游志乎云中。
乘精气之抟抟兮，骛诸神之湛湛。骖白霓之习习兮，历群灵之丰丰。
左朱雀之茇茇兮，右苍龙之躣躣。属雷师之阗阗兮，通飞廉之衙衙。
前轻辌之锵锵兮，后辋乘之从从。载云旗之委蛇兮，扈屯骑之容容。
计专专之不可化兮，愿遂推而为臧。赖皇天之厚德兮，还及君之
无恙！"

虽然没有屈原《远游》的壮丽曲折，相对匮乏一种"重向道之
本质突进"的深刻，但文笔华美，语调生动，多用双声叠韵之字，

显得华美优雅，也足为后世取法。虽然同是"有美一人"的托体代言，意象思路与屈原也近似，但总体的气质有了变化，情景交融，别有一番滋味，诗里面少了屈原的沉重，却多了宋玉的轻灵。

> 接踵而日进兮，美超远而逾迈。……世雷同而炫耀兮，何毁誉之昧昧。……处浊世而显荣兮，非余心之所乐；与其无义而有名兮，宁处穷而守高。

可以看出，跟当时的有识之士一样，宋玉对于楚国当时的政治同样是不满的。不过比起屈原的激烈来，宋玉不免有一些"谦卑平庸"，他的文字虽然也算得上蹈厉发扬，但更多是文采的流动，乃至少年人的轻狂冲动，而屈原人格中的刚健中正之气，是宋玉所不具备的。或许，这种气质来自于天生吧！屈原在《离骚》中，那种介绍自己身世的自豪感，有如孔子"天生德于予"的大气魄，哪里是人人都能拥有的？宋玉作为一介失职寒士，他的处世态度难免有退缩委曲的地方，就算是飞扬起来，也缺乏中庸人格的有力支撑，这也是人之常情。

不过，不管怎么说，虽然后人普遍认定宋玉的文学造诣比屈原逊一筹，但他在诗歌艺术上有着新的创造，在文学史上也算第一流的作者，后世将二人合称为"屈宋"，认为宋玉是屈原的接班人，这种评价也算得上是恰如其分了。

除了宋玉以外，屈原的后继者还有唐勒、景差等人。但他们的作品今多不传，司马迁也只是提了一句说："屈原即死之后，楚有宋玉、唐勒、景差之徒者，皆好辞而以赋见称；然皆祖屈原之从容辞令，终莫敢直谏。"能够与宋玉并称于世，想来唐勒、景差的文学功力应该也是比较强的，不过与宋玉一样，他们学到了屈原的文

采风流，却终于没有学到屈原中正不屈的人格气概，"终莫敢直谏"也说明了他们文学地位低于屈原的关键问题所在。徐晋如《缀石轩诗话》说："一流诗人书写生命，二流诗人藻雪性情，三流诗人只是构想、藻饰功夫。"书写生命，看上去似乎简单，但千千万万的诗人们可曾想过，什么样的生命才值得书写，书写之后才会动人？当然只有足以传世的人格，才配得上足以传世的写作。正因为如此，所以屈子是文学史上的天才，是千年难遇的彗星；而宋玉乃至唐勒、景差，则是人间诗人的佼佼者而已，他们只不过学得屈原诗赋的一部分优点，便足以在当时和后世都流传大名了。

东汉王逸的《楚辞章句》，除了收录了屈原的 25 篇传世之作以外，还将屈原以后的楚辞名作附在后面。其中有宋玉的《九辩》，传名贾谊作的《惜誓》，淮南小山的《招隐士》，东方朔的《七辩》，严忌（本姓庄，因避汉明帝刘庄讳，改称严忌）的《哀时命》，王褒的《九怀》，刘向的《九叹》，以及王逸自己的《九思》。事实上，楚辞已经不只是代指屈原等人作品的合称，更进而成为一种文体。诗是一种文体，但唐诗只能特指唐人的写作；词是一种文体，但宋词只有宋人才能创作。而楚辞则并不是楚国人，也不是楚地人的专利，而是每个人都可以仿效的文体。比如，宋代著名诗人范成大就写作有《楚辞四首》，主要运用"兮"的写作方式，取法《离骚》《九歌》等。大体从文体形式来看，屈原的诗赋可以分为四类：

第一类：《天问》《橘颂》《招魂》《大招》，是四言诗体为主的，与《诗经》相近；

第二类：《卜居》《渔父》，类似先秦诸子中"问对"的文

章，属于小赋；

第三类：《九歌》，主要受到民歌、祭歌的影响，应该是能够歌唱的，但同样具有诗的文学美感，比一般歌词的文学水平高；

第四类：《离骚》《九章》等，应该不能歌唱，是"不歌之诗"。

《九歌》与《离骚》、《九章》的句式较为相近，但揆其本源，也有一定的区别，因此分为两类。所以，即使从楚辞本身来看，包含也是非常广的，没有局限在某种写作方法之中。屈原对各种文体兼收并蓄，达到了"海纳百川，有容乃大"的境界，底蕴深远，魅力极强。所以，在后代的诗作中，处处都可以看到屈原或明或隐的影响，也就难怪后人有着"一世之士，皆祖屈原"的说法了！

限于篇幅，我们难以一一备述屈原对各种文体的实际影响到底有多深远，但仅从骚体诗、赋的流脉略加梳理，就可以看出这种文体几千年来的生命力了。诚然，"一代有一代之文学"，在汉代以后，楚辞这一体裁逐渐走向衰微，再也没有达到过屈原、宋玉一代人的辉煌成就，但是影响却还是绵延不绝的，并没有终结过。汉高祖刘邦是楚人，对楚地文化有着深厚的感情，所以尽管到了汉代，楚文化的影响力依然很大。《大风歌》这样具有楚风的诗作我们已经多次提起，这里我们不妨再读一首汉武帝的《秋风辞》：

秋风起兮白云飞，草木黄落兮雁南归。

兰有秀兮菊有芳，怀佳人兮不能忘。

泛楼船兮济汾河，横中流兮扬素波。

箫鼓鸣兮发棹歌，欢乐极兮哀情多。

少壮几时兮奈老何！

明代文学家王世贞认为，汉武帝的文学成就虽然不及司马相如，但却比另一位著名文学家扬雄要高。这首骚体诗是武帝在宴会中即兴所作，但是一唱三叹，感秋摇落之情甚深。秋风乍起，白云飘零，草木凋落，鸿雁南飞，不禁令人怀想起在水一方的佳人。君臣泛舟中流，箫鼓齐鸣，正在这欢饮之际，忽然甜中生苦，盛年已过，“老冉冉其将至”，即使是贵为天子，也对这自然规律无能为力，这又怎么不让人忧伤呢？全诗流畅隽永，移物入情，不禁令人想到《离骚》中“日月忽其不淹兮，春与秋其代序。惟草木之零落兮，恐美人之迟暮”的句子。鲁迅先生评价这首诗说“缠绵流丽，虽词人不能过也”，确实是这样的。想不到雄才大略（批评者则认为穷兵黩武）的汉武帝，也有这样缠绵细腻的情怀。

初唐四杰中的卢照邻，一生坎坷，多遭磨难，晚年患有风疾，不堪忍受病魔痛苦，投水而死。30岁左右时，他曾因横祸入狱，在狱中写有《狱中学骚体》一诗，以记其事。诗是这样写的：

夫何秋夜之无情兮，皎皇悠悠而太长。

目户有其幽这兮。愁人披此严霜。

见河汉之西落，闻鸿雁之南翔。

山有佳兮桂有芳，心思君兮君不将。

忧与忧兮相积，欢与欢兮两忘。

风袅袅兮木纷纷，调绿叶兮吹白云。

寸步千里兮不相闻，思公子兮日将暝。

林已暮兮鸟群飞，重门掩兮人径稀。

万族皆有所托兮，麦独淹留而不归。

可以看出，楚辞的风味还是很明显的，"山有佳兮桂有芳，心思君兮君不将"，仿佛让人想起了《越人歌》的"山有木兮木有枝，心悦君兮君不知"，又仿佛让人想起了屈原的"沉有芷兮澧有兰，思君子兮未敢言"，加之汉武帝的"兰有秀兮菊有芳，怀佳人兮不能忘"，也同样让人感觉，不论是感情还是写法上，都如出一脉。"忧与忧兮相积，欢与欢兮两忘"，其文辞才华出众，感慨万端，可称继承屈骚意趣。

李白像

当然，说到唐诗，就不能忘记才华横溢的诗仙李白。

李白是中国文学继屈原以后的另一颗明珠，传说他"有仙风道骨，可与神游八极之表"，他的诗赋文章，皆迥出时人之上，被同时代的名诗人贺知章称作"谪仙人"。李白与屈原，之间的相近之处极多。两人都是千年一遇的文学天才，知识面广博，天赋超群，擅长进行思维的神游，写作浪漫的抒情诗篇。甚至，两人连离开人间的方式都大概相同——屈原抱石自沉而死，而传说中的李白，是醉酒以后，水中捞月不慎落水而死的。代表李白最高艺术水准之一的是《古风五十九首》五言古体组诗，正声大雅，寄托深远。但他的楚风诗篇也颇有成就。其中"最有楚风"的是李白在安史之乱以后写作的《远别离》：

远别离，古有皇英之二女，乃在洞庭之南，潇湘之浦。海水直下万里深，谁人不言此离苦？日惨惨兮云冥冥，猩猩啼烟

兮鬼啸雨。我纵言之将何补？皇穹窃恐不照余之忠诚，雷凭凭兮欲吼怒。尧舜当之亦禅禹。君失臣兮龙为鱼，权归臣兮鼠变虎。或云尧幽囚，舜野死。九疑联绵皆相似，重瞳孤坟竟何是？帝子泣兮绿云间，随风波兮去无还。恸哭兮远望，见苍梧之深山。苍梧山崩湘水绝，竹上之泪乃可灭。

范梈评价说："此篇最有楚人风。所贵乎楚言者，断如复断，乱如复乱，而辞意反复行于其间者，实未尝断而乱也；使人一唱三叹，而有遗音。"这首诗讲述了一个古老的楚国传说：尧将娥皇、女英两个女儿嫁给了大舜。舜南巡时，死在了苍梧之野，二女也随之溺死在湘水中。大舜死在九嶷山间，孤坟凄凉，不为后人所知。二女远望不得，流泪伤心，哭声随风而逝，再无回响。别离之苦如此，看来不到海枯石烂，苍梧山崩，湘水枯竭，是不会终止的了，我纵然在此言说，又有什么用呢？

如同《湘君》与《湘夫人》一样，李白同样借用湘水的远古传说，书写了一个爱情悲剧故事。但比起虽然久等而不遇，还能"聊逍遥兮容与"以自我排解的湘水神，李白笔下的大舜与二女则更多了几分绝望感。这种绝望感来源于"君失臣兮龙为鱼，权归臣兮鼠变虎"，政治的昏暗，使得二女终生只能远望苍梧，再无任何重聚的希望。这就像是《九歌》的神话爱情故事，结合起了《离骚》的悲愤与不满。——只是，屈原虽在楚国不得志，但仍然有处可去，有着周游别国的选择（虽然他并没有这么选择）；而到了大一统的唐朝，面对着天宝年间的昏暗政治，天下又哪里有别的地方可去，又哪里有隐居安宁的桃花源呢？"皇穹窃恐不照余之忠诚，雷凭凭兮欲吼怒。"诗人借神话人物，发出了自己的怒吼，又有谁会理解

他呢？

比起来，李白另一首《鸣皋歌送岑征君》，虽然也作于天宝后期，但毕竟"安史之乱"尚未爆发，于是诗中便少了几分忧国忧民的离骚，多了几分超然远游的梦幻。

> 若有人兮思鸣皋，阻积雪兮心烦劳。
>
> 洪河凌兢不可以径度，冰龙鳞兮难容舠。
>
> 邈仙山之峻极兮，闻天籁之嘈嘈。
>
> 霜崖缟皓以合沓兮，若长风扇海涌沧溟之波涛。
>
> 玄猿绿罴，舔䑛䗱䗱；
>
> 危柯振石，骇胆栗魄，群呼而相号。
>
> 峰峥嵘以路绝，挂星辰于崖嶅！
>
> 送君之归兮，动鸣皋之新作。
>
> 交鼓吹兮弹丝，觞清泠之池阁。
>
> 君不行兮何待？若返顾之黄鹤。
>
> 扫梁园之群英，振大雅于东洛。
>
> 巾征轩兮历阻折，寻幽居兮越巇崿。
>
> 盘白石兮坐素月，琴松风兮寂万壑。
>
> 望不见兮心氛氲，萝冥冥兮霰纷纷。
>
> 水横洞以下渌，波小声而上闻。
>
> 虎啸谷而生风，龙藏溪而吐云。
>
> 冥鹤清唳，饥鼯嚬呻。
>
> 块独处此幽默兮，愀空山而愁人。
>
> 鸡聚族以争食，凤孤飞而无邻。
>
> 蝘蜓嘲龙，鱼目混珍；

嫫母衣锦，西施负薪。

若使巢由桎梏于轩冕兮，亦奚异于夔龙蹩于风尘！

哭何苦而救楚，笑何夸而却秦？

吾诚不能学二子沽名矫节以耀世兮，固将弃天地而遗身！

白鸥兮飞来，长与君兮相亲。

这首长诗是李白送他的朋友岑征君到嵩县鸣皋山隐居时所作。严格说来，这首杂言骚体诗，比起之前的楚辞来，面目已经大有变化，句式上已经有了很大不同。但不变的是骚体诗的浪漫想象与雄奇气势，这是直接可以与屈原相媲美的，而重新赋予骚体诗以勃勃生机。岑征君是李白的朋友，他出身高贵，但却屡屡遭到不公正的待遇，于是决定退而隐居。对此，李白深感愤懑与烦劳，"鸡聚族以争食，凤孤飞而无邻。蝘蜓嘲龙，鱼目混珍；嫫母衣锦，西施负薪。若使巢由桎梏于轩冕兮，亦奚异于夔龙蹩于风尘！"

他深深感慨世道不公，庸碌者居于高位，英俊者沉于下僚，就仿佛屈原在绝笔诗《怀沙》中写的："变白以为黑兮，倒上以为下。凤皇在笯兮，鸡鹜翔舞。"夔龙蹩于风尘，在堕落之世是无可奈何的，于是他寄语岑征君，本来你就是归隐田园的命运，还是像许由那样隐居起来吧，何必非要学习申包胥和鲁仲连那样的英雄呢？白鸥啊白鸥，你去与岑征君一起回到山间相亲吧！《列子·黄帝》记载说："海上之人有好沤（鸥）鸟者，每旦之海上从沤鸟游，沤鸟之至者，百住而不止。其父曰：'吾闻沤鸟皆从汝游，汝取来吾玩之。'明日之海上，沤鸟舞而不下也。"与白鸥同游，正指的是自己毫无机心，进而引申为选择归隐的毫无利禄之心。

其实，李白虽然也写过"明朝拂衣去，永与白鸥盟"的诗，可

是他又何曾忘情于入世呢？只不过他出身商人家庭，不能参加科举考试；投书自荐之后，虽然得到了大名，却只不过被唐玄宗当做文学弄臣，完全不被重视，因此终生郁郁不得志，乃以"酸葡萄"式的无心功名为说，聊以自慰罢了。辛稼轩在《水调歌头·盟鸥》中就揭露得清清楚楚："破青萍，排翠藻，立苍苔。窥鱼笑汝痴计，不解举吾杯。"白鸥到底是动物罢了，哪里懂得人的忧伤呢？"莫道相公痴，更有痴似相公者！"诗人们难以实现的理想，又有谁能懂得？

屈骚的传统不但被古人所取法，在近代依然有着勃勃的生机，诗人们效法《离骚》体裁，继承屈子精神，而赋予了现代性极强的新思想。思想随时代而变易，但高贵的人格却永远不灭，这才是屈骚楚辞的真精神。同时，比起近体诗来，楚辞的规范相对松散，更给了这些活跃的新知识分子们尽情抒发胸臆的机会。

近代启蒙思想家、政论家、戊戌变法领袖梁启超，在文学领域倡导"诗界革命"，以新思想、新词汇融入旧体诗词中，创作热情奔放，直抒胸臆。1898 年，百日维新宣告失败，光绪皇帝被囚，康有为、梁启超逃亡日本避难，而谭嗣同等"戊戌六君子"则慨然就死，为中国的改革图强洒下了热血。在这种情况下，梁启超感慨极深，尤其是朋友谭嗣同的英年早逝，更让他痛彻心肺。值戊戌六君子殉难一周年之际，他写下了《祭六君子辞》，诗里留下了这样的句子："大地兮芬芳，神州兮茫茫。四百兆人心兮未死，公如有知兮鉴此馨香。"谭嗣同早知变法失败，将要危及自身，当众人劝他逃难的时候，他慷慨地说道："不有行者，谁图将来；不有死者，谁鼓士气？""我国二百年来，未有为民变法流血者，流血请自嗣同

始。"不论政治观点如何，这样视死如归的气概，就已经足够令人尊敬了。

避难日本之后的梁启超，还写过一首更加有名的《去国行》：

呜呼济艰乏才兮，儒冠容容。倭头不斩兮，侠剑无功。君恩友仇两未报，死于贼手毋乃非英雄。割慈忍泪出国门，掉头不顾吾其东。东方古称君子国，种族文教咸我同。尔来封狼逐逐磨齿瞰西北，唇齿患难尤相通。大陆山河若破碎，巢覆完卵难为功。我来欲作秦廷七日哭，大邦犹幸非宋聋。却读东史说东故，卅年前事将毋同。城狐社鼠积威福，王室蠹蠹如赘癰。浮云蔽日不可扫，坐令蝼蚁食应龙。可怜志士死社稷，前仆后起形影从。一夫敢射百决拾，水户萨长之间流血成川红。尔来明治新政耀大地，驾欧凌美气葱茏。旁人闻歌岂闻哭，此乃百千志士头颅血泪回苍穹。吁嗟乎！男儿三十无奇功，誓把区区七尺还天公。不幸则为僧月照，幸则为南洲翁。不然高山蒲生象山松荫之间占一席，守此松筠涉严冬，坐待春回终当有东风。吁嗟乎！古人往矣不可见，山高水深闻古踪。潇潇风雨满天地，飘然一身如转蓬，披发长啸览太空。前路蓬山一万重，掉头不顾吾其东。

任公少年壮志，空有侠剑豪情，却无奈变法失败，挚友死难。志士纷纷死于社稷，自己却只能别出国门，身在东瀛，坐看日本自从明治维新以来不断图强壮大，而中华大地依然破碎零落，自己无力可救。"割慈忍泪出国门，掉头不顾吾其东。"这正像英国诗人拜伦在同题诗里面说的那样：

别了，别了！故国的海岸

消失在海水尽头；

汹涛狂啸，晚风悲叹，

海鸥也惊叫不休。

海上的红日径自西斜，

我的船扬帆直追；

向太阳、向你暂时告别，

我的故乡呵，再会！

梁启超像

如何才能解救时艰？三十岁的青年梁启超彷徨感慨，不知何去何从。大陆山河破碎，覆巢之下无完卵，作为普通一人，应该如何是好呢？他看到了前仆后继，将生死置之度外的志士们，决心同样做出一番事业来。"潇潇风雨满天地，飘然一身如转蓬，披发长啸览太空。前路蓬山一万重，掉头不顾吾其东。"度过了这样的严冬，春天还会远吗？"守此松筠涉严冬，坐待春回终当有东风"，春天什么时候会来啊，"掉头不顾吾其东"，我从此便去日本寻求救国的真理吧！

顺便应该提到的是，在 20 年后，一位 20 岁的少年，刚刚中学毕业，同样选择了东渡日本，立志去寻求救国的真理。离开祖国以前，他写下了一首脍炙人口的七绝："大江歌罢掉头东，邃密群科济世穷。面壁十年图破壁，难酬蹈海亦英雄。"这首慷慨悲歌，立意几乎完全脱胎于梁启超的《去国行》，而又自成机杼，别有气骨。"大江歌罢掉头东"，正是"掉头不顾吾其东"的化用，表明诗人将

往日本求救国真知的愿望。而其原因是"邃密群科济世穷"，也就是《去国行》里讲的"济艰乏才兮，儒冠容容"，在这里，诗人是认为，国内的活动家们说的头头是道，看上去学问邃密，却到底无力济世。所以才需要东渡扶桑，去寻求西方的政治思想。他觉得，自己以前十多年的学业，只不过是面壁而已，在中国这个"铁房间"中，局限了自己的眼界，要破壁去寻找新的出路。"十年以后当思我，举国皆狂欲语谁？"（梁启超《自励》）就算不能实现自己的志向，不得不蹈海的话，也无愧于英雄的一生。中国近代著名的蹈海者有陈天华（1875～1905）。他1903年留学日本，参加同盟会的组织，担任《民报》编辑，写有《猛回头》《警世钟》等作品，影响很大。1905年，为了抗议日本政府发布的《取缔清国留学生规则》，他决心以死来反对，激起国人爱国自强的信念，于是在东京大森海湾吟着《离骚》，跳海自尽，年仅三十一岁。在岳麓山他的葬礼上，送葬的有数万人，绵延数百里，"自长沙城望之，全山为之缟素"，真是可歌可泣的一件事。

而在梁启超的《去国行》中，提到的另一位蹈海者是日本僧人月照。1854年，美国以武力强迫日本签订《日美和好条约》，日本亦陷入深重的民族危机之中。月照与西乡隆盛等人都奔走勤王，为天皇承办重要事务。但他们却遭到了幕府的镇压，在走投无路之下，月照与西乡隆盛两人相拥投海自杀。经过抢救，西乡隆盛醒了过来，而月照则离开了人世。这两人的事迹对中国志士也有很大影响。戊戌变法失败之际，谭嗣同自比月照，表达必死的决心；而他又以西乡隆盛期许梁启超，希望他能够活着坚持自己的政治主张。这对梁启超的影响是很大的，而"难酬蹈海亦英雄"，恐怕亦是受

到这个故事的影响吧！

写作七绝的这位少年就是周恩来，他后来成为中华人民共和国的开国总理，深得人民爱戴。

另一位著名的辛亥革命元老、著名的爱国教育家于右任，暮年羁旅台湾，深恨不能重返大陆故里，在 1962 年，也即他 84 岁的那一年，写下了一首"激情山河的千古绝唱"。原诗没有题目，后人将其命名为《国殇》（或作《望大陆》）：

> 葬我于高山之上兮，望我大陆；大陆不可见兮，只有痛哭。
>
> 葬我于高山之上兮，望我故乡；故乡不可见兮，永不能忘。
>
> 天苍苍，野茫茫，山之上，国有殇！

在这一年的 1 月 12 日，于右任在日记里写道："我百年之后，愿葬玉山或阿里山树木多的高处，山要高者，树要大者，可以时时望大陆。我之故乡是中国大陆"。"十天以后的 1 月 22 日，他在日记里又写"葬我在台北近处高山之上亦可，但是，山要最高者"。又过了两天，在 1 月 24 日，他便写下了这首《国殇》，表达对中国大陆土地的拳拳怀念。于右任是忠于理想的革命者。在孙中山去世之际，他看到当年辛亥革命时孙氏赠送给他的炮弹壳，感慨极深，在炮弹壳上写道：

"当年奉赐兮何意？今日追怀兮坠泪！平不平兮有时，百折不回兮此物此志。"

这正是革命者终生不渝的信念与理想吧，也正是如此，于右任虽然到了耄耋之年，还依然不能忘怀他为之付出终生心血的中国大陆。"大陆沉沉亦可怜，众生无语哭苍天。"这大概是那一代人的共同感慨！今天的两岸问题尚未解决，中国的复兴与崛起大业也远未

完成，这也就难怪 2005 年温家宝总理在记者招待会上，要充满感情地吟咏这首诗吧！

汉代的骚体赋也同样是直接继承楚辞的"骚体"。怀才不遇的士大夫们，纷纷写下了不尽的悲歌，感慨自己的生不逢时。西汉第一位优秀的骚体赋作者是贾谊。公元前 176 年，贾谊被贬为长沙王太傅，心情颇为郁郁不满。在此之前，他曾深受汉文帝重视，可惜由于锋芒太盛，遭到群臣妒忌，汉文帝虽有意提拔他，但到底如李商隐诗中所吟咏的那样："宣室求贤访逐臣，贾生才调更无伦。可怜夜半虚前席，不问苍生问鬼神。"似是重视，实难重用，于是将他贬往长沙，担任长沙王太傅。贾谊在长沙，渡湘水，或许路过了屈原自沉的汨罗江吧，他想到屈原一生的磨难放逐，又看到了自己的不得志，读到《离骚》"已矣哉！国无人莫我知兮"这一段"乱辞"的时候，伤怀不已，于是写下了流传千古的《吊屈原赋》，以此自比。他同样感慨道："贤圣逆曳兮，方正倒植。谓随、夷溷兮，谓跖、蹻为廉；莫邪为钝兮，铅刀为铦。"莫邪宝剑被钝刀子所取代，卞随、伯夷这样的贤人被泼上脏水，盗跖、庄蹻这样的小人却被人们所尊敬。算了吧！屈子啊屈子，你何必留恋这样的国家，为什么不远离它，隐居起来呢？"彼寻常之污渎兮，岂容吞舟之巨鱼？横江湖之鳣鲸兮，固将制于蝼蚁。"大鱼在河沟里是不能生存的，它必将被蝼蚁所吞食。确实，具有了超越性的高洁品德，如何能够再在世俗的污浊中生存呢？皓皓之白，岂容庸人随意污染？可惜，贾谊所见及此，却也同样无能为力。爱默生说得好："作伟大的人，就是作被误解的人。"想来，屈原和贾谊等等，他们都是勇于承担误解与不得志的人吧！"屈平行正，以事怀王。瑾瑜比洁，日月争光。忠而见放，谗者益章。赋骚见志，怀沙自伤。百年之后，空悲吊湘。"后人读之，对此唯有哀怜感慨而已。——难道，正义只能在小说和神话里才能战胜邪恶吗？

司马迁

不过比起贾谊来，史学大家司马迁的命运更加坎坷。贾谊不过是被贬职，司马迁却是接受了令人痛苦的刑罚。汉武帝天汉二年（公元前 99 年），飞将军李广的孙子，名将李陵率五千步军攻打匈奴，却遭遇到十数倍于己的匈奴军主力。李陵布置了精妙的战术，先后歼敌数万人，但由于兵少将寡，弓箭也消耗殆尽，而且孤军无援，最终还是全军覆没，李陵本人不得已也暂时投降了匈奴。当汉武帝听说这个消息的时候，大发雷霆，一怒之下诛杀了李陵的三族。在武帝震怒的时候，司马迁却认为李陵的投降只是出于传闻，未必是事实；而且即使是事实，也属于情有可原，当面逆鳞进谏，希望武帝不要草率行事。但这恰好犯了武帝的大忌讳，于是他也遭到了下狱的命运，并耻辱地接受了宫刑。

宫刑给人的痛苦是双倍于其他刑罚的，司马迁不但要接受身体上的痛楚，更要面对精神上的羞耻感。他本拟慷慨一死，但想起了父亲司马谈给他的遗言，只得忍辱偷生，继续编撰着贯注了父子二人心血的《史记》。这种痛苦地生存是非常艰难的，为了完成自己的使命，写出足以继武《春秋》的《史记》，司马迁甘于付出一切，忍受一切的痛苦与磨难。在这种写作条件下，他在《史记》中注入

了浓烈的感情，议论飞扬，对历史上的悲剧人物充满了深刻的同感。当他感时伤事，对自己的命运感到痛苦的时候，就写下了一篇短小精悍的《悲士不遇赋》。在赋里，司马迁感慨说：

"谅才鷇而世戾，将逮死而长勤。虽有形而不彰，徒有能而不陈。何穷达之易惑，信美恶之难分。时悠悠而荡荡，将遂屈而不伸。"他自信，世道虽然暴戾不正，但他自己却是有着美好的才质，并不停地努力到死。可惜，他只能屈而不能伸，空有才能，却不能展示给别人看，这是因为在一个善恶不分的世道之下啊！这篇小赋一共只有一百多个字，却悲愤激越，字字沉痛，震撼人心。

就连擅长铺叙、以"劝百讽一"闻名的散体大赋，同样继承了楚辞的很多因素。在汉赋之中，文学造诣最高的要推"赋圣"司马相如。他的《大人赋》想象丰富，文字华丽，但从根本上说，完全取法于屈原的《远游》，不过艺术水平就等而下之了。这篇赋是为了迎合汉武帝喜爱游仙之情而作。开篇先写"大人"不满人生短促，人世艰难，于是驾云乘龙遨游仙界，然后分东南西北四个方向，极力铺写遨游的盛况。结尾最终归结到汉赋"劝百讽一"的传统，提出讽谏的观点，希望君王能够超脱有无，独自长存，认为只有超越人生造化，才能得到长生。从文字上看，《大人赋》有鲜明的汉人特色，多用僻字怪字，比起《远游》来，多了一些古奥的学究气，代价就是远不如《远游》流畅自然；而从思想感情上说，《远游》是具有哲学性的，是"文化智者的精神超越"，感情真挚，思想深刻，《大人赋》相比起来就相形见绌了，更多的带有应制奉承的色彩，个人的性情和思想表现的比较少，境界上要远逊屈原。但不管怎么说，赋，作为中国特有的一种文体，其文学地位和文学成

就都是值得我们珍视的。而赋的渊源，就应该从楚辞开始讲起，它是楚辞的一种变体，在文学史上谱写了精美的乐章。

对于屈原的文学成就，或许《文心雕龙·辨骚》里的概括最为精到了吧："不有屈原，岂见《离骚》？惊才风逸，壮志烟高。山川无极，情理实劳。金相玉式，艳溢锱毫。"刘勰对屈原的评价是很高的，他认为屈原的骚体是金玉一样的典范，值得后人效法学习。

《文心雕龙》是我国古代最经典的一部文学理论著作，价值极高。它的前五篇是全书的总论，以下是文体的分论。《辨骚》一篇排在《文心雕龙》的第四篇，仅仅排在《原道》《征圣》《宗经》三篇宏观讲述"天地之道"的文章之后，在《文心雕龙》的总纲中具有重要地位。儒家经书具有讲述人文之"道"的实用色彩，而骚体则与经不同，是纯文学的重要代表。刘勰与"为文且需放荡"、只追求文学艳丽的一般文人不同，他建立了一套自己的文学理论标准体系，非常注重文学的社会功能。在《辨骚》一篇中，刘勰虽然出于维护理论框架的需要，不得不对屈骚略加批判，但总体上他的感情倾向非常明显。开头，"自《风》《雅》寝声，莫或抽绪，奇文郁起，其《离骚》哉"一句开门见山、横空出世，笔锋便带着满满的欣赏之情。进而，刘勰又称赞《离骚》精彩绝艳，不可企及。可见，虽然刘勰在理性上认为经书是文学之本，是"文以载道"的核心典范著作，但从感情上看，他无疑是欣赏屈骚的华丽文词和丰富情感的，这种文学影响甚至比儒家的经书还要大。这种心态不仅刘勰有之，应该是中国古代诗人所共有的一种情怀吧。楚辞这一文体虽在后世衰落，但屈原诗作中的文学因子却播撒甚远甚广，在古典诗人的心中扎下了根。

二、志士千秋泪满裳——贤士大夫的悲歌

从文体角度继承屈原诗作的，主要如上所述，分为骚体诗和骚体赋两大类。但屈原的文学影响却远不止此。苏世独立，横而不流的诗人风范在神不在貌，除了楚辞的体式传承、推动后世诗歌的七言体的产生以外，屈赋更重要的生命力是在于其"灵魂"，也就是屈原作为一位先秦的贤士大夫，他的爱国情怀，他对理想的忠诚，成为后世儒生和知识分子学习的对象。他们的诗文或许没有屈原那么文采飞扬，但他们与屈原的高贵人格在本质上是相通的，通过学习、追思屈原，达到了理想的更高境界。

唐初诗杰陈子昂的《登幽州台歌》，只有短短的四句，二十二个字，但却传唱千古，令人有无限遐思。其诗云："前不见古人，后不见来者。念天地之悠悠，独怆然而涕下。"清代黄星周《唐诗快》卷二评论这首诗说："胸中自有万古，古今诗人多矣，从未有道及此者。此二十字（引者按：实际应该是二十二个字，此处黄

幽州台遗迹

氏盖省略"之""而"两个语气助词，故言二十字），真可泣鬼。"这四句诗虽然看上去质直无华，但却爆发力极强，令读者感叹不已。从修辞来看，本诗与楚辞的手法颇有相近之处，只不过省略掉了语气词"兮"。如果用楚辞的句法改写成"前不见夫古人兮，后

不见来者。念天地之悠悠兮，独怆然而涕下"，也同样不失其美感。

但这首诗之所以能打动人，并不在于形式上的仿古或近楚，而是因为陈子昂在诗中打入了个人的身世之感和悲愤之叹。因其真诚，所以才让人心醉神往。据史书记载，陈子昂为人"感激忠义，常欲奋身以答国士。自以官在近侍，又参预军谋，不可见危而惜身苟容"①，他虽然胸怀大志，却一直是一个政治失意者，最终竟在42岁的壮年，死于一个县令的加害。武则天万岁通天二年（公元696年），建安王武攸宜北征契丹，陈子昂随军参谋。先头部队大败于契丹，总管王孝杰坠崖而死，将士死亡殆尽。当时武攸宜大军驻扎在渔阳（今河北蓟县），听到前军战败的消息，震恐万分，不敢前进。此时，陈子昂挺身而出，他批评武攸宜不简练兵马，不严明法制，这样把军国大事视同儿戏，将是十分危险的。他还要求分兵万人给自己，充当前驱。但武攸宜感到陈子昂侵犯了他的权威，选择了拒不接受他的正确意见。陈子昂多次进谏，言辞非常激切，竟然被武攸宜降职为军曹。对此，陈子昂心中巨大的悲愤是可以想见的。《登幽州台歌》就是诗人在这种心情支配之下写出的。幽州台位于河北省蓟县，这里属于古燕国的建都之地，是"风萧萧兮易水寒"的慷慨悲歌之地。而这里除了引发了陈子昂心中的悲愤以外，更让他想起了历史上的燕昭王。差不多同时期，他的《蓟丘七首》中，有一首《燕昭王》云："南登碣石馆，遥望黄金台。丘陵尽乔木，昭王安在哉！霸图怅已矣，驱马复归来。"他的另一首《郭隗》诗这样写道："逢时独为贵，历代非无才。隗君亦何幸，遂起黄

① 《旧唐书·陈子昂传》。

金台。"

战国时代，燕昭王礼贤下士，拜郭隗为老师，建筑了黄金台，用来招揽天下的贤人。屈原的同族人屈景，在怀王朝中亦不得重用，于是远走幽燕，投奔了燕昭王，成为燕国复兴的重要人物之一。陈子昂在古迹面前，吊古思今，感慨无限。"逢时独为贵，历代非无才。"千里马常有，但只有遇到伯乐才能展现出自己的才华，郭隗何其幸运，能够找到知音明主；而陈子昂则何其寂寞，他的理想与忠诚不为人所知，也就难怪要"独怆然而涕下"了！

这种困厄穷途的悲凉之感，不独陈子昂如此，实际上可以追溯到屈原身上。今古茫茫，孰能言之？"惟天地之无穷兮，哀人生之长勤。往者余弗及兮，来者吾不闻"，恰是屈原在《远游》中，已经有了这样的感叹。"往者余弗及兮，来者吾不闻"，不啻于"前不见古人，后不见来者"的先秦版。进一步咏叹的则同样有《庄子·知北游》里面的"人生天地之间，若白驹之过隙，忽然而已。……已化而生，又化而死，生物哀之，人类悲之。"① 人生苦短，生死变化，不过一瞬间事，怎能不令人伤感呢？短短的一生，我们能够做出什么事业呢？是政治上建成不朽的功业？人格上保持住一尘不染的高贵？——既然未及做到就已匆匆老去，又有什么来证明生命的价值呢？又让人如何不怆然泪下呢？——对于我们来说，诗人的生命价值不依赖于政治的得失，而在于他们的深沉感慨，他们的怆然落泪。这一种瞬间的真情，滴在笔上，就落成了足以传世的诗篇。"国家不幸诗家幸，赋到沧桑句便工"，说诗人是幸

---

① 《庄子纂笺》，第187页。

运的，并非指他的现实生活有什么顺利的喜悦，而是在吟咏沧桑之后，在历史上留下了自己的痕迹，他的精神因此而永垂不朽。

魏晋时期，司马氏为代曹称帝，大肆清除异己，使朝野人人自危，内心愤懑，却又敢怒不敢言。"竹林七贤"之一的阮籍，文学水平超群，他的《咏怀诗》中，有一首几乎就是上承《远游》，下启《登幽州台歌》：

> 朝阳不再盛，白日忽西幽。
>
> 去此若俯仰，如何似九秋。
>
> 人生若尘露，天道邈悠悠。
>
> 齐景升丘山，涕泗纷交流。
>
> 孔圣临长川，惜逝忽若浮。
>
> 去者余不及，来者吾不留。
>
> 愿登太华山，上与松子游。
>
> 渔父知世患，乘流泛轻舟。

这首诗的末六句，最是屈原身影的再现。"去者余不及，来者吾不留。"这句诗意显然从楚辞化出，同样是表达今古无知音的感慨，古人来者，皆非同时代的人，自然是不能见到的，诗人就只有自己一人，独行于这个污浊的世界之上。"愿登太华山，上与松子游。"仍是檃栝《远游》"闻赤松之清尘兮，愿承风乎遗则"而成句，诗人欲与赤松子同游太华山，远避尘世的喧嚣。就算不能游仙出世，也至少要和渔父一样，隐居以自保。屈原曾写作《渔父》一篇，记载自己被流放后的一次经历（也可能是秦汉间人追述屈原事迹），在屈原走到江潭一带的时候，当地的一位渔父劝他说："圣人不凝滞于物，而能与世推移。世人皆浊，何不淈其泥而扬其波？众

人皆醉，何不哺其糟而歠其醨？何故深思高举，自令放为？"屈原拒绝了渔父的建议，仍然坚守自己的皓皓之白，宁愿投湘水自沉，也不愿意受到世俗尘埃的污染。渔父听了一笑，便摇帆远去，他正是知道世道忧患，而能够全身避祸的典型啊。阮籍在诗中想要学习远游的选择，却不过是充满愤懑的反话而已。"居庙堂之高，则忧其民；处江湖之远，则忧其民"，中国古代的士大夫，又有谁能脱了这种情怀，真正地达到超然飘举、远游仙境呢？这首诗取法屈原思想的地方很多，但已经变为五言古诗，更加入了很多儒家的思想观念。但"东海西海，心理攸同"，作为读者，我们更需要把握的是这种"攸同"的心理，即诗人对现实的深深忧患，与他们独善其身的精神修养。

唐代著名的"诗圣"杜甫，是一位心系民生的大儒，他毕生也尊崇屈骚传统。为表示谦逊，他说"屈平诗赋悬日月"，境界太高了，自己不敢以屈原自比，而只是通过表示对屈原的学生宋玉的怀念，来表示对屈原的追随与尊敬。他著名的《咏怀古迹五首·其二》，就是一首缅怀宋玉，兼感时事的名作：

> 摇落深知宋玉悲，风流儒雅亦吾师。
>
> 怅望千秋一洒泪，萧条异代不同时。
>
> 江山故宅空文藻，云雨荒台岂梦思。
>
> 最是楚宫俱泯灭，舟人指点到今疑。

这首诗是杜甫在大历元年（公元766年）在夔州写成的。安史之乱后期，杜甫由蜀出峡，凭吊宋玉遗迹，写成此诗。全篇深深感慨宋玉生不逢时，命运萧条，而且千年以来，不能被人真正理解。宋玉的诗赋风流儒雅，修辞技巧高超；他的《高唐赋》《神女赋》，

寄托梦境，讽喻君王，但可惜，不仅当时的楚王不能了解，即使是千年以后的"舟人"，至今仍然指点疑惑。如同李白的《感遇其四》说的那样："宋玉事楚王，立身本高洁。巫山赋彩云，郢路歌白雪。举国莫能和，巴人皆卷舌。一感登徒言，恩情遂中绝。"阳春白雪，这种高雅的曲子，不但举国莫能相和，怅望千秋，又有多少人能够理解他的情怀。有人说，杜甫的这首诗是"怀宋玉，所以悼屈原；悼屈原者，所以自悼也"，实在是评价得妙极了，屈原从容直谏，宋玉婉转讽谏，方式虽然不同，但却都是关心国家大计的有识之士，哪里是"没有骨气的文人"所能比的呢？正如马一浮先生赞叹得那样："屈原杜甫两无伦，诗到能愚始入神。日月争光唯此志，江河不废赖斯人。西天古佛应分坐，三代遗风可再淳。欲向空山酬法乳，瓣香独拜泪沾襟。"江河不废，不是因为屈原、杜甫的政治实践有多高明，而是他们高洁不群的人格打入诗中，更深深地浸润在中国文化中，影响着数千年以来的中国志士，能够追求善，追求美好。这种感情是永远不会过时的。

与大多数古代士人一样，杜甫的平生志向是"致君尧舜上，再使风俗淳"，实行济世救民的政治理想，并为此不惜犯颜进谏。唐肃宗至德二载（公元 757 年）他被任命为左拾遗后，遭遇了房琯罢相事件。为阻止奸宦李辅国独揽大权，房琯触怒肃宗，遭到罢相。杜甫后来评价这一事件说："小臣用权，尊贵孰忍。公实匡救，亡餐奋发。累亢直词，空闻泣血。"（《祭房相文》）事实上，"累亢直词，空闻泣血"的何止房琯一人，杜甫虽然官职远比房琯卑微，但他的进谏与房琯一样，"词涉激烈"，甚至险些被肃宗处死，他的骨鲠气节，由此可以想见。

事实上，不用等到肃宗时期的乱世，早在安史之乱的前夕，杜甫就以诗人独有的敏锐观感，预见了大乱将临的灾难。天宝十四载（公元755年）十月，他离开长安，写下了有名的长诗《自京赴奉先县咏怀五百字》，这首诗里的"朱门酒肉臭，路有冻死骨"十字，字字沉痛，成为千古绝唱。诗的开头即写道"杜陵有布衣，老大意转拙"，杜甫知道自己的政治理想是不合时宜的，他到处碰壁，却矢志不渝；友朋讥笑，仍毫不在意。他感叹道："顾惟蝼蚁辈，但自求其穴。胡为慕大鲸，辄拟偃溟渤。以兹悟生理，独耻事干谒。兀兀遂至今，忍为尘埃没。终愧巢与由，未能易其节。"小人钻营，干谒高官，谋求利益，他们的生命与蝼蚁一样，毫无价值。而杜甫则仰慕的是大鲸，就好像《庄子·逍遥游》里面的大鲲，畅游北冥之中，飞翔宇宙之外，完成自己生命的价值。只可惜这种理想只能在庄子的玄想中实现，在现实中必然遭到打击，永远无法实现。于是作为诗人的杜甫，不能像哲学家庄子一样，纵情物外；就只有像前辈诗人屈原一样，用诗与酒来暂时消除现实中"无路可走"的悲愤。"国家不幸诗家幸，赋到沧桑句便工。"——作为读者的我们是幸运的，因为有无数的经典诗篇由此而产生；但诗人又何尝会感到幸运，他们留下的诗越多，也就标志着他们的痛苦越深沉。"尔曹身与名俱灭"的效仿者们只能学到忧国忧民的口舌与外表，又如何能体会到诗人面对乱世与浊世的那份沉痛与悲哀呢？

清代道光时期著名诗人龚自珍，处在古代到近代的转折历史时段。作为提倡改良的先驱人物，他清醒地看到了清王朝当时正处在衰世。他的《己亥杂诗》第一百二十五首，是一首脍炙人口的杰作："九州生气恃风雷，万马齐喑究可哀。我劝天公重抖擞，不拘

一格降人才。"短短二十八个字，却雄浑沉郁，有如匕首投枪，字字见血，深深地刺到了当时社会的弊端。"庄骚两灵鬼，盘踞肝肠深"，龚自珍诗作的恢奇想象和沉痛情感，直接来源于庄子与屈原两大传统。龚自珍行侠江湖，既狂且狷，"一箫一剑平生意，负尽狂生十五年。"他的诗霸悍而自负，又"下笔情深不自持"，既具有浪漫的文学风情，又具有现实的社会意义。他的《美人》诗则属于传统的香草美人之喻："美人清妙遗九州，独居云外之高楼。春来不学空房怨，但折梨花照暮愁。"诗人以美人自况，感慨年华老大，际遇坎坷，美人迟暮之情，昭昭可见。美人如玉，剑气如虹，"一睨人材海内空"，他的极端自信，难免令人想到屈原的修洁奇服，横而不流。龚自珍处在古代与近代的十字路口，作为时代的先驱者，他依然通过两千年前的屈原，来获得自己吟咏发愤的无穷力量。

近代女革命家秋瑾"身不得，男儿列。心却比，男儿烈"（《满江红·小住京华》），别号鉴湖女侠的她，因父亲任官的缘故，生命的大部分时间都生活在湘潭及附近的湖南境内。她一度北上汨罗江，凭吊屈原的遗迹，写下了《吊屈原》一诗："楚怀本孱王，乃同聋与瞀。谤多言难伸，虫生木自腐。臣心一如豕，市语三成虎。君何喜谄佞，忠直反遭忤。伤哉九畹兰，下与群草伍。临风自芳媚，又被薰莸妒。太息屈子原，胡不生于鲁?"全诗用典皆切合屈原的生平与诗作，爱憎十分分明。楚怀王十分软弱，能力也很差，在政务处理上同聋子和瞎子一样。由于屈原受到了太多人的诽谤，因此百口难辩，正如虫子生在木头上，木头自然腐朽一样。屈原的忠心可昭天日，但是谣言多了，"谎言重复一千遍就成了真理"，集市上出现老虎的无稽传闻也被相信成真。楚王为什么这么喜欢奸臣? 为

什么忠诚正直的人反倒遭受打击？屈原啊，他的品行像香草一样芬芳，却只得与平凡的杂草为伍，即使他远离世俗，也会被奸佞小人嫉妒。唉！我为屈原叹息，你为什么不生在尚存礼义的鲁国呢？为什么生在了这样的楚国？生在壅蔽之国的岂独屈原？近代以来的国人，有一个例外吗？

鲁迅先生是近代历史上永远无法跳过的一个伟大人物。他虽然是新文化运动的干将，不管是杂文还是小说，都一针见血，笔锋犀利，有无比强悍的穿透力。但他在提倡新学、反对礼教的背后，更是一位精通旧学的传统士大夫。鲁迅先生以现代文学成名，不遗余力地批判"封建余孽"，但从本质上说，少年饱受古典浸淫的他，不惟治学方法看重考据，可作乾嘉殿军，其人格与心灵仍然是寄托在中国的古典学问中。他的旧体诗罕有雕琢，却妙手偶成，不衫不履，自有无限风流蕴藉，在近代旧体诗中独树一帜。在他传世不多的50多首旧体诗作品中，就有接近20首诗借用或化用了楚辞的内容与精神。当他少年时代在东京弘文书院留学的时候，曾经寄给好友许寿裳一张剪辫子的照片，照片背后写了一首无题的七绝："灵台无计逃神矢，风雨如磐闇故园。寄意寒星荃不察，我以我血荐轩辕。"

这首后来被人们称为《自题小像》的诗，表明了鲁迅早年的革命豪情，这种深沉的情感也伴随了他的一生。在"黄昏风雨黑如磐"的社会环境下，他对天上一闪而过的流星还抱有期望，希望它能带来光明。《九辩》里面说："愿寄言夫流星兮，倏忽而难当。卒壅蔽此浮云兮，下暗漠而无光。"但是这却是"荃不察"的，"荃不察余之中情兮，反信谗而齌怒"（《离骚》），无人理解鲁迅的希望。

就像《呐喊·自序》里说的那样："假如一间铁屋子，是绝无窗户而万难破毁的，里面有许多熟睡的人们，不久都要闷死了，然而是从昏睡入死灭，并不感到就死的悲哀。"举国陷入一场大梦之中，死气沉沉。对此，鲁迅虽然极感悲观，自称"我的反抗不过是于黑暗捣乱"（《两地书》），却还是"我以我血荐轩辕"，愿意为之奋斗终生，用全部的努力来谋求生命世界的解放与自由。

他有一首书赠郁达夫的《无题》七绝，是这样写的："洞庭木落楚天高，眉黛猩红浣战袍。泽畔有人吟不得，秋波渺渺失《离骚》。"我们并非"鲁学"考据家，在此无妨不细辨这首诗的主题，这首诗具体是反映围剿红军还是白色恐怖的史实并不是最重要的，其中最可贵的应该是鲁迅表达的知识分子在历史困境下的忧郁与愤怒。这首被郭沫若评价为"压卷之作"的小诗，慨叹之情甚深，而以屈原行吟泽畔为比喻，痛斥当时文化界在国难面前的集体噤声。"尘海苍茫沉百感，金风萧瑟走千官。"（《亥年残秋偶作》）哀感茫茫，莫甚于此，这不是正好说明了"鲁迅无心作诗人，偶有所作，每臻绝唱。或则犀角烛怪，或则肝胆照人"（郭沫若《鲁迅诗稿·序》）的看法吗？

诚然，鲁迅在他愤激的时候，说过"屈原是'楚辞'的开山老祖，而他的《离骚》却只是不得帮忙的不平"（《帮忙到扯淡》）这样的未免失之公允的话，但他终究仍然是"接续着"屈骚传统的，并没有从中跳出来，只不过是有了更深刻地发皇。他的小说集《彷徨》，扉页就引用了《离骚》的诗句作为题辞："朝发轫于苍梧兮，夕余至乎县圃；欲少留此灵琐兮，日忽忽其将暮。吾令羲和弭节兮，望崦嵫而勿迫；路漫漫其修远兮，吾将上下而求索。"他用来自励

的壁上楹联，也集《离骚》句而成，题曰："望崦嵫而勿迫；恐鹈
鴂之先鸣。"鲁迅与屈原，不论是文学风格或者政治观念，都是截
然不同的；但从人格的脉络，感情的迸发来讲，两人又同出一宗，
是同样的品行高洁，同样的孤高不群。鲁迅的愤激，往往来源于他
的彷徨。在前所未有的大时代里，如何才能找到救国的真理？正如
他在小说集《彷徨》扉页上题的《离骚》句子那样吧：

"朝发轫于苍梧兮，夕余至乎县圃；欲少留此灵琐兮，日忽忽
将其暮。"

"吾令羲和弭节兮，望崦嵫而勿迫；路漫漫其修远兮，吾将上
下而求索。"

三、后人记载写新篇

在屈原投江死后，楚国百姓为了纪念他，将他的作品加以整
理，使之流传后世。士人的笔墨记录，民间的口耳相传，使得即使
楚国被秦国所灭，屈原的文辞却并没有因此而湮没于历史的长河之
中。相反，楚人出于择善固执的民族感情和乡土之思，更加思念故
国，痛恨秦军，无疑就更加思念主张抗秦的政治家屈原。就像闻一
多先生《楚辞校补序》里面说的那样："灭楚者秦也，灭秦者《楚
辞》也。"不错，在秦灭六国之后，楚能够反过来主持反秦大业，
有其深厚的社会基础，是由于秦楚两国难以抹平的仇恨所导致的，
但同时应该注意的是，"非物质"的楚辞传播，亦起到了极大的
作用。

宋玉在《对楚王问》里面写道：有人在郢都唱起了通俗歌曲
《下里》《巴人》，有数千人能够相和而唱。这种说法或许有着文学

的夸张色彩，但也可以看出楚人对通俗歌诗的喜爱是比其他各国为强的。基于这种民间基础，屈原的楚辞，也成为保存历史记忆的重要方法。反秦农民起义风起云涌之时，项梁等义军拥立熊心为楚怀王，以此团结反秦的军队。或许，这种启发便与屈原的诗篇，尤其是他的《招魂》不无关系吧！

楚辞这种口耳相传的艺术，比起书面文章往往能够给人更大的感染力，传播能力更强，使"楚虽三户，亡秦必楚"从谶语变成了现实。楚人歌唱之风甚盛，《沧浪歌》《接舆歌》等等都是一般平民百姓所熟悉的歌谣，在文字不够发达的情况下，口耳相传是当时传播知识的主要形式，连《诗》《书》一类儒家经典都赖此传承下来，楚地能够传唱屈原的诗赋，自然更不成为问题了。

秦汉易代，汉高祖刘邦是楚地人，好听楚声，引导了当时整个社会的文艺风尚。建元二年（公元前 139 年），汉武帝命淮南王刘安作《离骚经章句》，刘安早晨受命，晚上就进呈了这部注解《离骚》的成果。这部书今天已经遗失了，但从残存的只言片语来看，刘安对《离骚》的评价是非常高的，这也符合了"好艺文"的汉武帝的文学观念。刘安评价道："《国风》好色而不淫，《小雅》怨诽而不乱。若《离骚》者，可谓兼之矣。……虽与日月争光可也。"这种对屈原的志节、文辞的精美的极高评价，可以说为屈原作品定了性，直到近现代，治学方法产生巨变以前，都成为学者们赞同的基本判断。自从东汉王逸《楚辞章句》以来，研究楚辞、研究屈原诗赋的著作汗牛充栋。《隋书经籍志》、《四库全书总目提要》等官修目录著作，都把楚辞单列一类，位于"经史子集"中的"集部"之首，可以看出重视程度之高，也可以看出这一类作品的丰富程

度。建国初期，姜亮夫先生撰《楚辞书录五种》，收录相关著作 228 种，图谱 47 种，相关札记 802 题，论文 442 篇之多，一一加以分析介绍。其学生崔富章先生绍绪师学，又撰成《楚辞书录解题》，收录典籍 500 多种，如果再考虑到《楚辞研究论文总目》里介绍的单篇论文，可以说是不计其数了。楚辞的总体篇幅虽短小，但它的魅力却如此之大；后人不断整理，不断研究，也使得楚辞成为中国古典中的一项显学，有着无穷的生命力。

学术研究与文学批评只是"大传统"接受屈词的基础，在我们将其看作文学遗产的同时，应该注意到的是，楚辞仍然是活的文学文本，而不是死的历史化石，它还有着无穷的生命力。除了其人格精神浸润到中国文化中，影响中国士人的品格，以及建立了文学体式，在文体学上别开一格之外，楚辞具有的文学因子，屈原的生平事迹，还不断成为后世文学家吟咏的对象，有的甚至加以改编，用"接着讲"的方式，赋予了更多的生命力。

贾谊的《吊屈原赋》为人所熟知，前文也已经做了介绍，我们这里不再重复引述。南朝宋元嘉五年（公元 429 年），著名的文学家颜延之路经汨罗江，写下了同样优美深沉的《祭屈原文》。文章是这样写的："惟有宋五年月日，湘州刺史吴郡张邵，恭承帝命，建旟旧楚。访怀沙之渊，得捐佩之浦。弭节罗潭，舣舟汨渚。乃遣户曹掾某，敬祭故楚三闾大夫屈原君之灵：兰薰而摧，玉缜则折。物忌坚芳，人讳明洁。曰若先生，逢辰之缺。温风怠时，飞霜急节。嬴、芈遰纷，昭、怀不端。谋折仪、尚，贞蔑椒、兰。身绝郢阙，迹篇湘干。比物荃荪，连类龙鸾。声溢金石，志华日月。如彼树芳，实颖实发。望汨心欷，瞻罗思越。藉用可尘，昭忠难阙。"

祭文先用比兴的手法，点明了屈原高洁的品行，进而介绍了屈原的生平与遭遇。最后四句则表达了对屈原的赞颂与尊崇，比起贾谊的《吊屈原赋》来说，显然更少了一些感情，而多了一些理性。颜延之虽然性格也孤耿不群，但当时仕途尚算顺利，与屈原的平生遭际没有相同之处。因此他的文章，虽然也出自真情实感，却不如贾谊那样，具有感同身受的悲愤，他更像是一个评判者和局外人，虽然文采飞扬，沉思与翰藻兼备，并且有超脱的气概，却少了一分热烈与迸发的激情因子。

南宋著名爱国诗人陆游，有两个特殊的阅读爱好。他病中则读《周易》，酒后便诵《离骚》，在他的诗作中多次表达出这种阅读趣味来。"病中看《周易》，醉后读《离骚》。""病里正须《周易》，醉中却要《离骚》。""体不佳时看《周易》，酒痛饮后读《离骚》。""老子不堪尘世劳，且当痛饮读《离骚》。"痛饮狂歌，高颂屈原的诗，真是爱国志士之所为。杨万里评价陆游的诗，说陆游能"尽拾灵均怨句新"，继承屈原的精神传统，而又有新的发展。南宋乾道六年（公元1170年），陆游出任夔州通判，路过楚国故都郢都的时候，借用屈原的诗题，写下了《哀郢》两首：

[其一]

远接商周祚最长，北盟齐晋势争强。

章华歌舞终萧瑟，云梦风烟旧莽苍。

草合故宫惟雁起，盗穿荒冢有狐藏。

《离骚》未尽灵均恨，志士千秋泪满裳。

[其二]

荆州十月早梅春，徂岁真同下阪轮。

天地何心穷壮士，江湖从古著羁臣。

淋漓痛饮长亭暮，慷慨悲歌白发新。

欲吊章华无处问，废城霜露湿荆榛。

第一首回顾楚国的渊源、兴起与结局的历史经过，楚国当年的章华歌舞，却终究落得个消亡的结局，只留下萧条残破的景象，令后人感叹不已。美好的总是短暂，且必将消失，而云梦风烟这样苍茫的自然景观，才是能够永恒的。只是，"物是人非事事休，欲语泪先流"，这种强烈的对比，正是历史的无情啊！确实，在历史的长河中，总是歧路居多，正道为少，衰落往往比兴盛更容易发生。这是为什么呢？正是屈原在《离骚》里面感慨的那样，奸臣得志，贤人沉沦，悲剧就难免发生了。"《离骚》未尽灵均恨，志士千秋泪满裳。"屈原忠心爱国，却遭到放流的命运，看到国家衰微，而不能出力。此恨，何时才能平息？千年的志士，恐怕都不得不为他一落泪吧，不光是为了屈原，也同样是为了理想难伸的自己。

第二首诗则见景抒情，荆州的十月里，诗人流露出时光飞速逝去的感慨，他迫切地期待报效国家。陆游想起了屈原，人们都说"天行有常"，为什么却让壮士途穷困厄，多少像屈原这样的贞臣节士去国离乡，放逐江湖。在这种苦闷中，只有痛饮悲歌，来打发时间，但在长亭薄暮之中，诗人发现自己又新生白发，这正是年岁将老的象征。在这里，诗人不仅是没有朋友的孤独状态，同时还是焦灼的，他尚未成就事业，却已经要面对老年的到来，"老冉冉其将至"，还不够令人陷入对宇宙人生的焦灼思考中吗？荆榛满地的废

城，标志的是大自然的萧瑟，政局的惨淡，还是诗人的衰老？或许兼而有之吧！

陆游酒后读《离骚》的阅读取向，并非由他创始，而是在中国文学传统上有迹可循的一种对屈原诗篇的接受方式。东晋末年的王孝伯说："名士不必须奇才。但使常得无事，痛饮酒，熟读《离骚》，便可称名士。"（《世说新语·任诞篇》）他的评价更多的是附庸风雅的伪"名士"的讥讽，但也可以看出，屈原诗赋在当时的巨大影响，以及"饮酒读《离骚》"已经成为一种流行的社会风气。不过，有伪名士，当然也有真名士。庾信在《哀江南赋》的序文里就写道："楚歌非取乐之方，鲁酒无忘忧之用，追为此赋，聊以记言，不无危苦之辞，惟以悲哀为主。"楚辞对文人创作的影响如此，在阅读中给人的感动相信也近之。"饮酒读《离骚》"，如果附庸风雅者为之，固然不免沦为形式主义，但是在那个时代，《离骚》与酒给人的思索也是深切的。自称屈原后裔的屈大均，也写诗说自己是"一叶《离骚》酒一杯"，他身处明清易代的乱世，不甘心投靠新朝，也只有祖先（虽然是假托的）的诗作能够稍微纾解忧愁。

一般学者多认为，某种程度上，可以与魏晋时期相媲美的只有民国。据汪曾祺回忆，闻一多在西南联大讲《楚辞》时，每次上课之前总会颇为动情地敲着桌子吟诵道："熟读《离骚》，痛饮酒，方为真名士！"另一位闻一多的学生回忆，每当讲到楚辞中的名句时，闻先生总会等到黄昏，在教室之外，点起香炉，拿着烟斗，然后开始朗诵，其感情特别感人。这种具有真性情的授课方式，给学生留下了深刻印象，也成为一段佳话。

有趣的是，不仅儒门士人把凭吊屈子作为一大传统，讲求"出

世"的佛家也对屈原有着自己的关注。

唐代初期的僧人法琳，站在佛教的立场上，写作有《辨正论》，批判《老子》（李耳）的学术观点。他更进一步不承认李唐王朝将血缘上溯到老子的合法性，触怒了唐太宗李世民，被流放益州，死在路上。他写下了《悼屈原篇》以明志。如同儒家士大夫一样，他也算借屈原的生平，来抒发自己的不得志。从他的作品来看，法琳虽然多讲佛法，但算得上是一位政治僧人，处在儒、佛两家的中间。

最著名的唐代诗僧皎然也写过一首感情真挚的《吊灵均词》。皎然是南朝宋著名文学家谢灵运的十世孙（一说是东晋谢安的十二世孙），少年就钻研佛法，对律宗、天台宗、密宗、南北禅宗兼收并蓄，自大历后期起则日益倾心于南宗禅。他的诗外学超然，诗兴闲适，《唐才子传》评价他"居第一流、第二流不过也"。不过，他的《吊灵均词》，却与他"野庐迷极浦，斜日起微风"的一般风格完全迥异。"昧天道兮有无，听汨渚兮踌躇。期灵均兮若存，问神理兮何如。愿君精兮为月，出孤影兮示予。天独何兮有君，君在万兮不群。既冰心兮皎洁，上问天兮胡不闻。天不闻，神莫睹，若云冥冥兮雷霆怒，萧条杳眇兮馀草莽。古山春兮为谁，今猿哀兮何思。风激烈兮楚竹死，国殇人悲兮雨飔飔。雨飔飔兮望君时，光茫荡漾兮化为水，万古忠贞兮徒尔为。"这种文体，亦与儒家传统没有什么区别。而与政治僧人法琳不同，皎然恐怕是纯粹为屈原的人格所感动，而生发出了异代同悲的情感吧！儒生与僧人的观念与取向往往都有所不同，但在殉道献身这个层面上，还是有共同点的。有着不同追求的屈原与皎然等，能够在文学中联系起来，产生同感，想来是同样的人格魅力所致吧！

当代诗人余光中学兼中西，他曾经写过多首诗来凭吊纪念屈原。早在 1951 年，他的《淡水河边吊屈原》对屈原的文学地位做出了极高的评价："但丁荷马和魏吉的史诗，怎撼动你那悲壮的楚辞？你的死就是你的不死：你一直活到千秋万世！" 1973 年，他在《水仙操——吊屈原》就写下了："把影子投在水上的，都患了洁癖/一种高贵的绝症"这样的经典之句。短短两句，能够将屈原的高贵与痛苦同时表现出来，足见余光中虽然专擅现代文学，但对楚辞传统同样是非常熟悉和理解的。2010 年端午，82 岁的老诗人回到屈原的故乡秭归，诵读了他新写作的公祭屈原的长诗，这也是他纪念屈原的第七首诗，足见屈原血脉在他心灵中的重要地位。曾经因一首《乡愁》出名的诗人，将《乡愁》与《离骚》的去国之情联系起来，表达去国的不得已与不忍心。这种飘泊的乡愁，并不仅仅是常人都有的背井离乡的"每逢佳节倍思亲"的感情。更多也更高一层的是，身体的飘泊同时也是精神的飘泊，离开故乡，同时也是离开了自己安身立命的一切文化基础。这种哲学上的悲痛，远比感性的思乡之情更为沉痛，也是历史悲剧与个人悲剧的共同表达。"历史的遗恨，用诗来补偿；烈士的劫火，用水来安慰。"能够消弭劫火的，难道不正是诗人那充满了忧患与热爱的泪水吗？

在中国文学中，大传统是诗文为主的"文人文学"。文人文学中，屈原显然是古代士大夫、诗人们的不祧之祖，但即使是作为"小道"的，平民性、通俗性倾向很强的戏曲文学，对于屈原也同样有着相当的重视。宋元时代，戏曲初兴，就已经有从屈原身上取材的戏曲杂剧了。南戏有无名氏《屈大夫江潭行吟》，北杂剧有唯舜臣《楚大夫屈原投江》和吴仁卿《楚大夫屈原投江》，可惜都已

失传，不知其详。明清的屈原戏则更多，张坚的《怀沙记》和胡盈朋的《汨罗沙》是传奇；郑瑜的《汨沙江》、尤侗（1618～1704）《读离骚》是杂剧，今天尚有留存。不过，"这文章只好将来自欣赏，全不是巴人下里时调新腔"。这些文人的戏剧创作，并不太多考虑到舞台规律与观众层次，只是借用戏曲或杂剧的形式，来抒发自己感时不遇的愤慨，说到底还是在文人文学的层次上追求，因此只能停留在案头上，无法在舞台上传承下去。但不管怎么说，这已经为纪念屈原别开生面，提供了一种新的可能。

而对于当代人——不管是知识阶层还是普通人——影响最大的舞台之作，当首推近人郭沫若写作的话剧《屈原》。《屈原》是郭沫若影响最大、最震撼人心的话剧，也是他的代表性作品。这部五幕的话剧1942年在重庆国泰大剧院首演，当时的媒体报道说："上座之佳，空前未有，此剧集剧坛之精英，经多日筹备，惨淡经营，堪称绝唱。"郭沫若仅仅用十天就写出了这样一部成功的剧本，他在写作中"头脑清明，文思泉涌"，也感到非常畅快，对这部剧本十分满意。当然，在写作剧本之前，郭沫若对屈原就下了一番很深的研究，早在1933年，他就写过一部名叫《屈原》的研究专著，末尾附有《离骚今译》。也正是因为有此经历吧，他对于屈原的把握有很多独到之处，将历史与文学很好地融合在了一起。

这部剧充满浪漫色彩，把屈原一生的经历，用一天的时间进行表现，剧情紧凑，情感浓烈。全剧分为五幕，分别是《橘颂》《受诬》《招魂》《被囚》《雷电颂》。话剧从屈原给弟子宋玉讲自己的《橘颂》一诗开始，抒发"生要生的光明，死要死得磊落"的感慨，点醒全剧的中心思想。秦王派使者张仪游说楚怀王，诡称秦以商於

六百里之地与楚，条件是楚齐绝交。屈原识破了秦国的阴谋诡计，力称不可，但张仪勾结南后郑袖，设计离间楚王与屈原的关系。南后召屈原进宫，对他大加吹捧，等见到楚王回宫的时候，故意倒在屈原怀中，诬陷屈原调戏她。楚王不察，便将屈原逐出宫廷，决定与齐国绝交，修好秦国。屈原十分悲愤，怒斥张仪、南后，被关进了东皇太一庙，他的弟子宋玉也背叛了他。只有侍女婵娟相信屈原站在正义的一边，不惧南后、张仪等人的威逼利诱，也被囚禁起来。庙祝郑太卜奉南后的命令，企图用毒酒毒死屈原。这时候婵娟与救援的卫士赶到，来营救屈原。卫士杀死了郑太卜，并焚毁了东皇太一庙，而婵娟却误饮毒酒而死。在焚庙的熊熊火焰下，屈原吟诵着《橘颂》，与卫士向汉北转移，继续着与奸臣们的斗争。全剧的内容并不完全符合历史事实，是因为在当时的时代背景下，郭沫若希图影射国民党政府而故意加以改动，使这个历史剧兼而具有新的思想内涵。但同时，虽然并不完全符合史实，这部剧仍然大体忠于屈原的精神，把诗人高贵的坚持表现了出来，是难能可贵的。毕竟，历史剧只是取材于历史，并非严格的历史著作，所谓"历史"，与其说是对古迹的复原，不如说是对历史精神的把握，使观者带着历史感来欣赏艺术更为恰当。从这个角度上说，《屈原》是成功的。

第五幕《雷电颂》是全剧的高潮。在本幕的第二场，已陷入囹圄的屈原来到东皇太一庙前，在风雨交加、雷电轰鸣之际，进行了长达数千字的独白，这一大段文字不但在当时反响热烈，直到今天还被收入在中学课本中，影响着千千万万的学子。郭沫若托屈原以代言，这幕独白从"风！你咆哮吧！咆哮吧！尽力地咆哮吧！"起篇，点燃起了愤怒不平的火焰，直到"风！咆哮吧，雷！闪耀吧，

电！把一切沉睡在黑暗怀里的东西，毁灭，毁灭，毁灭呀"，通体激昂慷慨，感情浓烈，如火焰熊熊燃烧，虽然直露无遗，与中国传统的"温柔敦厚"或"言意不尽"不相同，但作为舞台上的独白词，自有动人的力量。这种写作的气魄，或许可以追溯到莎士比亚的《李尔王》。郭沫若自陈，在写作《屈原》之前从来没有读过《李尔王》，但他的独白却仿佛将《李尔王》的第三幕第二场点铁成金。同在暴风雨下，李尔王已经感喟自己的衰老，虽然狂怒，但已经有颓废落魄之状；而屈原则保持其强健的风骨，充满了对光明的追求。正如徐迟所指出的，从文字上看，两部剧不免有很多近似的地方，但从情感与立意来说，是不可同日而语的。中国文学，素来以诗文为主流，戏剧小说的总体成就相对较低。但新文化运动以来，这些传统的弱势文体也逐渐发扬光大，正如郭沫若的这部《屈原》一样，题材还是中国传统的历史题材，内涵却已经蕴含更深，足以在世界文学中占据一席之地了。

在中国的起名学中，素来有"女《诗经》，男《楚辞》；文《论语》，武《周易》"的相关观点。为了给新生子女一份良好的祝福，父母往往会选取历史上经典的作品来取名，使得含义更加深远。楚辞在其中的影响是深远的，通过欣赏以楚辞立意的名字，我们也可以进一步了解到楚辞在中国文化中或一望即知或潜移默化的影响因子。

明末清初的著名学者、诗人屈大均，字骚馀，不论是名或是字，都带有明显的效法屈原的意味。屈大均自称为屈原的后裔，晚年在家中"祖香园"中设"骚圣堂"，堂中立"楚左徒三闾大夫先公屈子灵均之位"灵牌，把屈原作为祖先供奉着，以宋玉、景差两位楚

辞名家配祭。所谓"祖香园"，是因为园中种植的都是楚辞中提过的香草，正是他的先祖屈原的遗香，因此命名。同时，将自己的五部主要著作命名为《屈沱五书》。屈沱，就是屈原的故居，屈大均借此来表示对屈原的纪念。明清易代与战国末期的时代背景有相似之处，面临亡国的士人们，往往同时还具有忠而被贬的不幸遭遇，这与屈原的生平是接近的。在这个时代，屈骚的传统又重新大发光彩，钱澄之的《屈诂》、王夫之的《楚辞通释》都通过注释楚辞，来借以发挥自己的感慨与悲愤。在他们的诗文创作中，也往往是"字字楚骚心"的，受到屈原很大的影响。而在这些士人之中，屈大均毫无疑问是受到屈原影响较大的一个。

"前望舒使先驱兮，后飞廉使奔属。"屈原上天入地，探寻神界真理所在之地，前面有月神望舒为他开路驾车。现代诗人戴梦鸥借用这一意象，取笔名"望舒"，以戴望舒之名，在现代诗坛占据了重要地位。他的诗美丽而富于感情，诚挚而不免忧伤，华美而有法度，具有"象征派的形式，古典派的内容"。戴望舒是一位理想主义者，在当时的时代背景下，他将知识分子的苦闷与多愁善感寄托在诗中，将政治理想与爱情理想熔铸为一。他的名作《雨巷》正是寄寓了他对理想的追求，哀怨彷徨，命定徒劳。这种写法来源于法国象征主义诗人魏尔伦，但这种温柔幽雅的韵味，又如何不可上溯到中国文人诗的传统，上溯到屈宋以来的文人情怀呢？

稍后的另一位现代诗人郑愁予，同样是取楚辞的意象以为自己的笔名。与戴望舒类似，他的诗作也以笔法融合古今，抒情温柔华美而名世。他的名篇《错误》是这样写的：

我打江南走过

那等在季节里的容颜如莲花的开落

东风不来，三月的柳絮不飞

你的心如小小的寂寞的城

恰若青石的街道向晚

跫音不响，三月的春帷不揭

你的心是小小的窗扉紧掩

我达达的马蹄是美丽的错误

我不是归人，是个过客

这首诗虽短小，但其结尾的"我达达的马蹄是美丽的错误/我不是归人，是个过客"两句，允称经典名句。当 1954 年这首诗发表的时候，"达达的马蹄"一时传遍台湾全境，影响极大。这种美丽的错误，给人以淡淡的忧伤与凄凉之感。正如《九歌·湘夫人》写的那样："帝子降兮北渚，目眇眇兮愁予。袅袅兮秋风，洞庭波兮木叶下。"而考虑到当时台湾独特的政治背景，怀想江南，也难免有辛弃疾"江晚正愁余，山深闻鹧鸪"（《菩萨蛮·书江西造口壁》）的感慨吧。

小说家们在写作中，往往也有意无意地会借用楚辞的相关意象。钱钟书先生在《围城》中，主要场景有一个"三闾大学"，其中有一位赵辛楣教授。这里的取名来自《九歌·湘夫人》："辛夷楣兮药房"的句子。《围城》是一部充满了讽刺的小说，可以说是知识分子灰色心态、相互倾轧等人性弱点的大暴露，但里面为数不多的亮色，则是方鸿渐与赵辛楣之间的友谊。赵辛楣豪爽而儒雅，是一个有灵魂、有性格的人物，在小说的进程中，他对于方鸿渐起到

了很大的影响，是小说中少见的温情一面。清代著名考据家钱大昕亦字辛楣，想来与楚辞的这一影响息息相关。

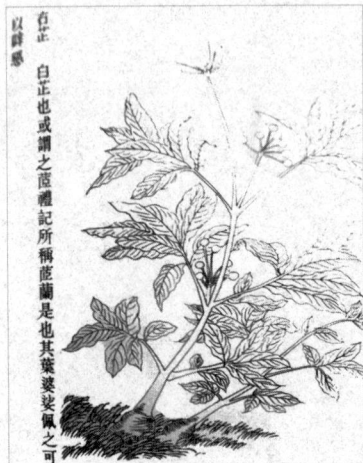

芷

楚辞是所谓"浪漫主义"的宗祖，瑰丽优美，虽然是"男楚辞"，也正适合取出温婉可人的女子之名。"沅有芷兮澧有兰，思君子兮未敢言。"金庸先生的小说处女作《书剑恩仇录》，就用妙笔写下了一位聪慧重情的江南女子李沅芷。李沅芷本是清朝提督李可秀的千金女儿，后来却意外与反清组织红花会的干将"金笛秀才"余鱼同患难相交，动下真情，并为之苦苦追寻，终成正果。不知是否巧合，曾注释楚辞，写下《楚辞灯》的明末学者林云铭，给儿子取名为沅，字芷之，也正是借用了这个意象，而《楚辞灯》这部书也是由林沅所校正的。

当代语言学家、南开大学教授邢公畹先生，原名邢庆兰，字公畹。其名其字，恰恰切合《离骚》，"余既滋兰之九畹兮，又树蕙之百亩"的诗句，也充满了文化底蕴，这种取名方式在传统的读书世家中是非常多见的，今天的所谓"书香门第"，怕也不能如此信手拈来了吧。

四、世界的诗人

第二次世界大战结束以后，国际形势依然紧张，新的战争看上去一触即发。在这种情况下，1949 年 4 月，第一届世界保卫和平大

会在法国巴黎和捷克斯洛伐克的布拉格同时召开，其宗旨是保卫世界和平，同时也重视人类的文化事业。1952 年开始，世界和平理事会每年都推出几位世界文化名人加以纪念。1953 年的第二届中，世界和平理事会在芬兰首都赫尔辛基开会，评选出了当年的"世界四大文化名人"，呼吁全世界人民纪念他们的文化成就。三位西方的文化名人分别是法国文学家拉伯雷、波兰天文学家哥白尼和古巴革命家何塞·马蒂；一位东方的文化名人则是屈原。将这四位文化名人选出来纪念的原因是，该年恰好是他们逝世的整数纪念周年，是屈原逝世 2230 周年、哥白尼逝世 410 周年、拉伯雷逝世 400 周年、何塞·马蒂诞生 100 周年的日子，有特别的纪念价值。

西方世界对屈原的认知，始于 18 世纪。那时候，屈原的作品就已经被翻译成德文，发表在维也纳皇家科学院的报告上，后来又逐渐翻译成不同国家的文字，行于十几个国家之间，有一定的文学影响。不过，比起荷马、但丁这样在西方鼎鼎大名的诗人，屈原的文学影响仍属相对有限的，欧洲更多接受的是形而下的风俗层面。据《参考消息》报道，20 世纪 80 年代以来，欧洲各国也对纪念中国爱国诗人屈原的龙舟运动非常热衷，许多国家都成立了"龙舟运动协会"。仅意大利一国，就拥有上百支龙舟竞赛队伍。迄今为止，已经举行了第三届洲际龙舟竞赛活动。这些活动虽然以纪念屈原为名，但更多地是一种体育竞技，只能说是屈原的"周边产品"，而无法看到他核心价值之所在。但是，对《离骚》及屈原作品的译介仍然颇有成就。

自从 1879 年《中国评论》杂志上刊载了《离骚》的英译本之后，《离骚》先后有着十数个英译版本。其中最有特点的是杨宪益

先生的译稿。杨先生是近现代著名的大翻译家，他翻译的《红楼梦》在世界上影响最大，他也因为丰富的译作，被人们赞誉为"翻译了整个中国""最天才的译者"。他少年接受英国式的教育，19岁时考入牛津大学研究古希腊罗马文学，那时候，他仅仅用了5个月的时间学习古希腊语和拉丁文，其语言天赋之高可想而知。24岁的时候，他用18世纪的英国"英雄双行体"将《离骚》翻译了出来，在当时颇有影响。后来美国汉学家宇文所安等人也各有翻译，后出转精，更加忠于原作，同时也不失文学的美感。

或许由于政治原因，北邻俄国对屈原也同样寄予了很多关注。从苏联时代，直到今天，屈原的作品就有了多个翻译的版本。20世纪中期，苏联汉学家费德林逐字逐句地翻译了《离骚》。考虑到他的博士论文正是写的《屈原的生平与创作》，应该是对屈原较为了解的。在他翻译的基础上，苏联国家文学艺术出版社又约请诗人翻译家进行加工润色。著名女诗人阿赫玛托娃负责这一修订工作，她的译本凝炼而富有诗意，使费德林的初译本更臻于完美。作为"俄罗斯诗歌的月亮"，她虽然不懂汉文，但却因为体会到了屈原的诗心，而做出了杰出的翻译工作。同时也被出版社约请修订的还有另一位诗人吉托维奇，虽然让出了《离骚》的定稿工作，只翻译《九章》和《九歌》，但仍然在阅读《离骚》中深深地被打动，而无法自拔。他在给费德林的信中说："……我用了四天四夜译完了这部长诗，决不说谎，我统计过，四天当中睡觉时间不超过十小时，我觉得难以遏制自己，不译完决不罢休……"信中还写道："……破釜沉舟一鼓作气，我就这样译完了《离骚》……"吉托维奇的译本把原作的373句分为92个诗节，每节用8行翻译原作的4句，句式

短小活泼，隔行押韵，体现了译者特有的激情以及对音乐性的追求。在这里，对原文的忠实与否已经退居到次要的地步，关键的是：两位诗人即使仅仅通过阅读逐字逐句的译本，也已经理解了屈原的文学精神与人格魅力。

不论是在世界上古诗坛进行横向比较，抑或鸟瞰世界诗歌的发展历程，我们都可以毫无愧色地认为，屈原完全可以列入世界文学史上屈指可数的第一流大诗人中。但由于中西文化价值的差异与文化交流的不彻底，屈原对欧洲的影响力虽然正在扩大，但仍属有限，不能与其在东亚文化圈的影响相比。中国诗影响、流衍到异国，应该首推日本

动画中的一休

的"汉诗"为第一大宗。日本诗人不但使用汉字，还特别喜欢使用中国的典故与成句，自然也难免对屈原的接受。动漫中"聪明的一休"的原型，著名禅僧一休宗纯（1394～1481），就曾经写过《题屈原像》，诗曰："楚人《离骚》述愁肠，深思湘南秋水长。逆耳忠言千岁洁，春兰风露几清香。"

仍然是运用传统的香草美人之喻，来说明屈原对楚国的忠诚和他高尚的品行。在其他诗人的作品中，"读离骚""读楚辞""读屈原渔父辞"的题目也很多，可见在日本诗人的阅读体验中，屈原的作品也给了他们很深的触动。甚至，前些年的一位日本学者，还认为屈原诗中保留的大量词汇与日本地名相合，可以证明屈原曾经到

过日本。这一说法固然颇难成立，但也可以看出东邻的"屈原情结"来了。

不过，屈原的价值，当然不仅仅在于他被介绍到多少个国家，得到了多少位学者的研究，我们称他为"世界的诗人"，关键是因为他的诗作除了具有民族特色之外，还具有世界性的力量，令人震动。屈原的诗是一颗恒星，它就像贝多芬的《命运交响曲》，用充沛的激情讲述着灵魂的压抑与冲突，诗人与命运的搏斗，就是在痛苦中坚强前行，向更为深远、广阔的新境界进发。在屈原面前，我们只有说："我不是向你膜拜，我是向人间的一切痛苦膜拜。"（陀思妥耶夫斯基《罪与罚》）这种痛苦并非一个时代或一个国度特有的产物，而是人类在发展过程中永远无法避免的阶段，屈原的痛苦与斗争，也正是全世界的痛苦与斗争，这才是屈原诗作得以传播海外的根本原因所在。

第五章

泪罗遗风说端午

在一个繁荣发展的社会中，文化一定会有两种传统。一种是大传统，主要流行在知识分子手中，被精英阶层所占有；一种是小传统，主要风靡大众，为最广大的人们所知。这两种传统的区别正如"雅文化"与"俗文化"，本身并无优劣的分别，但却在不同的位置，产生着不同的作用。两种文化并非泾渭分明乃至壁垒森严，实际在很多情况下都是可以相互转化的。屈原在文学与文化方面的贡献，更多的属于"大传统"的内容，为士大夫阶层所津津乐道，而他在小传统亦大有影响。作为中国传统三大节日之一的端午节（另两个节日是春节与中秋节），风俗多样，流传甚广，它以纪念屈原为名，将大传统与小传统紧密地联系在一起。当我们过端午时，既能发出对国家社会、贤人君子的天下之忧，同时也能具备龙舟竞渡、艾蒿满户的节日之乐。这种多元的节日内涵，或许正是端午节

文化生命力的表现，而汨罗遗风，屈子诗赋，也与端午节联系在一起，继续在历史的长河中行舟。

一、荆楚的浓郁巫风

在原始社会，人们眼里的大自然是神秘的。由于科技、文化的不发达，人们对天地山川感到不可思议，也就习惯用神秘的眼光来解释其中的奥秘。在我们今天看来，这里面绝大多数都是迷信，但是对古人来说，这就是他们所相信的科学。任何一个民族，在它的发轫期，都必然要经过这么一个阶段，而随着文化的不断发展，神秘主义的文化因子才会慢慢消亡。在上古人眼中，能够用神秘的语言沟通人神关系，就是最值得敬佩的人物，也会被推选为他们的族长。或许反过来说也可以，他们认为只有人格值得敬佩，才能够感动神灵，从而得到神的指示，告诉他们在这样一个神奇的世界中应该如何去做。在这里，宗教的最高领袖也同时是他们的政治领袖，这是一个"政教合一"的部族政权。所有的上古部族，莫不如是。所谓的宗教领袖，就是"巫"。

巫就是祭祀过程中，负责沟通人与神的"超人"，有着丰富的学识、优秀的品德和各种各样的"神通"，也就成为国中地位最高的群体，往往，巫与部落酋长就是同一个人。

占卜是巫的重要工作之一。占卜，今天看来或许是一种迷信，但这是古人对于自我支配命运的一种努力，无论做什么事，都需要进行占卜，听从神的指示，以达到趋吉避凶的目的。楚人非常善于占卜，用的方法有很多。有龟卜之法，即用乌龟壳、兽骨烧出裂纹（或钻孔），根据纹理来判定吉凶。商代的甲骨文，就是在这样的纹

理旁用刀刻上的，楚人继承了这种占卜方法。有筮占之法，这种方法起源于周，就是利用蓍草起卦，根据《易》的卦爻辞，参照义理进行占卜，这种方法后世叫做"算卦"。解释《易经》的"十翼"《易传》，或许就是南方道家思想的产物（如今人陈鼓应即持此见）。这种说法证据并不足，但孔门后学子张与轩臂子弓都在楚国传承《易》学，而

甲骨文

高亨先生认为《象传》的作者，就是轩臂子弓，这样说来，楚国学者在周易的发展中，应该是具有重要的地位的。有解梦之法，楚国著名的巫阳，就通过梦境，占卜灵魂的去向。《招魂》里还提到了他的故事。苏轼贬官海南的时候，写过一首《澄迈驿通潮阁》的诗，"余生欲老海南村，帝遣巫阳招我魂。杳杳天低鹘没处，青山一发是中原"，就是用的巫阳的这个故事，借用上帝来指代朝廷，表示将被召回，慷慨清雄，情感深沉，允称苏诗中的顶尖杰作。还有占星术，就是通过对日月行星的观察，来分析天地的气运，从而判断人间的吉凶。这种方式今天还广为流行，当代人通过星座判断性格，也是一种简易的占星术，只不过来源于西方而非中国，理论基础近似，具体解释不完全相同。

上古时期，医学不发达，人们将得病看作上天的某种惩罚，也需要巫来进行治疗，所以巫也叫做"巫医"，不但沟通鬼神，还能决定死生。有时候治疗是运用一些基本药物，可以说属于比较早的"中医"；有时候运用巫术，对病人进行安慰和心理治疗，与当代的

精神治疗法有异曲同工之妙，在治疗精神障碍和小病上有独特的疗效。孔子听楚国有人说："人而无恒，不可以为巫医"，就非常高兴，认为这句话说得非常好，就是特别看重巫的品德修养。

一般认为，周人相对比较注重理性。他们虽然也讲占卜，但是"蓍草占"中人为的因素比较大，并非具有纯粹的偶然性，或许人在其中也是可以根据自己的愿望"作弊"的。如果真是这样的话，周族的宗教领袖，不过是借神为名，来为自己的思想披上一层神圣的外衣而已，本质上已经从"神治"转到了"人治"。用今天的眼光，或许仍然是很落后的，但在当时已经有了进步的意义。随着《周易》从一部占卜的档案，渐渐演化成谈论哲学的经典，古人也慢慢开始脱离了巫术的束缚。殷商人使用龟甲占更多，用火烤裂龟甲或者兽骨，根据形成的裂纹，来分析吉凶，这就更具有原始性，难以被人所控制，符合所谓"神秘"的色彩。楚人作为商的后裔，与商的风气更接近，同样地注重巫术。在楚人的社会中，就产生了极其浓郁的巫风。

楚国的巫，男女都有，男子担任大巫，女子担任小巫。对巫的要求也很高，《国语·楚语二》中记载有观射父对楚昭王的话说："民之精爽不携贰者，而又能齐肃衷正，其智能上下比义，其圣能光远宣朗，其明能光照之，其聪能听彻之，如是则明神降之，在男曰觋，在女曰巫。"也就是说，要具有聪明智慧，有着不平凡的教养，这样的人才能得到神的眷顾，才有资格成为巫觋。观射父就是楚国有名的大巫，学问丰富，楚昭王遇见祭祀的问题，总要向他请教。他的这番话，或许正是"夫子自道"吧。观射父世代为巫，在楚国有很重要的地位。王孙圉出使晋国的时候，赵简子问他说：楚

国听说把一块叫"白珩"的玉佩当做国宝，有多少代了？王孙圉回
答道，楚国从来不把玉璧当国宝。楚国有三个国宝，第一是大巫观
射父，第二是左史倚相，第三是一片叫做"云连徒洲"的广野。左
史倚相在楚国政治中发挥过重要的作用，而且他能读《三坟》《五
典》《八索》《九丘》这样的上古文献，被楚王所大力称赞。但观射
父的地位还要高于他，可见这位大巫在楚国的受重视程度了。观射
父并不是类似今天"算命先生"的人物，他虽然掌神鬼祭祀之职，
却仍然注重理性。他认为祭祀的作用是"昭孝息民，抚国家，定百
姓……其谁不敢齐肃恭敬致力于神！"（《国语·楚语下》）可以看
出，巫虽然负责神秘的人神沟通的宗教事务，但是同样也应该具有
理性精神，明白祭祀"昭孝息民，抚国家，定百姓"的现实政治功
用。也就是说，楚人既相信鬼神，同时也相信自己，比起商人来是
进了一步。

不过，相比起来，中原诸夏各国虽然讲礼治，讲祭祀，但理性
的色彩更浓，"敬鬼神而远之"，远不像楚人那样反复注重人神的关
系，而巫的地位也就较低。《晏子春秋》记载，有个名叫微的楚国
巫，他去齐国游说齐景公，希望得到任用，结果却弄巧成拙，齐景
公听了晏子不要"弃贤而用巫"的建议，把微拘禁在齐国的东部。
中原虽然批判楚国的"淫祀"（即过度祭祀），但对有优良品质的巫
还是认同的。楚国有谚语说"人而无恒，不可以为巫医"，孔子对
这种情况是表示赞赏的。应该说，楚巫虽然属于较原始的产物，但
也有一定的文化特色，而且在当时有着积极的意义，可以促进楚人
的精神团结，安定社会秩序，为人表率。

这是官方色彩浓厚的楚巫，而民间的楚巫恐怕与此不同，理性

的色彩会更弱，而今人眼中所谓"荒诞不经"的传说与禁忌更多。比如，楚人忌讳蛇，尤其认为见到两头蛇的人会死去。春秋时期，楚国的孙叔敖少年时见到两头蛇，认为自己必死无疑，为了不让别人也受害，他将蛇杀死，埋在地下。回去以后，他痛哭流涕，认为必死。但最终却没有死，并在长大之后担任了楚国的令尹。为了解释圆通这个迷信禁忌，后人又加上了一些符会，认为孙叔敖不死的缘故是他不忘为人造福，积了阴德。虽然中原地区在春秋以后越来越看重理性，但在这种重巫术、重禁忌的文化的基础上，大量屈原相关的传说在楚地产生就不奇怪了。

二、传说纷纭屈大夫

"楚人悲屈原，千载意未歇。精魂飘何在，父老空哽咽。至今仓江上，投饭救饥渴。遗风成竞渡，哀叫楚山裂。"——苏轼《屈原塔》

屈原的肉体生命早在战国末期就已经结束了，他的生平事迹只在诗篇和少量的史籍中才能找到蛛丝马迹。但后人，尤其是重土念祖的楚地之人，在数千年间从来没有忘记过这位伟大的诗人。淳朴的百姓们并不擅长历史的考证，但他们却用自己的想象，谱写了一个个有趣而动人的传说，使得屈原活在了他们的心里。

据说屈原是出生在秭归（今湖北省秭归县）的，而这里的屈原传说也最多。唐元和十五年（公元820年），归州（秭归县旧治）刺史王茂元，在相传屈原怀恨投江后魂归故里的屈原沱修建了屈原祠，并树立石碑，镌刻铭文。宋元丰三年（公元1080年），宋神宗尊封屈原为"清烈公"，将屈原祠进行修缮，并改名为"清烈公

祠"，近千年来保存至今。

在秭归地区，屈原的相关传说格外丰富，这里至少有 91 则将屈原和境内的自然、人文景观相互联系以创作的民间故事流传至今，颇有魅力，至今已入选第二批国家非物质文化遗产名录。这些民间故事固然与历史的真相还有很大的距离，但如同我们不必把《三国演义》《水浒传》乃至《射雕英雄传》的故事情节强行与历史捏合一样，屈原作为一个历史人物，他有着正史记载，昭昭可辨的"历史形象"；有古代文人墨客加以吟咏，诗文之中出现的"文学形象"；更有一般平民百姓、一般读者心目中的"民间形象"。在实际的社会影响中，还要数这种"民间形象"影响最大，内涵也最丰厚。"俗民负载着文化的基本社会层面"，大众的文化往往比精英文化的作用还要巨大。因此，我们不妨暂时放下严谨的学术考证，来欣赏一下相关的民间传说吧。

《离骚》中说："余既滋兰之九畹兮，又树蕙之百亩。"解读者多认为这比喻了屈原任职三闾大夫之时，对"兰""蕙"这样的后继优秀学生的培养。在民间的传说中，这种猜想被进一步地深化了，人们称屈原曾经在秭归的九畹溪畔教书，这个传说今天还流传甚广，当地的村民对此津津乐道。在溪旁，有一座砚窝台，一座笔架山，人们便说，这是屈原从天宫游历归来，埋砚台和放笔的地方。天宫，当地的村民认为，就是指的当地的圣天宫山，屈原就是在那里感慨"路漫漫其修远兮，吾将上下而求索"的。人们还建了一座庙宇，也叫做圣天宫，香火旺盛，缭绕不绝。

屈原的政治理想非常高远，但他的政治生活却并不顺利。不过，在人们的眼中，这并不是最重要的，屈原高洁不屈的人格，才

是他们记住屈原的关键原因。在传说《屈原怒斥王子良》中，故事讲述说，屈原偶然经过楚国官府衙门前时，恰巧听到了靳尚的爪牙王子良大肆宣扬向秦国求和的谬论，屈原听了大怒，他挺身而出，凭借刚正不屈的凛然正气，怒斥王子良投降言论的可耻，并一针见血地指出，这种看法的实质就是向敌人屈膝，将楚国引向灭亡。在屈原被放逐之后，又有传说说，屈原少年时的朋友景柏，在韩国当了宰相，他返回楚国，劝郁郁不得志的屈原，不如"楚才晋用"，在异国寻求伸展自己的抱负。屈原严峻地拒绝了这个建议，他拂袖而去，叹道："我怎能像苏秦、张仪这种纵横之士那样，到处游说君王，只为了荣华富贵，就二三其德呢？我宁愿留在自己的故国！"

在这种对屈原的爱戴之情下，人们更为屈原想象出了不朽的功业。丹阳有井，清泉汩汩，终年不会干涸，传说是楚先王开凿出来的。到了屈原的时代，楚王井成为百姓喝水的唯一渠道，如果天上不下雨，连饮水都成问题，更谈不上灌溉庄稼了。于是，屈原走到城东的青龙岭下，拔出陆离长剑，戳入地底。顿时，一道碗口粗的泉水状如飞龙，从岩缝飞跃而出，清甜可口，这就是今天的戳剑泉，也叫跃龙泉。类似的玄幻之说甚至写进了文献，经过文人的笔而流传下来。比如唐代沈亚之的《屈原外传》，就说："（屈原）事怀、襄间，蒙谗负讥，遂放而耕，吟《离骚》，倚耒而耕，号泣于天。时楚大荒，原堕泪之处独产白米如玉。"举国大荒，却只有屈原"长太息以掩涕兮"的地方，还能生产出粒粒如玉的大米，这不正是在说，苍天都被屈原的泪所感动了吗？

屈原在活着的时候，情能感动苍天，他死后的灵魂一样具有神通，可以保护百姓，造福一方。屈原投水之后，他的尸体被神鱼送

回了陆地。烈女岭是传说中埋葬屈原的地方。在屈原的坟堆上，每当黎明或者黄昏，都有无数只金鸡在跳着、啄食着。人们说，有只公鸡就是屈原的化身，可以保佑"大灾化小、小灾化无；长夜缩短，百病消除"。就这样，当地民众把屈原当做自己的保佑神，每年都向他祈求平安与幸福。据说，在抗日战争期间，玉笥山周围的人民群众，将抗日将士快速、秘密传递敌方情报而英勇牺牲的勇士们的行为，也同样黏附到屈原身上，赋予屈原传递敌方情报的传递者形象。这是当地人民借助屈原，来表示对抗日将士的深厚情怀，赋予了屈原更深的意义。此外，如屈原墓前生的菖蒲，变成了森森宝剑，削断了图谋掘墓者的手指；屈原自沉的汨罗江，救起了不慎落水的路人等等，个个故事都引人入胜，是人们用最质朴的方式，表达对屈原的怀念。

中唐诗人刘禹锡生在"安史之乱"以后，为了做出一番事业，实现自己的理想，参加了"二王八司马"的政治革新运动。在改革被宦官集团压制之后，刘禹锡便被贬到朗州（今湖南常德）当司马。这在当时是一个阴湿偏僻的蛮荒之地，生活条件十分恶劣。在这里，他感到壮志难酬，心情愤懑无比。他在武

刘禹锡像

陵写的两首《长相思》，借用了湘妃泪竹的民间传说，情调凄清，寄意深远：

湘水流，湘水流，九嶷云物至今愁。

君问二妃何处所？零陵香草露中秋。

斑竹枝，斑竹枝，泪痕点点寄相思。

楚客欲听瑶瑟怨，潇湘深夜月明时。

传说湘水之神，善于演奏瑶瑟，美妙的乐曲深沉哀婉，令人不忍卒听。里面寄托了舜与娥皇、女英二妃的爱情悲剧，相思情深，令人落泪哀愁。

年轻的刘禹锡日日感慨，终于有一天，他在梦里遇见了屈原。屈原在梦里为他讲说的是鲧治水的故事。屈原对刘禹锡说，鲧受乌龟的启发筑堤治水，颇有成效，但因为没有按照天帝的方法来实施，结果遭到了杀害。屈原认为，鲧有正直不屈的品格，不应该遭到这种不幸的待遇。不过，鲧既然已选择了追求正直无私这条道路，那么即使受刑也应该在所不辞。这一方面是一种英雄末路的悲哀，暗示志士的命运往往会与鲧一样，落得悲剧的结局；但另一方面，也暗示着这些具有高尚品德的君子们，面对注定失败的命运，也毫无畏惧与后悔，而是勇敢地面对这一切。

梦的传说我们不妨姑妄听之，不过刘禹锡在被贬期间，恐怕是时时以屈原作为自己的榜样的。他以屈原的《九歌》为榜样，改写了当时的民歌——竹枝词，先后写作了十多篇（今仅存两篇），流传乡里，户户歌咏。

《竹枝词》讲的是"东边日出西边雨，道是无晴却有晴"的爱情情怀，言意不尽，有着珠玉一样的明丽美感。而他的《竞渡曲》，则忠实地记载了沅江流域的朗州百姓，在端午节纪念屈原的习俗，而端午节、龙舟、粽子，也就构成了屈原传说的真正核心，不只是一地一代流行，更是家家户户，耳熟能详：

沅江五月平堤流，邑人相将浮彩舟。灵均何年歌已矣，哀
谣振楫从此起。扬袍击节雷阗阗，乱流齐进声轰然。蛟龙得雨
鬐鬛动；蟂东饮河形影联。刺史临流寒翠帏，揭竿命爵分雄雌。
先鸣余勇争鼓舞，未至衔枚颜色沮。百胜本自有前期，一飞由
来无定所。风俗如狂重此时，纵观云委江之湄。彩旗夹岸照蛟
室，罗袜凌波呈水嬉。曲终人散空愁暮，招屈亭前水东注。

竞渡的习俗热闹有趣，百姓心里面是非常高兴的，他们由衷地
喜爱这个节日，龙舟竞渡，场面热闹而激烈，引人入胜。诗人同样
受到了百姓们喜悦的感染，但是在喜悦之外，却不能忘怀屈原的
死，以及思考屈原为何而死的原因。最终，他只有感叹道："曲终
人散空愁暮，招屈亭前水东注。"即使是与端午风俗不直接相关的
《采菱曲》，刘禹锡也在欢快之外，沉痛地感慨道："屈平祠下沅江
水，月照寒波自烟起。一曲南音此地闻，长安北望三千里。"——
这，恐怕就是士人心中与众俗不同的端午情怀、屈原情怀吧！

三、端午风俗面面观

端午，又称端五、重午、端阳等，与春节、中秋并列为中国民
间的三大节日。"午"最初通"五"，可以泛指每个月的五日，后来
专指夏历五月初五日，也就是今天我们说的端午节。端午节的起源
非常早，可以追溯至战国以前，甚至可能起源于夏代。这个有两三
千年历史的民间节日，以纪念爱国诗人屈原为核心加以展开，形成
了一系列有特色的风俗文化，直到今天还具有勃勃的生命力。

早在上古开始，人们就认为五月是"恶月"，五日是"毒日"，
五月初五，更是多灾多难。"战国四公子"之一的孟尝君田文，他

的生日就在五月初五日，就遭到了父亲田婴的遗弃。田婴认为，五月出生的孩子，长大之后会害父害母，因此不愿意抚养他。如果不是孟尝君的母亲费尽心力，偷偷抚养，这位历史上有名的贤公子，就不免死于襁褓之中了。

田婴的看法并不全然是他的个人偏见，而是当时普遍流传的一种观念使然。《山海经广注》里面提到传说，"端午日生者，死后为僵尸"，可见端午是一个大大的凶日了。同样端午日生，而遭遇横死的还有辽国懿德萧皇后。

汉代应劭的《风俗通义》里就记载了好几条与五月相关的俗语。"五月五日生子，男害父，女害母。""五月到官，至晚不迁。""五月盖屋，令人头秃。"

看来，古人对五月的偏见是很明显的。就连作为儒门经典的《大戴礼记》，也提到风俗是"五月五日蓄兰为沐浴"，借此来攘除邪病瘟疫。可以看出，五月初五，远不是我们现在想的那样，是一个可以作为国家法定公休、出门踏青旅行、观赏龙舟的休闲节日。端午中的驱瘟祈福习俗，便是因此而产生的。

端午时节，人们采药以驱逐毒气，江苏等地在此日要去捉蛤蟆，以起到清凉消火的功效。除此之外，家家户户还要在房门上悬挂菖蒲和艾蒿，借以辟邪，祈祷家宅安宁。菖蒲与艾蒿都是辟邪驱瘟的重要药物，有治疗疟疾、热疮的功效，象征防治百病之意。

如果说这种悬挂药材的方式，多少具有一些象征意味的话，端午节还有实际的活动来进行驱毒活动。大人们饮用雄黄或菖蒲泡的药酒，用菖蒲或艾草熬出来的汁水洗澡，以强身健体。还要给孩子们的耳朵、鼻子、脑门、手腕等处抹上雄黄酒，驱赶蚊虫和五毒。

菖蒲　　　　　　　　　　　　　　　　艾草

从这种驱瘟的习俗可以看出，古人在五月间，是如临大敌，非常谨慎的。毕竟，五月是气候转换的重要时期，北方的五月，容易出现干旱；南方的五月，则进入梅雨季节，气候湿热，容易传染疾病。在当时的社会条件下，人民畏惧五月，将其看作是"凶月"是可以理解的。

端午之节，最早以吴越南方为盛，这种以端午为凶的认知，或许与当地的自然环境与气候有关系。闻一多先生认为，这个节日与吴越民族祭祀龙图腾很有关系，这里的龙不是"飞龙在天"的龙，而是"龙跃于渊"的蛟龙。而追溯到人文历史上看，对水神蛟龙的祭祀，正是初民畏惧水神害人思想的体现。在南方的传说中，五月五日是水神为害的大日子，许多历史人物都在这一天遭到了落水死亡的命运。

日本的《年中岁时抄》引用中国古书《十节记》说："五月五日，荃握。昔高辛氏子乘船渡海，急逢暴风，五月五日没海中。其灵成水神，令漂失船。或人五月五日，以五色林荃握投海中。荃握变化成五色奴龙，海神惶隐，敢不成害。后世相传。"高辛氏的故事我们在介绍屈原家世的时候提到过，这里讲的是高辛氏（帝喾）之子在五月五日落水而死，变为水神，危害一方的传说。

伍子胥像

春秋时期的名臣伍子胥本来是楚国人，后被楚王迫害，逃到吴国，先后辅佐吴王阖闾、夫差。他营造姑苏城，吴国在他的辅佐带领下变得繁荣富强。阖闾时代，他与名将孙武协同，大举攻楚，攻陷了郢都。夫差继位以后，他又主持领导了吴越之间的战争，几乎将越国灭国。但是，这样一位有能力的大臣，最终却在伯嚭等佞臣的谗言之下，被吴王夫差赐死。据说，他自刎而死时，声言要让身边的人把他的双眼悬在姑苏城外，他要亲眼看到吴王夫差倒行逆施，走向灭国的全过程。夫差听了大怒，就把他抛尸在钱塘江中。伍子胥被抛入江中后，化为涛神。"五月初五，以迎伍君"的龙舟之俗，也与纪念伍子胥有关。

东汉著名的孝女曹娥，他的父亲就是在五月五日迎伍子胥的时候不慎溺死的，曹娥沿江寻找父尸，最后痛哭投江而死。她的孝心被古人所赞叹，端午之日，也有人认为同样应该属于纪念曹娥的节日。

伍子胥死后9年，越王勾践即卧薪尝胆，奋发图强，一举消灭了强大的吴国，洗雪了当年的国耻。有趣的是，传说中，越王勾践也正是在五月五日开始建立自己的水师，从而增强国力的，后人为了纪念这个日子，就在此日展开龙舟竞渡，表示要发愤图强，不能忘本。可以看出，五月五日在中国古代，尤其是南方吴楚流域，有着重要的节令意义。这些事件或许多出于附会，但应

该能够发现端午节丰富的文化意义。端午节在古人的心目中，最初就是这样一个纪念非正常死亡的死者的节日。在这样的社会环境、民俗习惯下，屈原投江自沉的日期，被定为五月初五日，就不会令人感到奇怪了。我们已然无法严密地考证屈原到底是不是五月初五日自杀的，但重要的是，千年以来的人们都相信是这样的，并为之赋予了重要的历史意义，这也是端午节得以发扬的根本基础。当然，比起前面的几个传说，屈原的故事虽然起源比较晚，但还是要数它流传最广，内涵最丰富，或许，这正与屈原文学的动人魅力不无关系吧！

相传，屈原自沉汨罗江时，当地土人驾船营救，行船到洞庭湖的时候，湖大船小，再也过不了湖了，于是痛心疾首地唱道："何由得渡湖？"从此之后，形成了龙舟竞渡的习俗。这个故事被《荆楚岁时记》等书广泛记录，甚至连《隋书·地理志》都收录了这个民间传说，可以看出其影响是很大的。

龙舟，是做成龙的形状，或者刻上龙的纹路的船只，最早是君王乘坐。《穆天子传》里面就记载："天子乘鸟舟龙舟浮于大沼。"古人以龙、鸟（凤凰）为图腾，因此以龙、鸟为形状，建造船舟。《淮南子》里面还提到"龙舟鹢鸟首"，是将两者结合起来的船舟体制。根据记载，隋炀帝下江都时，就以龙舟为水上游乐工具。他所乘坐的龙舟，高45尺，宽45尺，长200尺。船有4层，底层是内侍、水手的住所，中间两层有160个房间，顶层则是大殿与朝堂，气魄豪华，规格庞大，君王为"真龙天子"的气派，从中可以看出。

不过，除了官方所造标志着皇权的豪华龙舟，民间也有很多类

型的龙舟。宋代吴自牧在《梦梁录》里描写西湖画舫的龙舟，戏行波间，娱乐百姓。而明末张岱在《陶庵梦忆》中，更是见到了龙舟上的杂技表演，惊险而有趣。这些龙舟只展示表演，不排列名次，更像一次文艺演出，而龙舟就是一个大戏台，有时候整整一个五月都举行表演，被各地的村民所欢迎。

当然，民间最重要的应该还是要属竞渡用的龙舟了。这里面，有的是专门竞渡，不做他用的渡船；有的则是改装而成，平时为生活用船，端午竞渡之时，才临时改装成竞渡的龙舟。龙舟有大有小：小的仅仅长一丈半到两丈，容纳不到 10 人，只有桡手和舵手；大的长 9 丈到 10 丈，可以容纳 100 人左右，除了桡手、舵手之外，还有鼓手、锣手，呐喊助威，以壮声势，极有观赏价值。龙头由整木雕成，千姿百态，形象不一。这是祖传下来的，存放在祠堂之中，每年使用之前要举行隆重的仪式，请出龙头。就颜色来看，有红、黑、灰等多种颜色，形状更有鸡公龙头、大头狗龙头等等，与当地的风俗紧密联系起来。

龙舟竞赛在五月间开始，明末杨嗣昌的《武陵竞渡略》中介绍，每年的农历四月八日开始揭蓬打船，五月一日新船下水，然后在五月五日和十五日划船竞赛，十八日颁发锦标奖品，拖船上岸，标志着竞赛的完成。这个风俗起源很早，很多诗人都曾经观赏并吟

咏这个盛会。刘禹锡的《竞渡曲》，储光羲的《观竞渡诗》等等，都是相关的优秀诗篇。而唐代诗人张建封虽然不出名，但他《竞渡歌》的描写亦非常传神，我们不妨阅读全诗："五月五日天晴明，杨花绕江啼晓莺。使君未出郡斋外，江上早闻齐和声。使君出时皆有准，马前已被红旗引。两岸罗衣扑鼻香，银钗照日如霜刃。鼓声三下红旗开，两龙跃出浮水来。棹影斡波飞万剑，鼓声劈浪鸣千雷。鼓声渐急标将近，两龙望标目如瞬。坡上人呼霹雳惊，竿头彩挂虹霓晕。前船抢水已得标，后船失势空挥桡。"

锦标奖品，唐代已有之，而以五代南唐尤为盛行，优胜者还可以得到官府颁发的银两和布匹，作为奖励。北宋末年，王观的《清平乐·拟太白应制》这样描写：

"宜春小苑，处处花开满。学得红妆红要浅，催上金车要看。君王曲宴瑶池，小舟掠水如飞。夺得锦标归去，匆匆不惜罗衣。"

这里并没有明写具体时节（宜春苑是北宋名园，并非季节描写），但描写的宫女赛舟的情形，似乎正是园内的端午锦标比赛，可见这种活动不但民间有之，贵族皇室也颇为喜爱。另一种抢标的比赛，除去龙舟竞渡需要的力量与速度之外，还有更多的技巧意味。拿清代末年扬州城南的龙舟竞渡来说吧，当时的富商大户，把写有赏钱数额的奖券放在掏空的鸭蛋中，让龙舟的水手们下河夺标，而且规定，水手不得用手争抢，必须要用嘴咬住鸭蛋壳，才算成功夺标。这种竞技就增加了难度，丰富了龙舟竞渡的观赏价值。

隋炀帝曾写作过一首《泛龙舟》的词，词曰："舳舻千里泛归舟，言旋旧镇下扬州。借问扬州在何处？淮南江北海西头。六辔聊

停御百丈，暂罢开山歌百讴。讵似江东掌间地，独自称言鉴里游。"① 此词经当时龟兹琵琶人白明达编乐，成为一种具有中西合璧风格的乐曲，并在唐代演变成一种类似《霓裳羽衣服》的大曲，多次在宫廷中演奏。这一曲调在宋以后似已失传，但却输入到日本去，成为东洋习见的曲目之一。日本五月初五日习惯赛马，在赛马时往往会演出《泛龙舟》一曲，也颇有文化融合的趣味。此曲亦多在佛教法会上演出，直到17世纪才逐渐失传。此曲在我国看，并没有太长的历史，而在彼国，却别成一番风貌，亦可从侧面见出我国传统文化的传播能力了。

不过，龙船竞渡，虽然被安排在端午节举行，并与"招屈"联系起来，其实这种风俗活动并不始于屈原时期。登龙舟，张凤盖，主要与人们的娱乐需要相关，是一种大众的文化活动，也正因为其大众性，才能够延续千年，而仍然保有生命力。

不过，竞渡的弊端也非常明显。至少在宋代，竞渡而引起的殴伤溺死事故，已经得到了当时人们的重视。宋代刘敞就曾经讲，著名诗人梅尧臣在江南任地方官期间，禁止竞渡，防止人因此受伤乃至死亡。近代大学者陈子展先生回忆小时候看龙船的经过，也称往往见到竞渡殴斗，打的头破血流的场景。甚至，就算是取消竞渡，也同样难以避免骚乱。清代乾嘉时期的大学者吴骞在他的日记里写道："闻毗陵以禁止龙舟，致诸无籍纠众偏閧，各缙绅家亭馆器物，无不毁败，而当事不能谁何。"禁止龙舟导致了这样一场大骚乱，龙舟竞渡活动固然满足了百姓的娱乐心理，但给这些不务正业的地

---

① 《乐府诗集》卷七十四。

痞流氓，想来也带来了不少好处吧。

但随着历史的发展，龙舟竞渡已经变成了具有官方色彩的一项专业竞技体育运动，除了表达端午节的民俗以外，更确立了严格的章法与规则，乃至成为了一项具有文化影响力的竞技项目。至今，我国许多地区，在端午节还继续举办龙舟赛，尤其是在湖北宜昌、秭归、荆州，湖南汨罗等荆楚之地，最具有特色。在湍急的河流中竞渡，队员除了争渡之外，还有的摇旗呐喊、表演节目，更具有民俗风情和表演意味，与传统的娱乐与竞技一体的龙舟竞渡更为接近。而当代的龙舟赛事，则具有端午节以外的独立性，已经自成系统。在单数年，举行世界龙舟锦标赛；在双数年，则举办世界龙舟俱乐部锦标赛。比赛有严密的组织，也建立起了完整的规则，每年参赛队伍都由几十支到上百支不等，真可谓"有水的地方就有龙舟"。

除了划龙舟之外，吃粽子也是端午节不可不说的重要标志。粽子，古称角黍，因为形状作尖三角状，最初的原料为黏黍米，故而以此命名。粽子的古名又叫做"糉"，"糉"也读作"粽"，左边从米，表示原材料为米类；右面从"嵏"，本义是敛足，这里可以理解成裹角。拆文解字，指的是糉就是一种把米包裹起来的食物。后来，又产生了"粽"这个俗字，一方面或许是为了好写，另一方面也许与粽子的样子"如棕

271

桐叶心之形"有关，所以才写成与"棕"近似的"粽"字。粽子的起源非常早，东汉许慎的《说文解字》里面就已经提到过，至晚在晋朝的时候，粽子就已经成为流行的节令食品，只不过当时是在夏至前后食用，并没有与端午节绑定起来。南朝时期，随着端午节祭祀屈原成为了一个民俗传统，粽子才正式地转入端午节的节俗文化中来。根据《襄阳风俗记》的记载，屈原自沉汨罗江以后，他的妻子把食物投入水中来祭祀他。屈原托梦告诉妻子，食物都被蛟龙夺走了，蛟龙不怕别的，只害怕五色丝线和竹子。于是他的妻子就用竹筒做成粽子，拿五色丝线缠起来去祭祀他，避免蛟龙夺食为害。《续齐谐记》的记载与之大体相同，只不过当事人从屈原的妻子变成了东汉时期的长沙人欧回。但不管怎么说，从此以后，"角黍祭屈"就成了端午节的一项重要标志，流传至今了。

今天的粽子做法，比古代有了相当大的改良，工艺更精，味道更美，而且，还因为地域的南北差异，而有了不同的区别特征。北方粽子一般用芦苇叶卷为漏斗状或正四面体状，以糯米、黏黄米、红枣等为主要馅料，口味以甜味为主。北方粽子以北京粽子最具有代表性。北京粽子又可以分三种：一种是纯用糯米制成的白粽子，吃时需沾白糖，味道香气宜人。另一种为在糯米中包入两三颗红枣，称小枣粽子，吃前需冷藏，吃时会有冰凉的快感。第三种是豆沙粽。总体来说，北方粽子的特点是注重个头，味道清淡，制作工艺相对比较简洁。而南方的粽子，做法就远比北方的为丰富了。南方粽子多用竹叶包裹，口味甜咸，荤素俱备。嘉兴肉粽非常有名，是用瘦猪肉（有时也加一些肥猪肉）在酱油中浸泡一段时间后，裹入同样被酱油浸泡过的大米（也有直接用泡好的纯白糯米的）中而

做成的。此外，还有在粽子中加入煮熟的咸鸭蛋黄，叫做蛋黄粽。广东粽子个头较小，形状别致，正面看是正方形，背面竖起尖角，长得很像锥子。其中有什锦粽，以鸡肉丁、鸭肉丁、叉烧肉、冬菇、绿豆等调配为馅，味道也很鲜美。

除了最有名的龙舟与粽子，还有很多习俗都与端午联系在一起。比如，饮雄黄酒、悬艾草、插菖蒲，都是利用这些植物的药性来解毒、杀菌、驱逐风寒，与养生保健密切相关。盛夏是各种疾病的高发期，通过利用这些药物，表达了人们对于生命健康的高度关注。挂钟馗像就属于民间信仰衍生出的新的风俗了，一般认为，钟馗的原型是唐代初期终南山的人，与屈原并没有关系。但他作为后世兴起的捉鬼之神，在这个疾病高发的盛夏，钟馗的年画被人们张贴出来，也正是为了祛除疾病的生存需要。

将这些端午风俗串起来，我们就可以构想出一幅端午节庆的美好场面了。以明代时期为例吧：端午节是最被明人重视的节日。在京师（北京），每逢端午，皇帝在午门赐给百官粽子，然后文官从驾到西苑，观看武将射柳。完毕以后，皇帝去内沼看划龙船，有时也去万岁山前插柳，观看武士跑马。宫中内臣在这一天，都穿上五毒艾虎补子莽衣，佩艾叶，午时吃粽子，饮雄黄酒或菖蒲酒，画治病符。百姓们除了同样饮雄黄酒、佩艾叶、吃粽子外，还在午时之前涌入天坛"避毒"，并在下午骑马游戏。南京、闽中为主的南方地区，则大兴龙舟竞赛，直到黄昏。边镇地区的端午节就相对多了一些尚武精神，边镇举行射柳的大比武，命中多者加以赏赐。

四、节日长存，英魂未已

中国诗是以抒情为主体传统的，但夹叙夹感，或者以叙事为主的诗作，数量也同样丰富，在中国文学史上占有重要的地位。"文章合为时而著，歌诗合为事而作"，对民俗的记叙，自然就是重要的内容之一。唐代开始，端午节的民俗活动走向定型，而相关的吟咏数量也不断增加。唐玄宗李隆基在端午大宴群臣，亲自写下一首《端午三殿宴群臣探得神字》："五月符天数，五音调夏钧。旧来传五日，无事不称神。穴枕通灵气，长丝续命人。四时花竞巧，九子粽争新。方殿临华节，圆宫宴雅臣。进对一言重，遒文六义陈。股肱良足咏，风化可还淳。"从艺术上讲，这首诗固然没有太深厚的感情，属于平平之作。但其技巧尚佳，诗的前面备述端午节的"五音""长丝""九子粽"等风俗，后面归到风化六义的儒门传统理想上去，典雅庄重，是一篇严整的诗篇。陆游的《乙卯重五诗》，对南宋的端午节习俗描写得更加生动丰富："重五山村好，榴花忽已繁。粽包分两髻，艾束著危冠。旧俗方储药，羸躯亦点丹。日斜吾事毕，一笑向杯盘。"诗人看到石榴花开，吃了两角粽子，在帽子上插上艾枝，接下来又忙着储药、配丹，直到黄昏事情忙完。诗人完成了工作，微微一笑，自斟自饮起来，愉快地度过了节日。

不过，"我们这个民族活得太沉重"，面对时遭风雨的社会，诗人们自然不会置之度外。在端午这个百姓喜悦庆祝的节日里，诗人们并不总能放下心头的包袱，尽情享受娱乐活动。他们想到了沉江自尽的屈原，就想到了郁郁不得志的自己；想到了被暴秦灭国的南

楚，就想到了处在忧患之中的国家。且不说刘禹锡的"曲终人散空愁暮"，北宋诗人梅尧臣的《五月五日》就针砭时弊，足称健笔："屈氏已沈死，楚人衷不容。何尝奈谗谤，徒欲却蛟龙。未泯生前恨，而追没后踪。沅湘碧潭水，应自照千峰。"屈原已经死了，吓退蛟龙、追踪遗迹又有什么意义呢？诗人提醒人们，还不如多去注重屈子生前的境遇，寻求他生前遗恨的根本原因。

但吓退蛟龙，就算是表面形式，也毕竟表达了对屈原的怀念，如果出于一颗怀念古人的诚挚纪念之心，有着一定的文化寄托，也算是一件好事。而纯粹出于娱乐，把屈原当做娱乐的对象，这种情况在大众文化的时代中司空见惯，严肃反而被人看作不正常，但这却是立足于古典传统的古代诗人所难以容忍的。唐代诗人元稹在他的《表夏十首》中，有一首就是感慨这样的现状的，他写道："灵均死波后，是节常浴兰。彩缕碧筠粽，香粳白玉团。逝者良自苦，今人反为欢。哀哉徇名士，没命求所难。"诗人因为自己的痛苦，而选择了自杀的道路，但今人却忘记了这些，反而将他忘记，只知道端午节是个欢乐的节日，但又有什么办法呢？社会就是这个样子的。

南宋著名文学家刘克庄的《贺新郎·端午》，就更加激烈，更加伤感：

> 深院榴花吐。画帘开、缣衣纨扇，午风清暑。儿女纷纷夸结束，新样钗符艾虎。早已有游人观渡。老大逢场慵作戏，任陌头、年少争旗鼓，溪雨急，浪花舞。
>
> 灵均标致高如许。忆生平、既纫兰佩，更怀椒醑。谁信骚魂千载后，波底垂涎角黍，又说是、蛟馋龙怒。把似而今醒到

了，料当年、醉死差无苦。聊一笑、吊千古。

词的上阕写端午节的风光，年轻的男女们纷纷观渡，龙舟争渡，浪花飞舞，而诗人却感到年纪老大，对此再无兴趣。其实诗人并非对生活毫无兴趣，而是对这种以娱乐曲解利用屈原感到愤懑不平。诗人认为，屈原怀兰纫佩、高风亮节，"朝饮木兰之坠露兮，夕餐秋菊之落英"，这么一位"不食人间烟火"的三闾大夫，怎么会死后还垂涎人们投下来的粽子，境界反而又变低了呢？唉，这些传闻真是太荒诞了，"众人皆醉我独醒"的屈原，如果知道今人是用这种方法祭奠他的话，何必保持自己的清醒呢？千年以后，人们仍然不能理解他，还不如当年就与世同醉、度过终生算了。千古含冤的屈原，恐怕只有诗人刘克庄一笑相吊了吧。——聊一笑，只不过是苦笑罢了。

在刘克庄生活的时代，南宋朝廷文恬武嬉，"直把杭州作汴州"，偏安一隅，不思进取。百姓也溺于东南的繁华下，沉醉不醒，浑不知王濬楼船，即将从北南下，侵吞中国。刘克庄是当时的一位热血男儿，看到这种世风，悲愤难抑，针砭时代堕落的情怀，真与屈原并无两样。确实，记住了屈原这个人，而记不住屈原的生平遭际，记不住屈原的品格与理想，与不知道屈原并没有本质上的差别。如果说端午节要承担更高远的文化价值，继承屈原精神应该就是其核心吧。

不过，节日要有节日的气氛，作为传统欢庆的节日，我们没有必要将龙舟竞渡、斗百草、吃粽子这样的传统民俗淡化；相反，作为独特的民俗特色，应该加以传承，并将其发扬光大。对于广大民众来说，端午节并不一定要与祭祀屈原划上等号，从节日中享受到

中国传统的文化风俗，就已经足够了。"但夸端午节，谁记屈原祠"，早在唐代便已经如此，当代更不可能复原到纯粹的祭典中来。不过，小传统的民众自有愉快的龙舟可以观赏，有美味的粽子可以品尝，而大传统的端午祭屈活动，则仍然应该成为端午节的一项重要文化活动。

好在，我国的知识分子们从来没有忘记过这一点。正如唐人李群玉的那首《竞渡时在湖外偶为成章》诗一样："雷奔电逝三千儿，彩舟画楫射初晖。喧江雷鼓鳞甲动，三十六龙衔浪飞。灵均昔日投湘死，千古沉魂在湘水。绿草斜烟日暮时，笛声幽远愁江鬼。"诗人前面看到的是三千健儿龙舟竞渡，满江热闹非常，一片生机勃勃的景象。但到了日暮听笛，接着就想起了当年屈原沉江而死的幽怨情怀，令人感到孤寂和落寞。这并非诗人的"人格分裂"，而是他们对大传统和小传统的结合，开心是因为百姓的开心而开心，落寞也是因为屈原之志不伸、国事难为的落寞。

汨罗屈子祠在屈子死后即已修建，汉人加以完善，之后历朝历代不断修缮或重建，存留至今的是清代乾隆二十一年重新修建的屈子祠，位于玉笥山上。祠堂所在的玉笥山在屈潭左面，山的西面是秭归山，秭归山上有屈原墓。传说这是女嬃葬屈原的地方，因此命名，共有十二疑冢，据说是楚人为了防止屈原的墓被奸小破坏，因此树立疑冢。既有祠庙，那么祭祀便是每年应有的活动了。贾谊等人的私自凭吊不算，官方祭祀屈原，最早见于典籍的，或许可以追溯到公元424年南朝宋湘州刺史张邵的主持，当时颜延之写下了典雅庄重的《祭屈原文》，成为纪念屈原的经典作品之一。南朝梁的时候，官府册封屈原为昭灵侯；宋神宗元丰年间又

改封忠洁侯，元代加封忠洁清烈公，这个封号从此沿用，屈子祠也往往题作"清烈公祠"。明太祖洪武二年，知县黄思让重建汨罗庙，奉旨复号"楚三闾大夫屈原之神"，年年的夏历五月五日都要主持祭祀，从此成为一项官方主持的制度。近些年来，这种公祭在湖北湖南的一些流域，依然保存下来，当地政府纪念的是屈原，而借以弘扬的是当地的文化旅游产业。1991 年，在岳阳南湖的首届国际龙舟节上，湖南省副省长刘亚南在公祭屈原大典时所读的一篇《祭屈原文》，虽然官方色彩十分浓厚，但相对来说，属于较有文采的一篇祭文。

"系维屈子，爱国忠良。振兴荆楚，辅弼庙堂。三闾睦族，和辑伦常。左徒任政，宪制典章。博闻强志，善政传扬。正道直行，尽智忠王。鄙谗耻令，志洁行芳。梗枬杞梓，唯楚材长。上官同列，妒嫉进谗。身遭绌逐，忧思彷徨。强秦构衅，欺诈争强。怀王不返，嗣位顷襄。縈心眷顾，爱国盈怀。终遭罢绌，远迹沅湘。《九歌》含粹，《离骚》哀伤。秦兵入郢，国破家亡。汨罗沉溺，词赋流芳。建祠永祀，玉笥山苍。千秋典范，日月争光。龙舟角黍，来吊梯航。今逢盛世，国泰民康。文明建设，继志韶山。前贤敬式，拜奠馨香。尚飨！"

全篇韵律整齐，对屈原的生平有着较为完整的描绘，表达了对屈原的怀念与敬仰。末尾虽然归结到主旋律的文明建设上，与屈原的关系稍嫌疏远，但作为官员能够朗诵出这样仿古修饰的文字，也算是十分不易了。

除官方的祭祀之外，起自民间的祭祀也络绎不绝。或赴遗迹亲自主持祭奠，或三两集会私下表示哀伤，都有不少精彩的祭文

流传下来，允称佳话。2004 年，汩罗的农民祭师杨基良老人，写有一篇《龙舟朝庙告文》，虽然不免朴野，但可以看出其中洋溢的热情：

"维岁甲申仲夏月上浣之朔日汩罗城郊乡杨氏龙舟队首士杨敏谦率全体队员等谨备果礼之仪恭告于故楚三闾大夫屈公平夫子之座前而述曰：

时维仲夏兮，节届蒲觞。惠风和畅兮，万物呈祥。

汩江两岸兮，百卉芬芳。缅怀夫子兮，俎豆蒸尝。

龙舟竞渡兮，世代弘扬。以资告慰兮，日月之光。

今逢盛世兮，国际公彰。定期大赛兮，远播重洋。

全球同颂兮，一大文昌。溯我杨氏兮，世袭家邦。

长崇竞渡兮，源远流长。尤今国策兮，乐奔小康。

大兴竞渡兮，夫子贤良。龙神降福兮，天地元黄。

惟冀：

夫子照鉴兮，万古留香，长施暗佑兮，杨氏安康。

恭呈文告兮，其乐无央。凯歌高奏兮，得胜还乡。

健儿奋力兮，大振洪刚。夫子不昧兮，来格来飨。

伏维尚飨！"

这首四言骚体，由于其用词特点，一望即知是今人作品，切合龙舟竞渡的通俗文化价值。但除竞渡夺标之外，祭文仍有对屈原的真诚纪念与对国家的拳拳热爱，是值得欣赏的。

2006 年 5 月 31 日，正是农历的端午节。这一天，在北京甘棠古典研习社的组织下，近百名大学生身穿汉服，在北京陶然亭公园屈原景区的独醒亭，参与了一场别开生面的祭屈活动。首先由主祭

人——首都师范大学中国诗歌研究中心主任、甘棠古典研习社社长赵敏俐教授敬香并宣读祭文。祭文宣读完毕后投化于水中，众人依次向屈原灵位进行祭拜，酹酒于水，表达对先贤的崇高敬意。礼毕之后，大家齐声高诵《离骚》，并向水中投掷粽子。

这次祭屈活动的祭文，与前所述诸篇都不同。这篇由徐晋如撰文、赵敏俐审定的祭文，具有浓厚的对古典精神的追随，语言追求古雅，精神崇尚高贵，是当代文言作品中少见的佳作，在大众化的当代，能够抛开娱乐化的倾向，而追忆、怀念屈原的精神，显得格外难能可贵：

"维孔诞二五五七年五月甲午初五日庚申，陶然亭公园、甘棠古典研习社诸子，思骚人之悱恻，仰斯子之修德，遂临沧浪之水，集独醒之亭，并實芳薰旨酒，清讴楚奏，敬祭故楚三闾大夫屈君之灵。

夫原以楚之同姓，明于治乱，娴于辞令，乃一见嫉于上官大夫，谋复折于张仪、靳尚。信而见疑，忠而被谤。忧愁幽思，作为离骚。体兼风雅，辞微文约。太史公所谓推其志，虽与日月争光可也。惟原生丁姬周之末绪，诸侯纷纭而有问鼎之志。竞时相逐之辈，咸游乎僭主之廷，思谋一用。太史公已启疑曰："以彼其材，游诸侯，何国不容，而自令若是。"其说是矣。然曲儒贱士，苏张之徒，或可夷然行之；屈子世为楚臣，性爱芳洁，怀瑾握瑜，岂改其初度者乎？故君虽为怀、顷，而自放陵阳，披蓁茹草，犹不忘郢之魏阙也。至其牢愁郁积之思，耿介不平之气，尤塞满江潭泽畔，足令地愁天惨。此所以千秋万载，而为人思羡也。于是进辞曰：

萧艾遍地，蕙兰萎绝。惟世不臧，彭咸遗则。玉笥何高，

阆风安陟。尔何为者，苏世独立。歌即山鬼，呵则古璧。远游所馈，桂膏柏实。荃不察情，终无磨折。九死未悔，赋情芳洁。宁赴常流，以为安宅。鬻熊不祀，三闾永绩。千古骚魂，犹时仿佛。

屈原和他的楚辞，已经流传千古，也必将继续传承下去，展现出勃勃的生命力。我们敢于定论，只要有文学的地方，就应该奉屈原和他的作品为不祧之祖。

结　语

　　屈原的文学成就和文化影响无人能够否认，但他的作品向来以难读著称，如何尽可能地逼近历史真相和文学真相，还原屈原和他的作品，则是千年来争论纷纭的一个大问题。好在，随着学术的不断发展，我们虽然距离屈原的时代越来越远，却对于很多问题有了更清晰的了解。宋儒以来，大量的学者筚路蓝缕，运用各种方法进行实证的研究，逐步破除了我们的解读障碍。我们现在得以进一步地贴近屈原的内心，可以试着与古人进行心灵沟通，尤其要感谢前贤所下的缜密功夫。

　　不过，不可否认的是，由于时间与空间的遥远距离，解读屈原的作品仍然是非常艰难的一件事。如何才能读通作品原文的真正内涵？如何才能知道作者与文本的关系如何？这是作为读者的我们所难以确认的。在尽可能地还原诗意的同时，往往又不可避免地跌入阐释循环之中：作品的整体意义要通过各个对局部的透彻分析来确

定，但局部上的歧解又需要作品思想的宏观把握才能解决。这个
"鸡生蛋蛋生鸡"的问题令许多解读者迷惑：到底怎么样才能解决
这个困惑？面对考据学家们浩如烟海而又互相对立的研究成果，读
者应该如何拣择？

答案似乎只有一个，虽然这似乎不那么合"学理"——那就是
细心体会作者的诗心。好在，"文学史，就其最深刻的意义来说，
是一种心理学，是研究人的灵魂，是灵魂的历史。"① 可以这样说，
面对文学作品不能有细微的体会，外在的考据工作再多，往往也是
无价值的边角料；而一旦与古人心灵交通（当然这也非需要相当的
功力不可），那么即使面对多种多样的歧解，也能避开岔路，直奔
中心。

古今读者谈屈赋，多以屈原的爱国思想为核心。确实，屈原在
他的作品中，体现出了相当的爱国情怀，但如果单以爱国为主，则
不免有很多难以理解之处。比如，"忠君"的屈原为什么对楚怀王、
楚顷襄王都大为不满，甚至称顷襄王为"壅君"？"爱国"的屈原为
什么在诗中多次选择要远游？为什么他在国家还没有彻底衰败的时
候（屈原死时，据秦灭楚还有几十年，中间楚还一度奋起，多次击
败秦军）就选择自杀？如果屈赋只不过是一部屈原的爱国斗争史，
那么在中华一统的今天，为什么它还能超越历史，成为不朽的文学
经典？这些问题都是不好解答的。

但是当我们抛弃意识形态的观念，专心从文学上体会的时候，

① ［丹麦］勃兰兑斯《十九世纪文学主流》第一分册引言，人民文学出版社
1980年版。

则会得出不同的结论：在诗中，我们看到的并不是政治家屈原，而是诗人屈原。这位诗人品行高洁，苏世独立，却因不被世人理解，而陷入了深深的痛苦之中。即使这样，他也宁愿承受痛苦，而不愿用自己的灵魂来换取什么。屈原诗的主旋律并不是政治浮沉的斗争，而是清洁与污浊的斗争。当他痛苦地发现，他的理想注定破灭，他这样追求高贵清洁的人注定只能得到痛苦的时候，他选择用自杀来解脱这一切。他的系列作品，正是这样的一套心灵史诗，反映了屈原从少年到老年思想的变化。年轻的屈原作《橘颂》，那时候他刚刚二十出头，充满了对自己美德的自信与对未来的向往；中年的屈原作《离骚》，在前行不果的境遇下，他面对着对未来的迷茫，而又选择坚定地踽踽独行；暮年的屈原作《怀沙》，他对整个楚国社会乃至天下彻底失望，在从上而下皆颠倒黑白的时代，他无从忍耐，决心自杀离开这个世界，从而与古代传说中的贤人在精神上相逢。不过，具体的思想虽然一直在变，那个追求苏世独立的诗人品格始终未变。

如果抱有这样的思路来读屈原的作品，一切仿佛涣然冰释，许多用政治、社会角度无法解释的困惑也就不成为困惑。孟子说，"读其书，不知其人可乎？"当你理解了屈原是什么样的人，也就理解了屈原的作品。与古人进行精神上的对话，既是对自己的一番洗礼，同时也是古人精神血脉的延续——某种程度上，你就成为了屈原的当代衣钵传人。

从现代学术的眼光来看，这种读法缺乏实证依据，得出的是不充分的结论，还是要剔除主观，用"实证主义"的方法，使用大量的考据来说明真相。当然，我们应该承认客观研究的必要性，但面

对文学的时候，这种学术方法或许某种程度上行之有效，但总归无法突进文学的本质，仍然停留于表面，而往往买椟还珠，难以看到文学的本真精神。作为学术圈外的读者，应该掌握相关的基本知识，但不必过分纠结于细节的争辩之中，而要从文本中得到大体，抓住最核心的部分。文学即人学，没有人文关怀的阅读，注定是无力理解文学精神的。

屈原是中国文学史上第一位文人诗人，他奠定了中国诗文人化的主流，两千年来，都被诗人奉为不祧之祖，受到他的深厚影响。屈原哀乐过人，在他表达自己独特的感情的时候，同时又说出了两千年来士人追求向上、追求高贵的心声。他的痛苦，不仅仅是他的痛苦，而是所有高贵者的痛苦。阮籍、杜甫、文天祥、夏完淳、梁启超……当这些志士读到屈原作品的时候，仿佛就读到了自己，而在这样的感染力下，接过了屈原的诗笔，继续抒发着自己浓烈的情感。而当我们读到屈原的作品时，亦不仅仅是感受到了屈原的心声，也会想到阮籍，想到杜甫……这是中国诗的真正典范，亦是中国人的真正典范。可以说，只要社会仍需要追求高贵，追求向上的人，屈原就永远活着。他不仅仅是两千年前楚国的一位乡土诗人，更是有着超越性的中国诗人、世界诗人。

《离骚》一度被称作"经"，并非毫无原因。除了其言辞的华美、感情的纯粹之外，更重要的或许是它已经深深地渗透进了中国的文化传统。它来源于先秦的绚烂文化，而又为先秦画上了浓墨重彩的一笔，作为华美瑰丽的文学，足以被称作"金相玉式"，是中国文学的伟大典范。而在文学技法的炉火纯青之外，屈原所表现的人格美与人格理想更加值得后人珍视。苏东坡因反对新法，被贬到

海南岛。传说，有一次过年，他思乡情切，乃向上天祝祷：如果我能把屈原的《离骚》默写一遍，不错一字，则是老天暗示我可以活着回到中原，于是当天就斋戒静心默写起来，取书对照，果然一字不错。清人曾国藩五十岁生日时，想考验自己心智是否已衰退，乃试着背诵小时读过的《离骚》，亦能全篇记得，甚感安慰，记在日记中，引为人生一快。可见《离骚》在中国古典士人心目中的重要地位了。

屈原是一位特立独行的诗人，他宁愿为了理想的纯洁而失去一切，也不愿意得到一切却放松理想。因此，他就注定遭到命运的磨折，受苦难的考验。只有当他经受住了考验的时候，他才真正算是守住了他的本来面目，而他的品格，也经过了试金石的检验，而足以永垂不朽。纵然没有那些伟大的诗篇，他也是应该被我们所热爱的。

从政治角度上看，屈原虽有眼光与志向，却没有太多的机会来表现，不能算是位有成就的政治家。他的浓墨重彩，更多的是依靠文学而影响后人。但这并不妨碍古人对他历史地位的极高赞扬。在深厚的历史长河中，遭受失败的人物，乃至无表现的人物，反而更值得关注，他们的价值不依靠事业的成功才成立，看上去"空虚"，实际上却更具有超越的价值。《史记》中的伯夷、介之推、颜渊、商山四皓，乃至唐人小说中的虬髯客，他们甘心全其性命，而作一历史上的无表现人，正如诸葛亮出山以前的"苟全性命，不求闻达"。这样的人虽未在政治上成功，但他们却是中国文化血脉的寄托，如果没有了他们，则我们的文化亦必将黯然失色。屈原之所以伟大，并非仅仅因为他在文学上的独特成就——毕竟，古人认为，

"士先器识而后文艺"，屈原的伟大，更多的是他的人格。不明此点，必难明白屈原的精神以及屈原的作品，这也是本书所要致力介绍的古典体悟途径。如能从诗人的精神入手，则一切古典诗人，都可以被我们所了解了。他们那看似不经意的落笔，实际蕴含了无穷的力量，供我们来生发出新的内涵，吹拂到更绵远的未来中去。

解读古之经典，目的和价值当然在于诠今。在我们解释和理解古代经典的时候，也就自然体现出我们面对现代社会的方式来。这也正是屈原的价值，经典的价值。经典是永垂不朽的。

屈原生平及楚大事年表

年代	大事记
约公元前1024年（西周成王元年）	楚国建立。
公元前770年（东周平王元年）	周室东迁，楚国渐渐开始强大。
公元前656年（楚成王十六年）	齐桓公以齐、鲁、宋、陈、卫、郑、许、曹之师伐蔡攻楚。诸侯与楚盟于召陵。
公元前638年（楚成王三十四年）	楚、宋泓水之战，楚大胜，次年宋襄公死。
公元前632年（楚成王四十年）	晋楚城濮之战，楚大败。
公元前606年（楚庄王八年）	楚庄王陈兵周境，问鼎轻重。
公元前597年（楚庄王十七年）	郑降楚，楚破晋，楚庄王称霸。
公元前506年（楚昭王十年）	孙武、伍子胥率吴军攻陷楚郢都。申包胥赴秦求救。次年，秦军救楚，楚王还郢都。

（续表）

年代	大事记
公元前 385 年（楚悼王十七年）	该年前后，吴起奔楚，实行变法，公元前 383 年楚悼王死，贵族发动政变，变法失败，吴起死。
公元前 359 年（楚宣王十一年）	秦商鞅变法。
公元前 353 年（楚宣王十七年）	正月二十三日庚寅日，屈原生于郢都，其家后来可能迁于云梦之野。
公元前 334 年（楚威王六年）	楚大败越，越臣服。该年前后，屈原行冠礼，作《橘颂》。
公元前 329 年（楚威王十一年）	楚威王卒。屈原作《大招》以祭之。
公元前 328 年（楚怀王元年）	魏闻楚丧，伐楚，取陉山。张仪为秦相。
公元前 323 年（楚怀王六年）	楚昭阳攻魏，得八城。又欲攻齐，齐陈轸以画蛇添足说昭阳，昭阳惧功高震主，乃退兵。
公元前 319 年（楚怀王十年）	是年前后，屈原任楚左徒，负责外交工作，与陈轸、苏秦、公孙衍等沟通联络，形成六国抗秦联盟。
公元前 318 年（楚怀王十一年）	孟尝君至楚，楚献象牙床，屈原通过孟尝君之门人公孙戍，使孟尝君顾全大局，拒绝接受象牙床。同年，楚、赵、魏、韩、燕同伐秦，攻函谷关。秦人出兵，五国之师退兵，合纵之策失败。

（续表）

年代	大事记
公元前317年（楚怀王十二年）	张仪复相秦。屈原约于此年出使齐国。
公元前315~314年（楚怀王十四~十五年）	约在此数年间，屈原主持制定变法政策，因上官大夫等人进谗言，屈原被疏。同期，楚、越多次交战，使越降服。
公元前313年（楚怀王十六年）	秦王使张仪诈楚，言以商於之地六百里归楚，条件是齐楚绝交。楚怀王不听陈轸之谏，与齐绝交，然张仪只应以六里。
公元前312年（楚怀王十七年）	楚怀王受欺，震怒与秦战，连败于丹阳、蓝田，八万人战死，大将军屈盖等被俘，楚割丹阳汉中之地。韩、魏亦趁机袭楚。楚怀王悔不用屈原之策。
公元前311年（楚怀王十八年）	张仪对楚交涉，谋以归还鄂郢、汉中为条件，驱逐楚国抗秦派昭滑、陈轸。屈原提出应对之策，出使齐国，重修齐、楚关系。秦乃打消前议，归汉中之半，与楚和好。楚怀王要秦国交出张仪，张仪来楚后贿赂靳尚、郑袖等，又被释放，屈原从齐返，进谏应杀张仪，楚怀王悔，追不及。
公元前309年（楚怀王二十年）	楚怀王听昭雎之建议，与齐、韩合。
公元前306年（楚怀王二十三年）	楚灭越。
公元前305年（楚怀王二十四年）	楚背齐于秦和，两国结为姻亲。

（续表）

年代	大事记
公元前304年（楚怀王二十五年）	秦、楚在黄棘会盟，秦归还楚上庸。屈原力谏被贬，归汉北三闾之封地（一说认为被流放汉北），在数年之内作《离骚》《天问》。
公元前303年（楚怀王二十六年）	因怀王背盟，齐、魏、韩攻楚，楚派太子赴秦为人质，以求救。秦兵至，三国退兵。
公元前302年（楚怀王二十七年）	楚太子因私怨杀秦大夫，逃归国，秦楚交恶。
公元前301年（楚怀王二十八年）	秦以楚太子杀人逃逸为借口，联合齐、韩、魏四国联军攻楚，大破楚，杀楚将唐昧，取楚之重丘。
公元前300年（楚怀王二十九年）	秦攻楚，楚大败，楚将景缺战死。楚怀王送太子至齐国为人质，以求和。
公元前299年（楚怀王三十年）	秦复伐楚，取八城。秦昭襄王诈称与楚结盟，骗楚怀王至武关会盟。屈原劝阻不果，怀王西入秦。秦以伏兵强夺楚怀王，软禁于咸阳。秦胁迫怀王割巫郡、黔中郡，怀王不从。昭睢用计，太子从齐归国即位，是为楚顷襄王。
公元前298年（楚顷襄王元年）	秦攻楚，大破之，斩首五万，夺楚十六城。屈原力主抗秦，为楚顷襄王及令尹子兰等所忌，产生冲突，被放逐汉北。将行，作《惜诵》。

（续表）

年代	大事记
公元前297年（楚顷襄王二年）	楚怀王逃出咸阳宾馆，间道入赵，赵不敢纳，又欲入魏，在秦、赵边境被秦人追索，被迫返回咸阳，病发。
公元前296年（楚顷襄王三年）	楚怀王死于秦，国人哀之，屈原作《招魂》。楚与秦绝交，诸侯以秦为不义。
公元前293年（楚顷襄王六年）	秦伐韩，斩首二十四万，又约与楚决战。楚惧，与秦复通好。
公元前292年（楚顷襄王七年）	楚顷襄王迎娶秦女为夫人。
公元前289年（楚顷襄王十年）	屈原在陵阳作《哀郢》。
公元前285年（楚顷襄王十四年）	秦、楚会于宛。此数年间，屈原溯江而上，在汉北作《抽思》；又折而南下，作《思美人》。
公元前284年（楚顷襄王十五年）	本年初冬，屈原向溆浦前进，作《涉江》。是年秋，屈原暂停留于溆浦，作《悲回风》，已有自杀之意。随后向沅湘流域行吟。
公元前283年（楚顷襄王十六年）	秦、楚两次会盟。屈原由沅水、资水溯江而上，作《怀沙》，于本年端午投汨罗江自沉死，死前作《惜往日》。
公元前281年（楚顷襄王十八年）	楚顷襄王听猎人某的进言，心口俱服，遣使北上，谋合纵伐秦。
公元前280年（楚顷襄王十九年）	秦将司马错攻楚，楚军败，割让汉北及上庸之地求和，秦受楚地，而不与楚和。

年代	大事记
公元前279年（楚顷襄王二十年）	秦将白起攻楚，攻克楚国陪都鄢及邓、西陵等要塞。
公元前278年（楚顷襄王二十一年）	白起克楚郢都，焚夷陵楚先王墓，以功封武安君。楚迁都于陈（今河南淮阳县城）。
公元前277年（楚顷襄王二十二年）	秦复拔楚巫郡、黔中郡。楚顷襄王用庄辛，亡羊补牢，略能保境，并于次年收复江旁十五邑。
公元前272年（楚顷襄王二十七年）	秦楚复交好，春申君黄歇及楚太子入秦为人质。
公元前263年（楚顷襄王三十六年）	楚顷襄王重病，黄歇以计使太子暗渡归国。秋，顷襄王病卒，太子继位为楚考烈王，封黄歇为令尹。
公元前255年（楚考烈王八年）	楚灭鲁。
公元前246年（楚考烈王十七年，秦王嬴政元年）	秦王嬴政继位。
公元前241年（楚考烈王二十二年，秦王政六年）	春申君联合六国伐秦，大败。
公元前238年（楚考烈王二十五年，秦王政九年）	楚考烈王病死，李园政变，杀春申君。
公元前230年（楚幽王八年，秦王政十七年）	秦灭韩。
公元前228年（楚幽王十年，秦王政十九年）	秦灭赵。

（续表）

年代	大事记
公元前 225 年（楚王负刍三年，秦王政二十二年）	秦灭魏。
公元前 224 年（楚王负刍四年，秦王政二十三年）	秦将王翦伐楚，大破之，楚将项燕自杀，昌文君战死。
公元前 223 年（楚王负刍五年，秦王政二十四年）	秦灭楚。
公元前 222 年（秦王政二十五年）	秦灭燕。
公元前 221 年（秦王政二十六年）	秦灭齐，至此秦尽灭六国，统一中国，结束战国时代。

主要参考书目

C

《禅心剑气相思骨——中国诗词的道与法》，徐晋如，广西师范大学出版社，2009年版。

《忏慧堂集》，徐晋如，海南出版社，2010年版。

《澄心论萃》，饶宗颐，上海文艺出版社，1996年版。

《程氏墨苑》，[明] 程大约编，黄山书社，2009年版。

《楚辞笔记》，张炜，中国青年出版社，2012年版。

《楚辞补注》，[汉] 王逸章句，[宋] 洪兴祖补注，中华书局，1983年版。

《楚辞辞典》，袁梅，山东教育出版社，2000年版。

《楚辞灯》，[明] 林云铭，华东师范大学出版社，2012年版。

《楚辞集注》，[宋] 朱熹，上海古籍出版社，1979年版。

《楚辞讲座》，汤炳正，广西师范大学出版社，2006年版。

《楚辞今绎讲录》（修订本），姜亮夫，北京出版社，1984年版。

《楚辞考论》，周建忠，商务印书馆，2003年版。

《楚辞论文集》，游国恩，古典文学出版社，1957年版。

《楚辞评论资料选》，马茂元、杨金鼎主编，楚辞研究集成第三编，湖北人民出版社，1985年版。

《楚辞诗学》，杨义，人民出版社，1998年版。

《楚辞书录解题》，崔富章，高等教育出版社，2010年版。

《楚辞书目五种》，姜亮夫，上海古籍出版社，1993年版。

《楚辞书目五种续编》，崔富章，上海古籍出版社，1993年版。

《楚辞图》，郑振铎编，人民文学出版社，1953年版。

《楚辞文献研读》，罗建新、梁奇编，广西师范大学出版社，2011年版。

《楚辞学论文集》，姜亮夫，上海古籍出版社，1984年版。

《楚辞研究论文选》，杨金鼎主编，湖北人民出版社，《楚辞研究集成》第二编，1985年版。

《楚辞要籍解题》，洪湛侯主编，湖北人民出版社，《楚辞研究集成》第三编，1984年版。

《楚辞与屈原辞再考辨》，董运庭，中国社会科学出版社，2005年版。

《楚辞与原始宗教》，过常宝，东方出版社，1997年版。

《楚辞源流选集》（全五册），周殿富选编、李书源校点，吉林人民出版社，2003年版。

《楚辞直解》，陈子展，江苏古籍出版社，1998年版。

《楚辞植物图鉴》，潘富俊，上海书店出版社，2003 年版。

《楚风汉韵：出土楚汉文物集萃》，阎频、李炎编，文物出版社，2011 年版。

《楚史》，张正明，湖北教育出版社，1999 年版。

《楚文化史》，张正明，上海人民出版社，1987 年版。

《春秋大事表》，[清] 顾栋高，中华书局，1993 年版。

《春秋史》，童书业，中华书局，2006 年版。

《春秋左传集解》，[晋] 杜预，上海古籍出版社，1978 年版。

《春秋左传注》，杨伯峻，中华书局，1981 年版。

F

《坟》，鲁迅，人民文学出版社，2006 年版。

《佛教与中古小说》，陈洪，学林出版社，2007 年版。

G

《顾随诗词讲记》，顾随讲，叶嘉莹记，中国人民大学出版社，2010 年版。

《国史大纲》，钱穆，商务印书馆，2013 年版。

《国学概论》，钱穆，商务印书馆，1997 年版。

H

《汉文学史纲要》，鲁迅，人民文学出版社，2006 年版。

《汉书》，[汉] 班固著，[唐] 颜师古注，中华书局，1962 年版。

《汉书艺文志通释》，张舜徽，湖北教育出版社，1990 年版。

《黄老与老庄》，王葆玹，中国人民大学出版社，2012 年版。

J

《金庸作品集》，金庸，广州出版社，2006 年版。

《九歌十辨》，张元勋，中华书局，2006 年版。

《卷耳集·屈原赋今译》，郭沫若，人民文学出版社，1981 年版。

L

《拉奥孔》，［德］莱辛著，朱光潜译，人民文学出版社，1984 年版。

《离骚图》，［明］陈洪绶、萧云从，［清］门应兆绘，浙江人民美术出版社，2013 年版。

《离骚全图》，［明］萧云从、［清］门应兆绘，王承略校释，山东画报出版社，2003 年版。

《鲁迅〈摩罗诗力说〉注释·今译·解说》，赵瑞蕻，天津人民出版社，1982 年版。

M

《美的历程》，李泽厚，天津社会科学院出版社，2001 年版。

《门：一个不得其门而入者的记录》，张志扬，上海人民出版社，1992 年版。

Q

《清词丛论》，叶嘉莹，河北教育出版社，2002 年版。

《清洁的精神》，张承志，安徽文艺出版社，2000 年版。

《屈赋通笺（附笺屈余义）》，刘永济，中华书局，2010 年版。

《屈赋新探》，汤炳正，齐鲁书社，1984 年版。

《屈赋音注详解》，刘永济，上海古籍出版社，1983 年版。

《屈骚精神及其文化背景研究》，王德华，中华书局，2004

年版。

《屈骚探幽》，赵逵夫，巴蜀书社，2004 年版。

《屈原》，郭沫若，人民文学出版社，2000 年版。

《屈原》，游国恩，中华书局，1980 年版。

《屈原·宋词研究》，詹安泰，上海古籍出版社，2011 年版。

《屈原辞研究》，金开诚，江苏古籍出版社，1992 年版。

《屈原赋校注》，姜亮夫，人民文学出版社，1957 年版。

《屈原赋注》，［清］戴震，中华书局，1999 年版。

《屈原论稿》，聂石樵，人民文学出版社，1992 年版。

《屈原研究》，褚斌杰编，湖北教育出版社，2003 年版。

《屈原与他的时代》，赵逵夫，人民文学出版社，1996 年版。

《全上古三代秦汉三国六朝文》，［清］严可均辑，中华书局，1958 年版。

《全唐诗》，［清］彭定求编，中华书局，1960 年版。

《全宋词》，唐圭璋编，中华书局，1999 年版。

R

《人间词话疏证》，王国维撰，彭玉平疏证，中华书局，2011 年版。

《人文十三步》，刘再复，中信出版社，2010 年版。

S

《山带阁注楚辞》，［清］蒋骥，上海古籍出版社，1984 年版。

《山海经校注》，袁珂，上海古籍出版社，1980 年版。

《诗化哲学》，刘小枫，华东师范大学出版社，2007 年版。

《诗经韵读·楚辞韵读》，王力，中国人民大学出版社，2004

年版。

《诗经注析》，程俊英、蒋见元，中华书局，1991 年版。

《史记》，〔汉〕司马迁，中华书局，1982 年版。

《十三经注疏》，〔清〕阮元校刻，中华书局，1980 年版。

《世说新语笺疏》，〔刘宋〕刘义庆撰，〔南齐〕刘孝标注，余嘉锡笺疏，中华书局，2008 年版。

《叔本华思想随笔》，〔德〕叔本华，上海人民出版社，2008 年版。

《说文解字注》，〔汉〕许慎撰，〔清〕段玉裁注，上海古籍出版社，2003 年版。

《说巫史传统》，李泽厚，上海译文出版社，2012 年版。

《四书章句集注》，〔宋〕朱熹集注，中华书局，1983 年版。

《思想者十八题》，刘再复，中信出版社，2010 年版。

《宋代杜诗阐释学研究》，杨经华，中国社会科学出版社，2011 年版。

T

《天问论笺》，林庚，人民文学出版社，1983 年版。

《天问正简》，苏雪林，武汉大学出版社，2007 年版。

《天问纂义》，游国恩，中华书局，1982 年版。

《图腾文化与中国传统人生》，刘毓庆，人民出版社，2002 年版。

W

《文心雕龙注》，〔南齐〕刘勰撰，范文澜注，人民文学出版社，

2006 年版。

《文选》，［梁］萧统编，［唐］李善注，上海古籍出版社，1986年版。

《闻一多学术文化随笔》，闻一多，中国青年出版社，2001年版。

X

《西谛书跋》，郑振铎，文物出版社，1998 年版。

《西方哲学史》，［英］罗素著，何兆武、李约瑟等译，商务印书馆，2008 年版。

《先秦两汉魏晋南北朝诗》，逯钦立辑，中华书局，1983 年版。

《先秦诗文史》，扬之水，辽宁教育出版社，2002 年版。

《先秦诸子百家争鸣》，易中天，上海文艺出版社，2009 年版。

Y

《要籍解题及其读法》，梁启超，岳麓书社，2010 年版。

《艺概》，［宋］刘熙载，上海古籍出版社，1978 年版。

《英雄与太阳：中国上古史诗的原型重构》，叶舒宪，陕西人民出版社，2005 年版。

《渊研楼屈学丛稿》，汤炳正，中国社会科学出版社，2004年版。

Z

《战国策笺证》，范祥雍，上海古籍出版社，2011 年版。

《战国史》，杨宽，上海人民出版社，1998 年版。

《这一代人的怕与爱》，刘小枫，华夏出版社，2007 年版。

《拯救与逍遥》，刘小枫，华东师范大学出版社，2007 年版。

《中国历史研究法》，钱穆，三联书店，2005 年版。

《中国神话史》，袁珂，上海文艺出版社，1988 年版。

《中国文学论丛》，钱穆，三联书店，2005 年版。

《中日学者屈原问题论争集》，黄中模编，山东教育出版社，1990 年版。

《钟敬文学术文化随笔》，钟敬文，中国青年出版社，2001 年版。

《周秦道论发微》，张舜徽，中华书局，1982 年版。

《庄老通辨》，钱穆，九州出版社，2011 年版。

《庄屈合诂》，钱澄之，黄山书社，1998 年版。

《庄子奥义》，张远山，江苏文艺出版社，2011 年版。

《庄子发微》，钟泰，上海古籍出版社，1988 年版。

《庄子还原》，杨义，中华书局，2011 年版。

《庄子歧解》，崔大华，中华书局，2012 年版。

《庄子纂笺》，钱穆，九州出版社，2010 年版。

《缀石轩论诗杂著》，徐晋如，海南出版社，2011 年版。

《资治通鑑》，［宋］司马光，中华书局，1956 年版。

《罪与文学》，刘再复、林岗，中信出版社，2011 年版。

后　记

　　当在键盘上敲下最后一个标点符号的时候，我的心里并没有本来预想的那般喜悦，而是充满了惶恐和不安。屈原的作品太伟大，太深刻，即使有着大量的前人成果可资借鉴，仍然有难以尽读众本的遗憾，以及不敢轻易定夺的小心，"战战兢兢，如履薄冰"，正可概括这一写作中的心情，虽反复易稿，仍觉不尽如人意，尚有颇多头绪未及畅论，而已论及的亦嫌多有不足。

　　笔者有幸，多次聆听学界泰斗罗宗强先生的讲演。先生在"文革"结束不久的 1980 年，就写作了《李杜论略》，在学界产生很大反响，实为一部佳作。而先生每每以此部书资料收集未丰，论述不惬人意为说，乃至有着谦逊而又真诚的"著书须谨慎，白纸黑字抹不掉的"这样的劝诫之语，令人有振聋发聩之感。以先生之崇高学术地位，深厚之学问功底，尚且著述矜慎，一丝不苟，而浅学如小子，竟敢妄下雌黄，在屈原这样的大课题上骤然下笔，难免贻笑于大方之家，不免深感愧蚚。

显然，从学术性的角度来说，本书是不合格的，虽然力图在关键问题上言之有据，将这些争论的焦点解释的圆通，但限于学力，以己意定夺之处甚多，且亦未一一列明材料，详加辩论，自然难免疏舛多端。但作为一种面向大众的尝试，幸而可以避开考据家的严格要求，而从较为灵活的角度来谈论屈原这样一位文化巨人。本书力图追求对文学精神的把握，实际上正是希望从宏观而广阔的角度来认识屈原的气象。在此出发点的基础上，如果追求邃密，当然可以仍向学术一路进发。事实上，如果对文学作品缺乏体悟的能力，其貌似严谨的考据依然是不足为凭的。对文学的深刻洞见，正是文学研究最重要的翅膀。而作为初步的了解，更不必说了，摆落复杂乃至过分繁琐的争论，直指诗心，当然是最好也最有效率的亲近经典的方式，这即是本书撰写的最初理想。但限于学力，能否窥得这一境界，则未敢遽然自许。

古人常说"书读百遍，其义自见"，长期亲近经典，反复阅读，自然便有妙悟。笔者读书倾向关注明清近世，于楚辞一道，恨未能多下功夫，此次应题作文，临时抱佛脚多于知识积累，其浅薄之处是必不可免的。然主编乔力先生不以笔者谫陋，而将此题付我，前辈提携后进之心，令笔者既感且佩。王之江师通读本书初稿，指点甚多，庶能使拙作稍减灾梨祸枣之咎。诸友亦多有启发建议，相互论学，良为快意，此不一一致谢为歉。本书既非严格的学术著作，化用、骡栖成说，则未遑尽数标明，惟皆列入主要参考文献之中，使读者借此可知笔者之思想来源与倾向。本书虽致力于对屈原的人格及文学进行一番有新意的开拓，但能否在汗牛充栋之相关典籍中得一立足之地，则需请读者的评判了。

张昊苏谨识

癸巳仲冬大雪前二日于济南

图书在版编目（CIP）数据

屈原：乡土元音奏典范/张昊苏著.—济南：
济南出版社，2014.5（2023.5 重印）
（文化中国/乔力，丁少伦主编.永恒的话题.第 4 辑）
ISBN 978 - 7 - 5488 - 1283 - 8

Ⅰ.①屈… Ⅱ.①张… Ⅲ.①屈原（约前 340 ~ 约前 278）
—人物研究 Ⅳ.①K825.6

中国版本图书馆 CIP 数据核字（2014）第 092042 号

整体策划 丁少伦
责任编辑 胡瑞成
装帧设计 侯文英

出版发行 济南出版社
地 址 济南市二环南路 1 号（250002）
发行热线 0531 - 86131731 86131730 86116641
编辑热线 0531 - 86131721 86131722
网 址 www.jnpub.com
经 销 新华书店
印 刷 肥城新华印刷有限公司
版 次 2014 年 6 月第 1 版
印 次 2023 年 5 月第 3 次印刷
规 格 150 毫米 ×230 毫米 1/16
印 张 19.75
字 数 212 千字
定 价 59.80 元

（济南版图书，如有印装错误，请与出版社联系调换。联系电话:0531 - 86131736）
法律维权 0531 - 82600329